每天懂点谈判心理学

第2版

舒雪冬◎编著

中国纺织出版社有限公司

内 容 提 要

社交过程中谈判无处不在，职场谈薪、生活买卖、商务合作等，都是最基本的谈判情景。

本书从挖掘对方需求、看懂对方心思、博得对方信任、巧妙说服他人、把握决策时机等谈判心理和谈判语言技巧两大方面，结合生动的案例，为读者提供优势谈判的指南。无论你的谈判对手是房地产经纪人、汽车销售员、保险经纪人，还是同事、上司、朋友或生意伙伴，你都能从本书中汲取谈判的积极建议，成为谈判的大赢家。

图书在版编目（CIP）数据

每天懂点谈判心理学 / 舒雪冬编著. --2版. --北京：中国纺织出版社有限公司，2021. 7 （2024.4重印）
ISBN 978-7-5180-2577-0

Ⅰ. ①每… Ⅱ. ①舒… Ⅲ. ①谈判学—社会心理学—通俗读物 Ⅳ. ①C912. 35-49

中国版本图书馆CIP数据核字（2021）第077026号

责任编辑：闫 星　　责任校对：高 涵　　责任印制：储志伟

中国纺织出版社有限公司出版发行
地址：北京市朝阳区百子湾东里A407号楼　邮政编码：100124
销售电话：010—67004422　传真：010—87155801
http: //www.c-textilep.com
中国纺织出版社天猫旗舰店
官方微博http: //weibo.com/2119887771
北京兰星球彩色印刷有限公司印刷　各地新华书店经销
2014年2月第1版　2021年7月第2版　2024年4月第2次印刷
开本：710×1000　1/16　印张：19
字数：186千字　定价：85.00元

前　言

在日常生活中，谈判是冲突与合作的对立统一，无时不有，无处不在。虽然在大多数情况下，谈判在表现形式上只是打口水仗，但它确实是一场不折不扣的心理战。许多人狭隘地把谈判归结为商业谈判，似乎只有正式的才能称得上是谈判，其实，生活中的每个人都在谈判，谈判在生活中无所不在，比如我们买菜买衣服时的讨价还价，那也是一种谈判。虽然，这些谈判与正式的商业谈判有所区别，但其实有许多原理是相通的。不管是什么场合下产生的谈判，都注定是一场有趣的心理战。

谈判是什么呢？是尔虞我诈的争辩，正式一点说，谈判是成功地“请君入瓮”，或者还可以是“不战而屈人之兵”。一个卓越的谈判家必须具备锐利的双眼，锋利的语言，在实际谈判过程中掌握关键点，从而做到有的放矢。当然，我们不可否认的是，成功的谈判家首先是一个懂心理策略的纵横家。

谈判赢在沟通力，而沟通力就是一种交谈的心理策略。在这个充满竞争的时代，巧舌如簧已经无法成为最有效的谈判策略了，越来越多的人意识到说话要“攻心”。开口说话是一种沟通，但该说些什么话、怎么说则是我们内心所能够控制的。换句话说，我们可以凭借着语言来影响对手心理，促使谈判局势按照我们所想要的方向发展。所谓“攻心”，就是深谙人心和人性的需求以及特性，用精准的语言来触碰对方最在乎的点。在日常谈判中，懂得应用心理策略的说话者才是真正卓越的谈判家，只有一举击中对方心理，你才能主导谈话内容，从而赢得谈判最后的成功。

谈判中的心理学，也就是：促使谈判成功的关键是满足彼此的需求。总而言之，谈判本身只是一个媒介，谈判的内容也是无关紧要的，关键的是谈判双方可以在谈判中得到需求的满足。在谈判过程中，因为心理学的运用，不论人们的行为或语言是如何复杂，那都是可以预测和理解的。在本书里，通过大量谈判实景的描写，将一一为你呈现一个心理博弈的谈判世界，从独特的心理学视角，为你揭示实用的谈判策略，同时还会揭示在谈判中如何洞悉对方的需求、动机以及行为的方法。不管你是为了增强自身心理素质，还是你正在学习如何跟对手谈判，本书都将让你受益匪浅。

编著者

2020年12月

目 录

第01章

日常生活：谈判无处不在

谈判存在于我们的生活中，与我们的生活息息相关。在历史的长河中，谈判始终伴随着人类社会的发展，存在于人类活动的各个方面。不论是在政治、文化、教育、经济活动中，还是在战争、领土、民族等重大问题的矛盾与冲突中，谈判是无处不在的。

生活中谈判处处存在

随着人类社会生产力的发展，人与人之间的交往越来越密切，需要处理的关系也越来越复杂，谈判的领域随之而扩大。当今社会，谈判无时不有、无处不在，人与人之间往往通过谈判来交往、改善关系、协商问题，谈判已经成为日常生活的一部分，这是人们无法回避的事实。人们谈判的原因，从本质上说，是为了满足各方的需求，或者是自己，或者是所代表的某个组织有某种需求，而一方需求的满足又可能无视他方的需求。所以，我们在谈判过程中，不能单单以追求自己的需求为出发点，而是应该通过交换观点进行磋商，共同寻找使双方都能接受的方案。

谈判实景

大多数的父母在抚养孩子时都可能会遇到这样的问题，比如，在吃饭的时候，小孩子就是不愿意吃青菜，吵着闹着要吃零食。父母肯定明白，孩子多吃蔬菜对健康有帮助，自然是劝告孩子多吃青菜。不过，孩子还那么小，并不能明白这些道理，而且他们和大多数孩子一样，都十分喜欢吃零食。就这样，一场父母与孩子之间的谈判就开始了。

为了劝说孩子吃青菜，父母就会提出类似“要把青菜吃完才有零食吃”的让步条件。不过，大多数孩子并不遵守这样的规定，他们偏偏要吃零食。而且许多孩子还会说“肚子已经很饱了，只能吃零食了”，或是“青菜不如零食好吃”这些毫无道理的理由，而且孩子说话时理直气壮，不管父母怎么哄，怎么

劝，他们就是不理不睬。

这时候父母可能会被迫做出一些让步，答应孩子：如果你吃一口青菜，就允许你吃零食。但是，当孩子看到父母的妥协，就会更加坚定不吃青菜的决心。假如父母的谈判手段就是连哄带骗，不使用一些特殊办法，那大多数父母都没有什么好的办法来劝服孩子放弃零食而改吃青菜。而且，父母一次次让步的结果也只能是答应孩子吃零食，因为孩子的立场从来没有动摇过。

谈判心理策略分析

有人说，父母对孩子的教育其实就是一个妥协与被妥协的过程，实际上就是一个谈判的过程。在这个过程中，对孩子提出的要求，假如父母稍微改变强硬的态度，作出一次妥协，那表示你已经是这次谈判的失败者了。这个谈判策略就连几个月大的婴儿都能掌握，比如，当母亲需要给5个月大的孩子断母乳，假如第一次孩子哭了5分钟，母亲就妥协了，那到下一次的时候，孩子可能会哭10分钟甚至20分钟，因为孩子觉得“哭”这样的方法很有效果，就会屡试不爽的。当然，这只是日常谈判的一角，其实谈判经常会出现在我们生活的各个角落。

美国前总统肯尼迪在就职演讲里说过这样一句话：“我们不要因心生恐惧才谈判，但我们绝不畏惧谈判。”每天，我们都会多次与人谈判，只是自己没有感觉到而已。现实社会就是一个大的谈判桌，人们扮演着各种各样的谈判者，无时无刻不处于谈判之中，不是自我谈判就是与他人谈判，不论我们愿不愿意，喜不喜欢，我们都不可避免地处在谈判中。

1.发生冲突时需要谈判

在工作、学习、生活中，我们可能会与别人发生冲突，而解决这些冲突的最好的办法就是谈判。比如，当我们的工作需要请同事帮忙，我们可以给同事简单说一下。假如同事正在忙着做其他的工作，那就需要通过谈判来解决问

题，让他明白我们的目标是共同的，都是为了做好工作。

2.生活就是谈判

我们经常见到的在菜市场与小贩们讨价还价，这也是一种谈判，虽然我们未能意识到这就是谈判。实际上，谈判并不一定是大事才可以谈，日常生活中的每一件事都可以是谈判。类似这样的谈判每天都在发生，比如，买房子、装修房子、购买家具、购买电器、教育子女，就连夫妻之间出现分歧，谈判也是解决问题的最好方法。假如一个人是一位生活中的谈判高手，那么他在生活中遇到的麻烦就会减少很多。

3.谈判也是一种沟通

实际上，谈判是人们为了改变彼此的关系，满足双方各自的需求，进行相互协商并争取达成一致意见的行为。而谈判最终要达成的目的就是从那些能够满足自己需求的人中得到帮助，竭尽所能地获得他人的好感，并从他人手中得到我们想要的东西。这样一来我们可以发现，谈判充斥着我们日常生活的每一个角落，可以说是无时无刻不在，无处不在。

谈判就是一场心理博弈

谈判在本质上就是一场心理博弈，在实际谈判中运用一些心理学知识，能帮助我们取得谈判的成功。对于一个具有心理学知识和谈判经验的行家而言，他通过交谈，就可以看出对方的心理或对方可能采取的行动。从心理学的角度来看，谈判就是人与人之间发生关系的过程，是彼此认知、心理交流和互为影响的过程。不论对方的行为或语言何等复杂，都是可以预测和理解的。通过认真梳理，就不难发现对方行为中的各种可以预测的因素，这些因素都可以向外界透露某种信息，而捕捉这些可能影响谈判最后效果的信息，就是一个有经验的心理学专家在谈判中的优势。所以说，在一场谈判中，谈判的双方表面上看

是逞口舌之快，实质却是一场心理博弈。

谈判实景

在《左传》中，记载了这样一个故事：当时，秦国与晋国正在交战，结果秦国大获全胜，而且，还俘虏了晋惠公。秦国答应议和，晋国当即派了阴饴甥前去谈判。

秦国国君说："晋国意见一致吗？"阴饴甥回答说："哪里会一致呢？小人们以失去自己的君主为耻，为自己的亲属伤亡而痛苦，这些人不怕征税修治甲兵的困难而拥立太子为国君，声称宁肯屈事戎、狄之国，也一定报这秦国之仇。而君子又明白自己的罪过，他们不怕征税修治甲兵的困难而等待秦国的命令，说宁死也不生二心，一定会报答秦国的恩德，所以，双方的意见不一致。"

秦国国君继续问道："晋国认为他们的国君的前途会怎么样？"阴饴甥回答说："小人们感到悲观失望，认为他不会被赦免；君子们相信秦国会宽恕，认为国君一定会回国。对此，小人们说：'我们加害过秦国，秦国岂能放国君回来？'君子说：'我们已经知道自己的罪过了，秦国一定会放国君回来的。'认罪了就放过他，没有什么比这更宽厚的恩德了，没有比这更威严的刑罚了，他们会怀念秦国的恩德。经过了这一次战争，大家都认为秦国可以做诸侯的盟主了，假如秦国不放我们的国君回来，不让他君位安定，就会把感恩的人变成怨恨的人，秦国不会这样的。"秦国国君听了，说道："这就是我的想法啊！"于是，对晋侯改用诸侯之礼。

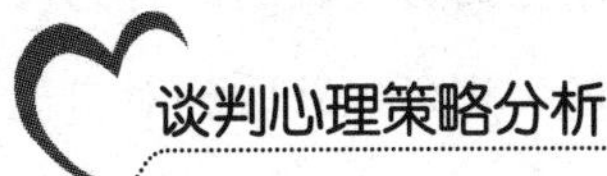

谈判心理策略分析

秦国虽答应议和，但对作为战败方的晋国来说，势头远远低于对方。但

是，在议和的整个过程中，阴饴甥这位使臣却表现得临危不乱，不卑不亢，并以小人和君子作比喻，既表示“一定报仇”，又表示“一定报德”；一边为君王的前途担忧，一边又对秦国寄予了厚望。如此，不卑不亢地表现了晋国敢于抗秦的决心，同时，恰到好处地表现了愿与秦国议和的意愿。如此俯首低调的态度，打动秦国国君，是阴饴甥掌控了谈判的走势，最终议和成功。

1.情绪效用

当谈判者的气势受到挫折的时候，会产生一种激烈的攻击反应，将自己愤怒的情绪直接宣泄出来，有时还可能通过无关的事情反映出来。假如谈判者在谈判桌上出现了一些意料之外的情绪变化，那可能是攻击心理的外化形式。对此，我们需要认真对待，比如有的谈判者可能在家里、单位里或者公共场所遭遇不快，也会在谈判桌前暴露无遗，这就是情绪效用。

2.掩饰心理

在谈判过程中，即便谈判者出现一定程度的失误，在心理上也不会承认，他们总是在替自己做辩护，通过这样的方式来让自己的思维合理化，这其实是一种掩饰心理。

3.逆反心理

这是谈判者受到某种心理压抑而产生一种反向冲动的心态变化，处在这种防卫心理状态的谈判者，其外在表现与内心往往是相反的。我们在谈判桌上经常会看到这样的情况：谈判者的某种需求遭到对方拒绝的时候，会表现出愤愤不平的样子，并宣布自己退出谈判，这就是逆反心理的表现。

4.热衷自我表现

在谈判过程中，有的人经常借用夸张、说谎或带有戏剧性的言行，想以此来表现自己，达到哗众取宠的目的，这其实是一种自我防卫机制的行为反应。在谈判过程中，只要我们认真观察这些言行，就一定可以获取到对自己有价值的信息。一些有经验的谈判者还会借用对方显示自己的慷慨，以达到获利的目的。

5.逃避心理

在谈判过程中，假如出现了尴尬或令人焦虑的事情，谈判者就会试图以某种理由为借口逃脱出来，并会满腹牢骚且失去了挑战精神。其实，这样一种自我防卫心理对于谈判者本身是极其有害的。

看准机会，巧提加薪

在职场中，每个人都渴望自己有价值，希望自己所得的薪酬、薪资是合情合理的。但是，我们却常常遭遇这样的情况：听说有一位同事又加薪了，自己心里就会想，为什么他可以加薪，自己却加不了薪水呢？已经在公司工作很多年了，但薪水却停滞不前，怎么样扭转眼前的局势呢？假如到年底了，人事部的考评已经结束了，如果你在排行榜上位列前茅，为什么不试试向领导提出升职加薪呢？说了有可能会失败，但若是从来不去尝试，则注定会失败的。许多人认为“要求加薪”是单向沟通，自己只需要单方面地告诉上司：自己想要加薪。其实，“请求加薪”是一个双向沟通的过程，更是日常生活中的一次谈判。简单地说，你必须听到上司的声音，依据他的响应与看法来修正你的论点与看法。此外，最关键的是提出升职加薪一定要把握好时机，看准了机会，才有可能成功。

乐乐是公司的市场部经理，她曾经三次向领导提出加薪，其中的结果和教训都是不一样的。

乐乐第一次提出升职加薪的时候，她已经在那家公司快三年了，对那份工作十分熟悉，而领导一直没给她加薪。乐乐以熟悉业务为谈判条件，向领导提

出加薪，领导却不同意。之后，上下级之间的关系变得微妙起来，乐乐很快就辞职了。

从那家公司出来，乐乐跳槽到现在的公司做销售秘书，负责协调处理各业务部门的工作。乐乐依旧努力工作，但这种千篇一律、薪水不高的工作实在难以令自己满足。每天看着公司墙上悬挂的业绩明星照片，乐乐认定，自己一定不会比他们差，乐乐走进了办公室，向领导开门见山地提出加薪的要求，结果还是失败。

第三次加薪是为了一个下属，那位工人在流水线做了两年，他说，如果加薪不成，就要离职。乐乐向领导汇报，领导刚开始并不同意，说这样的员工再找一个就是了。但乐乐认真地算了一笔账：这个工人每月的工资是1800元，市场上可以招聘的熟练工人最开始的工资是1200元，可如果在1800元的基础上，给这个工人加100～200元，他就能安心工作下来，还免去了招聘新员工的招聘费用和培训费用。这样一说，领导痛快地同意了加薪。

通过这三次的经历，乐乐明白了向领导提出升职加薪，一定要有理有据，只要你有真才实学，底气足，领导就会按照你的贡献加薪；如果底气不足，甚至毫无能力，别说是加薪，可能连自己的工作都很难保住。

谈判心理策略分析

案例中乐乐所得出的经验，简而言之，就是在向领导提出升职加薪之前，你要给自己一个正确的“估价”。如果你为公司的付出理应得到更大的回报，那就可以向领导提出升职加薪的要求；如果你为公司所做的一切远不值你现在的薪资，那你需要先从提高自己做起。在这里，我们所说的把握时机，所谓的“时机成熟”，也就是自己心里一定要有底。

1.正面沟通

说服领导为自己升职加薪的最佳方式是面对面地谈话，而打电话、或寄

电子邮件以及发信息等，这样的沟通都是间接的，因为看不到对方的表情，有可能会造成不必要的误解。通常情况下，领导考虑是否为一个员工加薪，其主要出发点在于该员工为公司贡献了多少、他到底有多大的价值。在向领导提出加薪时，我们应该找出有力的依据来说服上司，比如，强调自己的工作量增加了，可以用相关的数据来说明，作为让领导参考的依据。

2.了解领导需求

在谈升职加薪的时候，不仅需要把握时机，还需要询问领导给自己升职加薪的大体时间。大多数人走进办公室向领导说出“加薪”的要求之后，就不了了之，不好意思再追问。那么，你可以在向领导提要求的同时说：“我知道公司目前有困难，但是，我自己需要考量生活上的需求，我想知道，您什么时候可以给我答复呢？”另外在谈加薪之前，我们需要清楚地了解领导的想法，因为如果领导的想法能够与你想加薪的理由结合在一起，这样，请求加薪已经成功一半了。

适时进谏，让领导赏识你

作为下属，如果想得到领导的赏识，需要适时向领导进谏，向领导提出某些建议或看法。但实际上进谏也是需要讲究技巧的，因为这也是日常工作中的谈判。许多下属都遇到过这样的情况，当自己向领导进谏以后，却不能得到领导的采纳，甚至还有可能被领导冷落。其实，造成这样的情况并不是因为你所提出的建议和想法不具备可行性，也不是领导很平庸无能，而是因为你向领导进谏的方式不对，很多时候你直接地向领导提出一些意见，会让他难以接受。毕竟领导位居权威的位置，他的威信不允许轻易受任何人的摆布和差遣。当你直截了当地提出意见，会让他有一种不被尊重的感觉。因此，当你需要向领导提出自己想法时，不妨灵活地采用各种技巧，委婉含蓄地表达出来，让领导轻

松接受自己的建议。

邹忌身高八尺多，而且身材魁梧，相貌堂堂。有一天早晨他穿戴好衣帽，照着镜子，对他的妻子说："我与城北的徐公相比，谁更美呢？"他的妻子说："您美极了，徐公怎么能比得上您呢？"城北的徐公，是齐国的美男子。邹忌不相信妻子的话，于是又问他的妾说："我与徐公相比，谁更美？"妾说："徐公怎能比得上您呢？"

第二天，一位客人来家里拜访，邹忌问客人："我和徐公相比，谁更美？"客人说："徐公不如您美啊！"又一天，徐公来了，邹忌仔细地端详他，觉得自己不如他美；再照照镜子看看自己，更觉得远远比不上人家。晚上，他躺在床上想这件事情："我的妻子赞美我的原因，是偏爱我；妾赞美我的原因，是惧怕我；客人赞美我的原因，是对我有所求。"

对此，邹忌上朝拜见齐威王，说："我知道自己确实不如徐公美。但我的妻子偏爱我；我的妾惧怕我；我的客人对我有所求，他们都说我比徐公美。如今齐国，土地纵横千里，有一百二十座城池，宫中的姬妾和身边的近臣，没有不偏爱大王的；朝廷中的大臣，没有不惧怕大王的；国内的百姓，没有不对大王有所求的。由此看来，大王您受蒙蔽更厉害了！"

齐威王说："说得是。"于是下了一道命令："所有大臣、官吏、百姓能够当面批评我过错的，可得上等奖赏；能够上书劝谏我的，得中等奖赏；能够在众人聚集的公共场所指出、议论我的过失，并能够传到我耳朵里的，得下等奖赏。"政令刚一下达，许多官员都来进言规劝，宫门庭院就像集市一样；几个月以后，偶尔还有人进谏；一年以后，即使想进言，也没有什么可说的了。

在案例中，邹忌向领导进谏，所采用的就是委婉含蓄的方式，先通过讲述自己的经历，以此类推出皇帝所受的蒙蔽更多，最终达到了进谏的目的。在工作中，领导也并不是绝对正确的人，由于各方面的因素影响，领导在做决策时有可能存在着一种偏差或错误。作为下属，千万不要因为领导出了错误就幸灾乐祸，甚至当场提出其不足之处，这样只会使领导陷入极端尴尬的局面。如果遇到心胸狭窄的领导，他还会恼羞成怒，伺机对你进行报复。

1.顺势引导

下属可以采取顺势引导的办法，比如，当你发现你的领导在管理上还是运用的旧思路，也不重视选拔、培养人才，什么事情都事必躬亲，公司运转效率下降。那你不妨鼓动领导参加MBA学习，接受国内外的先进管理制度，一起讨论公司现在运转中遇到的问题。到时候，领导就会改变自己的管理模式，促进工作的有效开展。

2.含蓄提出建议

每一个领导都不是十全十美的人，他们在一些能力、认知方面会有一些偏差，所以在他们的工作中也会出现一些失当的决定。而你作为一个下属，就要去发现这些问题，进而有效地解决问题。如果你想为领导指出一些问题所在，是需要讲究一定的方法和技巧的，寻找一个合适的机会委婉地提出来。这样廉明的领导才会欣赏你的决策，进而对你信任有加。

日常沟通也是一种谈判

在日常交际中，沟通其实也是一种谈判，在这个谈判过程中需要我们注重语言技巧，这样才会让彼此之间的语言交流变得舒服自然，否则，只会增加双方之间的隔阂。古人云："言有尽而意无穷，余意尽在不言中。"在日常交际中，我们需要做到言语委婉，当然，更需要通俗易懂，如此才能达到良好的沟通目的，也就是说才能完成一次成功的谈判。言语委婉，就是将那些重要的、该说的部分故意隐藏起来，或者故意说得不明显，却让对方明白自己所表达的思想感情；通俗易懂，也就是我们要注意自己使用的语言，简单易懂，说话的目的在于得到他人的理解，而对方是靠自己听到的话来理解我们的意思的，如果我们在说话的时候，尽用些生僻、晦涩的言语，那么，对方就会觉得枯燥无味，不知所云。

谈判实景一

传说汉武帝晚年时很希望自己长生不老，一天，他对侍臣说："相书上说，一个人鼻子下面的人中越长，命就越长；人中长一寸，能活百岁。不知是真是假？"侍臣东方朔听了这话后，知道皇上又在做长生不老梦了，就大笑起来。皇上见东方朔似有讥讽之意，面有不悦之色，喝道："你怎么敢笑话我？！"东方朔脱下帽子，恭恭敬敬地回答："我怎么敢笑话皇上呢？我是在笑彭祖的脸太难看了。"汉武帝问："你为什么笑彭祖呢？"东方朔说："据说彭祖活了800岁，如果真像皇上刚才说的，人中就有八寸长，那么，他的脸不是有丈把长吗？"汉武帝听了，也哈哈大笑。

本来，东方朔所表示的是劝诫皇上不要再做长生不老梦了，但是，皇上是君，自己是臣，这样的话怎么可能直接说出口呢？于是，东方朔用了一个浅显易懂的笑话"据说彭祖活了800岁，如果真像皇上刚才说的，人中就有八寸长，那么，他的脸不是有丈把长吗"，以此达到了自己劝谏的目的。而且，东方朔如此委婉的批评，令汉武帝愉快地接受了，最终没有责怪于他。

谈判实景二

吴先生是广州某地区有名的房地产大亨，资产逾十亿元。有一年他带着自己的团队从广州飞往某大城市，准备投资当地的房地产，到处寻找合作伙伴。

在经过一段时间的筛选后，吴先生约了一大型房地产的负责人进行谈判。当双方坐在了谈判桌前，那位负责人立即对自己公司做了较为详细的介绍，表现得精明能干，并且通晓市场行情，这令吴先生颇为欣赏。听了那位负责人对合资企业的宏伟计划后，吴先生似乎已经看到了合资企业的光辉前景。吴先生正准备签约的时候，那位负责人似乎还言犹未尽，他又颇为自豪地侃侃而谈："我们房地产公司拥有一千多名职工，去年共创利税五百多万元，实力绝对算是雄厚的……"

听到这里，吴先生显得有点不悦，心想：你公司一千多人才赚了几百万，就显得那么自豪和满意。这令吴先生感到非常失望，离自己预定的利润目标差距太大了。如果选择这样的负责人经营公司的话，就很难有较高的经济效益和利益。于是，吴先生当即决定终止合作谈判。

谈判心理策略分析

在日常交际中，我们说话要有逻辑性和针对性，做到一针见血、言简意赅，这样对方才能明白你到底说的是什么，也才不至于在你话语中找到漏洞。其实，如果那位负责人不说最后那句沾沾自喜的话，这次谈判也许就会以另一种结局告终。那位负责人最后几句不着边际、缺乏逻辑性和针对性、画蛇添足的话，不仅让自身的缺点暴露无遗，而且令吴先生失去了合作的信心，最终撤回投资意向，仅仅因为几句话就失掉了一次大好的合作机会，实在是得不偿失。

那么，在沟通过程中，我们该如何学习这些技巧呢？

1.把话说到点子上

说话有针对性，也就是要将话说到点子上。在谈判过程中，为了建立良好的交际关系，为了打动对方，话不在说得多，而在于说到点子上。因此，我们在开口之前，应该让自己的舌头在嘴里转个几圈，把那些多余的话转掉，说一些简单明了的话。做到一开口就往点子上说，千万不要东拉西扯，让对方不知所云。

2.采取含蓄委婉或其他方式进行语言表达

面对朋友的盛情款待，你可以含蓄地说“谢谢，看这水果多新鲜啊，可惜我刚刚吃完饭，没有胃口吃了，真是太遗憾了”，这样主人听了心里会很受用，而你也表达了自己的想法。有时候，你可以说一些与本意完全相反的话语，让对方自己去领悟，从而接受你的建议。比如，领导征求意见，一位下属说：“我对你很有意见，你太不爱惜自己身体，工作起来太玩命，要知道，身体是革命的本钱啊。”

说点自己的秘密，赢得朋友的信任

很多时候，我们自己没能意识到，其实与朋友之间的亲密交谈也是一种谈判。在生活中，每个人都会有一些秘密，而这些秘密，只会属于自己，或者只会说给那些最亲近的人听。在平日里，我们都是小心翼翼地保护着自己的秘密，以免秘密暴露出来，给自己带来一些不必要的伤害。与此同时，如果我们将这些秘密告诉给某人，那表示某人是被我们所信任的。事实上，在日常交际中，我们完全可以利用这样的心理，将此方法作为沟通的途径之一。每个人都有自己的秘密，在对手眼里，这是可以击破的缺口；不过在其他人眼里，这却是一种坦诚的方式。当我们说出自己的秘密，这会让对方感到自己是被信任

的，自然也就会对我们产生好感，心门也会向我们打开。

乐乐看上去心情很不好，眉头紧蹙，似乎发生了什么事情。朋友小媚是一个善于关心朋友的人，她看见乐乐这样子，很是心疼，前几日耳闻她正在跟男朋友发生矛盾，难道是分手了？

中午吃饭的时候，小媚关切地问道：“乐乐，怎么了？”乐乐抹了抹自己眼角不小心掉下的泪水，匆忙地回答说：“我没事，沙子吹进眼睛去了。”小媚知道乐乐心中的难受，自己前两个月才从失恋的阴影中走出来，现在是自己开导朋友的时候了。

为了能让乐乐对自己袒露内心的痛楚和纠结，小媚跟乐乐说起了自己的事情：“在两个月以前，我比你更痛苦，我都想去自杀了。三年多的感情说没就没了，一下子心里空荡荡的，我删除了所有与他有关的东西，但却删不掉内心的记忆，那段时间，我最害怕的就是失眠。为了不让自己失眠，我每天晚上喝酒，为的只是让自己安然入睡。一个月过去了，我发现自己还活着，真的，虽然我瘦了很大一圈，但我确实还活着，我觉得应该为自己做点什么了，再也不要这样颓废了。于是，我换了新工作，换了新环境，换了新发型，整个人清爽多了，我觉得其实单身也不错。前两天，在大街上碰到了前男友，我竟然没什么感觉，只是恍悟之间有点难受。你跟你男朋友还好吗？有什么伤心的事情，说出来就好了。”

听了小媚的话，乐乐再也忍不住了，大哭了起来，把头放在小媚的肩膀，哭着说道：“姐姐，我跟男朋友分手了……”

谈判心理策略分析

其实，这个沟通策略就好像“交换秘密”一样。我们为了赢得对方的信任，会不惜说出自己的秘密，这样一来，对方有什么疑惑也会烟消云散，因为他觉得自己是被信任的。如果听了对方的秘密，心里还持着怀疑的态度，那他内心也会感到不安的。甚至，在这时他会因不好意思而拿出自己的秘密作为交换，在无形之中，彼此之间的亲密度也就增加了。

有时候，为了赢得对方的信任，我们可以适当说出自己的一些秘密。就好像案例中一样，小媚过去失恋的经历跟乐乐现在的情境是相似的，有着同样的感受，更容易打开对方的心扉。即便对方不想袒露自己内心的秘密，但如果遇到相似经历的人说出了秘密，他内心的防线也会坍塌，他会愿意将自己内心隐藏的事情说出来。

1.只可说“有些秘密”

虽然，为了赢得对方的信任，我们有必要说出自己的一些秘密，但只是有些秘密可以说，你不能毫无保留地将自己的秘密全部说出来，这显然是愚蠢的。哪些秘密是可以说的，哪些秘密是永远不能说的，这对于自己而言，都需要有一个把握，这样才能在赢得对方信任的同时有效地保护自己。

2.态度需要真诚

当然，并不是说为了保护自己，就编造一些虚假的事情说出来，这样不仅达不到效果的，还有可能会弄巧成拙。当我们在说出自己一些秘密的时候，态度需要真诚，适当将自己那些无伤大雅的秘密说出来，这样才能让对方感觉到自己是被信任的。如果我们只是说出一些假的秘密，那会让对方有一种被欺骗的感觉，当然，信任也就无从谈起。

女人深谙夫妻谈判技巧，才能赢得美满婚姻

生活中，有的妻子并不能很好地理解“男人把面子看得比生命还重要”这句话，情绪冲动的她们往往会因为逞一时的口舌之快，做出当着众人的面指责自己的男人，或者将男人的种种不是事无巨细地数落一遍的蠢事，如此糟糕的谈判会大大地伤害男人的自尊心，让男人们恼怒不已，时间长了，男人会对这样习惯于当面指责自己的女人感到厌恶和讨厌。作为一名好妻子，在有外人在场的场合，如果男人做错了什么事情，应该悄悄地帮他圆场；在男人有什么漏洞的时候，要慢慢地替他补上。即便男人有百般的不是，也必须等到只有你们两个人的时候，你再好好地将自己的所思所想讲给他听，在只有两个人的时候，与他细细一论长短，其实男人心里通常都很清楚谁对谁错，只要你给足了面子，他必然会在以后的生活中给予回报。否则，一个女人如果在面子上与男人一争高低，那不管是自己处于上风还是下风，最后的输家必然是你自己，因为你会失去男人对你一切美好的感觉，使他的心变得越来越凉。

有时候，我们经常听到有些女人不分场合地数落自己的男人：“你怎么就这么没眼力见儿，没看见被没叠，地没擦呀？你说你，一个大男人成天待在家里，有什么出息？一瞅你我就来气，外面不成，回家也不干呀？你说，我哪儿指得上你？”“怎么了，又喝酒了吧？你说你跟你那帮狐朋狗友成天混在一起有什么出息？我看着他们没一个顺眼的，你呀，这辈子算是没什么指望了！”“我不爱跟你回去，一看见你爸妈我就来气，上次我就嫌有一道菜不好吃，这下她倒好了，唠叨了那么多，你爸还添油加醋，哦，来你们家我就是受气的呀？”这些语言就好像一根根针，针针扎在男人的心上，他们感觉到自己的自尊被践踏，时间长了，他们的感情也会发生转移，会更倾向那些生活中细声安慰自己的女人。

谈判实景

这是一个苦闷男人的自述：

我是家里的独生子，父母性格暴躁，这对我的性格有很大的影响。长大后，我比较内向，沉默寡言，甚至感到孤独，我暗暗下决心，我以后的家庭绝不能像我父母的一样。通过别人的介绍，我认识了现在的老婆，她很早就在社会上打拼，思维比较活跃，社会阅历广，结婚这么多年，我们刚开始的感情很好，一聊可以聊几个小时，但最近两年多，她却总是当众数落我。

我们家开了个茶馆，有一次，一位顾客来喝茶，但他觉得电视不好看，就不想付钱，我让他付钱，但对方不肯，老婆就和顾客吵了起来，我只是站在一旁，左右不是。老婆见我无动于衷，不帮腔，就当着许多人的面数落我："我不是数落你，别人就是欺负你、骂你，你连话都不敢说。"我心想，这是做生意，自然是以和为贵。结果，老婆见我不吱声，越说越起劲："你根本不是个男人，你太懦弱了。"这样的话对于任何人而言都是无法接受的，是一件很伤自尊的事情，旁边的人都说她看不起我。

她数落我已经成为了家常便饭，真的很伤我的感情，我甚至有点怀疑婚姻，内心感到很难受。以前吵架了都是我找她先说话，但事情过后，她一样会数落我，这两天，我没搭理她，她也没主动找我说话。她从来没对我说为何数落我，为何做出如此伤男人自尊的事情。

最近这几天，我睡眠不好，我对以后的日子失去了信心，再这样下去，真的可能离婚。

谈判心理策略分析

在案例中，这位男子童年的阴影驱之不散，父母经常吵架，因此遇事隐忍成为了思维惯性，他内心害怕复制过去所见到的场景，总是想息事宁人。而主

人公的老婆也是一个不太理解男人的女人，她几乎从来不懂得尊重男人，缺乏一定的智慧。试想，在外人面前让老公颜面扫地，这对于自己有什么好处呢？其实，夫妻之间的沟通也是一种谈判，在这个过程中，女人要善于了解男人的心理，顺势引导，才能为自己赢得美满婚姻。

1.为自己的情绪找一个合理的发泄渠道

生活的压力让每一个人变得很无奈，有时候忍不住心中的烦恼时，总想找个人发泄一通。对于那些结婚后的男女，他们错误地将这样的情绪发泄到对方身上，在这场悲剧中发泄者大多数是女人，而被发泄者必定是男人。对于这样的情况，女人应该为自己的情绪找一个合理的发泄渠道，比如跑步、跟朋友谈心，而不是指责男人。

2.拒绝语言暴力

自尊和面子对于男人而言比生命还重要，可是就是有那么一些女人喜欢用各种语言暴力来挫伤男人的面子。许多女人经常张嘴闭嘴就骂男人“无能”，这无疑点到了男人的死穴，听到这样的话，男人势必会脸红耳赤，有想打人的冲动，但骂自己的却是自己深爱的人，真是伤透了心。如果你觉得男人没出息，那就想办法引导他们往正确的方向发展，而不是用偏激的语言去刺伤他们。

第02章

气势逼人，用你的气场震撼对手

在实际谈判中，影响我们谈判最终结果的除了自身的谈判技能，还包括谈判者本身的气场。气场是什么？可以说它是看不见，摸不着的，但是，它却贯穿于整个谈判过程中，影响着我们谈判的走向。对此，在谈判过程中，我们要善于借助自身的气势，用你的气场来给对手一个震撼。

让对方记住你

在日常生活中，要想办成事，必须得让别人能够记住你。否则，对方连你是谁都不知道，又怎么会帮助你呢？不过，有人纳闷了，如何才能让别人记住自己呢？其实，这透露了一种自信心理：有自信的人，即使长得平淡无奇，也会以自己别样的特点让别人记住自己；而那些内心自卑的人，只会小声说“你好，我是某某”，如此的打招呼，等到下次见面的时候，你有可能已经被别人遗忘在记忆的某个角落了，根本无法让对方对你上心。在交际中有这样一句话：“忘记别人是谁可能会尴尬，但不被人记住才是最可悲的。”这句话听上去比较矫情，但实际上，这就是事实。

谈判实景一

有一次，日本的原一平去拜访一位客户，在拜访之前。他了解到这位客户性格内向，脾气古怪。见面后，为了营造轻松的气氛，原一平微笑着打招呼：“你好，我是原一平，明治保险公司的业务员。”客户情绪似乎很烦躁：“哦，对不起，我不需要投保，我向来讨厌保险。”原一平继续微笑着说：“能告诉我为什么吗？”客户忽然提高了声音，显得很不耐烦：“讨厌是不需要任何理由的！”

原一平知道客户发飙了，但是，他依旧笑容满面地望着他：“听朋友说你在这个行业做得很成功，真羡慕你，如果我能在我的行业也做到像你这样，那真是一件很棒的事情。”听到原一平这样说，客户的态度稍有好转：“我

一向讨厌保险推销员，可是你的笑容让我不忍拒绝与你交谈，好吧，说说你的保险吧。”

在接下来的交谈过程中，原一平始终带着微笑，客户在不知不觉中也受到了感染，谈到了彼此感兴趣的话题时，两人都大笑了起来。最后，客户微笑着在单上签上了名字，与原一平握手道别。

原一平，这位身高只有1.53米，整体毫无气质和优势可言的保险推销员成功了。或许，有人会说，他是以微笑征服他人的。但是，我要说他是因自信而征服人心的，那一直挂在脸上的微笑来自哪里呢？当然是内心的自信。或许，在旁人看来，原一平的长相并不出众，口才也不是最棒的，但是，他就是多了自信。自信，让他时刻面带微笑；自信，让他一次次不厌其烦地介绍自己；自信，让他一次次让客户记住了自己。最后，全世界的人都记住他了。自然而然，他办成了自己想办的事情，他成为了世界闻名的推销员。

谈判实景二

台湾著名节目主持人凌峰曾做过这样一番精彩的自我介绍：“在下凌峰，我和文章不太一样，虽然我们都得过金钟奖‘最佳男歌手奖’，但我是以长得难看而出名的。一般说来，女观众对我的印象不太良好，她们认为我是人比黄花瘦，脸皮比炭球黑。”自嘲而又幽默的介绍方式，令大家耳目一新，自然给人们留下了深刻的印象。

谈判心理策略分析

凌峰的这一番自我介绍确实精彩，自然能够让所有的观众记住他。这是因为在精彩介绍背后，那是非比寻常的信心满满。很少有人会拿自己不出众的长相开涮，但凌峰就有这样的自信，他自信观众喜欢自己并不是因为长相，而是

因为自己的演技。仅因为这份自信，记住他的人会越来越多。

1.对自己充满自信

或许有人会说，让别人记住自己是需要技巧的，但实际上，如果你缺乏自信，那么，任何技巧都是无济于事的。要明白，只有拥有了自信，你才会谈笑自若地面对他人，也才能绽放出自己最自然的光彩。当然，在这样的情况下，别人想不记住你，恐怕都困难了。

2.不怕被拒绝

在更多的时候，我们会发现，那些被人们记住的人并非有多优秀，长得有多靓丽，但是，比起常人，他们不怕被拒绝。即使不断地被拒绝，他们还是会把名片递给大家，微笑地说："您好，我是某某，请多指教。"你要相信，这句话如果在你耳边出现多次，自然你就会记住他了。同样的道理，在与人相处的过程中，我们要对自己充满信心，不管对方的态度如何，我们所需要做的就是拿出自己的自信，一次次介绍自己，一次次增加自己在他人心中的印象，以此来让他人记住自己。

自信，可以营造强大的气场

爱默生曾说："自信是成功的第一秘诀，谁相信自己的能力，谁就能征服世界。如果做一件连自己都担心不能成功的事，那么失败的结局在所难免。"在这个世界，除了你自己以外没有人能欺骗你，没有人能阻止你最终走向成功，这就是自信的力量。自信的心理暗示，往往能够传递给他人以力量。自信不仅仅是一个人走向成功的第一秘诀，更是征服人心的利器。

谈判实景一

小泽征尔是世界著名的交响乐指挥家，在他还没有出名之前，他曾参加了一次世界优秀指挥家大赛。在决赛中，他按照评委会给出的乐谱指挥乐队演奏，在指挥过程中，小泽征尔敏锐地发现了不和谐的音符。刚开始，他以为是乐队的演奏出现了错误，于是，他要求乐队停下来重新演奏，但是，演奏还是出现了不和谐的声音。他当即指出："我觉得乐谱有问题。"

这时，所有在场的作曲家和评委会的权威人士都坚定地说："乐谱绝对没有问题。"面对着权威人士的质疑，小泽征尔涨红了脸，但还是斩钉截铁地大声说："不！一定是乐谱错了！"话音刚落，评委们全部站了起来，对他报以热烈的掌声，祝贺他通过了决赛。原来，乐谱不过是评委们精心设计的一个"圈套"，而小泽征尔却以坚定的自信为自己赢得了最后的成功。

小泽征尔因为自信而成功，在遭受评委质疑的时候，他一再坚定地相信自己。在这个世界，我们每个人都具有独一无二的价值，没有任何人能够取代我们，也没有任何人能够贬低我们，除非你首先看轻了自己。

谈判实景二

在一次面试中，人事部经理看到了这样一个女孩，当他问道："你只不过是一个专科生，怎么会到我们这样的大企业来面试呢？"那女孩一点也不胆怯，而是自信地说："我相信机会都是自己争取而来的，而我对自己很有自信。"经理看了看那张年轻的笑脸，嘴里竟说不出拒绝的字眼，他继续问道："可是，你所学的专业是计算机，而我们所需要的是销售人员，如此截然不同的两个专业，你怎么能保证你能胜任这份工作呢？"女孩坦率地说："虽然，

计算机和销售是两个不同的专业，但是，学计算机的也需要与人打交道，而这恰恰是销售人员所需要的能力。而且，我从来不否认自己在与人沟通这方面有过人的能力。”

经理笑了，这个女孩也太有自信了。经理有些挑衅地问道：“可是，你的自信来自哪里呢？”女孩微笑着说：“我的自信跟你的自信一样，你能坐在这里面试我，我的自信来源于我知道自己能做什么，不能做什么。”就这样，经理当即决定录用这位女孩，后来，他在工作中对那女孩说：“虽然你的学历并不是最高的，但你的回答却是最令我满意的，你的自信传递给我无限的力量。我相信，一个自信的人是有足够的能力去干一些事情的。”

谈判心理策略分析

虽然，自己在各方面的条件都不如一起前来面试的人，但是，女孩的自信却是无人可比的，而恰恰是这份自信打动了经理，也使她自己获得了那份工作。在生活中，那些对自己充满自信的人，他们身上有着一种非凡的魅力：神采奕奕，精神百倍，任何时候都给人一种活力四射的印象。如此的风采魅力，能传递给他人以力量，使他们开始相信自己，当然，这样能够很好地打动他人，从而赢得他人的好感。

1.不要轻看自己

有人总是叹息自己工作不如别人，外貌不够出众，才能不被老板所赏识。其实，这是因为我们对自己缺乏自信，无法传递力量给他们，而致使他人对我们失去了信心。

2.学会欣赏自己

有这样一句话：“人活着，或许有不少人值得欣赏，但你最应该欣赏的是你自己。”当你对自己充满自信的时候，别人的眼光也会被你吸引，在不知不觉间，对你产生莫名的好感；相反，一个内心充满自卑的人，在他身上所显现

出来的是颓废、迷茫，毫无形象魅力，自然也就没有办法获得他人的好感。自信产生的巨大力量推动着自己走向成功，与此同时，自信也能够很好地打动他人，从而赢得他人的好感，如此一来，谈判自然会成功了。

使用彰显自我的手势语言

在日常谈判中，一个人在与人交谈的时候，面无表情、没有动作是不可能的，尤其是当一个人对自己有些不自信的时候，他们的手部往往会情不自禁地做出一些泄密的小动作。现代科学研究表明，手是人体中触觉最敏感、肢体动作最多的部位。因此，我们完全可以通过观察一个人说话时的手势动作，以此来捕捉对方内心潜藏的信息。而且，手势也是可以展露一个人内在信心的。如果一个人对自己充满了自信，那么，他的这种心理会通过手势表现出来，达到彰显自我的目的，那可以称为“自信的手势”；相反，若是对自己缺乏应有的自信，这样的心理也会在手势中展露无遗。

没有来得及找好下家就辞职的小王，这段时间正忙着赶场面试。这天下午，他接到了两个面试通知，都是他比较喜欢的工作。于是，他把一家公司的面试安排在上午，而另一个安排在下午，中午还能吃个饭休息休息。

可是，等到面试那天，小王却破天荒地睡过了头，起来的时候已经九点半了。他急忙洗漱，整理面试资料，等赶到公司已经是十点半了。他刚气喘吁吁地坐下，经理就走了进来，没说两句，公司副总也走了过来，想看看这里的面试情况。

顿时，小王的紧张到了顶点，在介绍自己工作经历时自不觉地摸了摸自己的鼻子，尽管他并没有感冒，也没觉得鼻子有多痒。副总脸上露出了不耐烦的表情，小王心更慌乱了，本来自己昨天还做了准备工作的，可是，一紧张什么都忘记了。一会儿，副总就出去了，剩下的面试官问了几个无关痛痒的问题，就匆匆结束了面试。小王明白，这次的面试完全让自己搞砸了。

谈判心理策略分析

一个人在说话的时候摸鼻子，给人的第一印象就是不太自信，而小王正是因为这个小小的动作而失去了一份好的工作。如果小王手心向上，两手向前伸出放在腿上，手的位置基本上与腹部等高，这样的姿势就给面试官一种坦诚的感觉，并使对方觉得你充满着热情与自信。当然，在面对他人的时候，手势不能自信过头，以至于让人感觉容易受到攻击。比如，将双手握得太紧，手指交叉，这就会给人握紧拳头想要打人的感觉。

在与他人相处的过程中，如果你希望你所说的话被对方所接受，那么，就应该在心里树立信心，不要妄自菲薄。如此一来，你的身体语言就会像你的说话一样令人信服。通常情况下，我们在进行语言表达的时候，为了辅助语言的表达效果，会适当地增加身体语言，在这时，彰显自我的手势恰好能起到辅助语言表达的效果。所以，在说话的时候，要常用这样的手势，以此彰显自我。

那么，哪些才能算是彰显自我的手势呢？

1.“寻求信心”的姿势

一般情况下，一个女人常见的“寻求信心”的姿态是：把手缓慢而优雅地搁在喉咙上，当然，如果戴了项链，那这样的手势就会被掩盖住了。另外，还有一种“寻求信心”的姿势是紧捏自己的手掌部分，这样的手势传达出一个人因焦虑等原因而信心不足的情况。

2.塔尖式手势

塔尖式手势就是指将双臂放在桌面上，十指对应相抵，与拜佛的手势极

为相似，但掌心是分开的。心理学家认为，那些自信的人经常会用到这样的手势，以显示自己的高傲情绪。有时候，上级对下级，也会出现这样的手势，向下级传递的信息是“情况早在我的意料之中”。另外，这一手势在从事会计、律师等行业的人身上，也使用得比较普遍。

塔尖式手势有公开与隐藏两种形式，女性的塔尖式动作通常是隐蔽性的，她们坐着时会把手搁在膝盖上，而站着时将合着的手轻放在及腰的位置。研究专家发现，那些自视越高的人，塔尖式的位置也就越高。有时候，甚至会出现齐眉的动作，这样一来就像是从手缝中看人。

3.热情而自信的手势

当我们向人们解释某些问题的时候，让你的一只手自然地放在一边，或采用手心向上的动作，这样的手势显得热情而自信。如果你对自己所说的话有很大的把握，可以先将一只手掌心向下向前伸，然后从左向右做一个大的环绕动作，就像你能用手覆盖住要表达的主题一样，这样说明一切尽在你的掌握之中。

莱斯托夫效应：你有你的个性

在生活中，或许我们会有这样的经历：在学习地理的时候，要记住每个地方的形状、位置等特征真的很难，但你却往往对那些有着显著特征的地方有深刻的记忆。比如，说到法国，你就想到埃菲尔铁塔；说到埃及，你就想到了金字塔。其实，这样的例子很多，所呈现出来的规律是：那些特殊的事物更容易被人们记住。其实，它所涉及的心理效应就是莱斯托夫效应。莱斯托夫效应的出现，与人们的记忆特点有关，人们对于身边的许多事物的记忆都是无意识的记忆，简单地说，就是没有自觉去识记，也没有任何识记的方法，也不需作出任何努力去记忆，如此的记忆带着某种偶然性。这就是为什么人们在同一个交际场合认识的两位陌生人，或许他们只会记得其中的一位。因为人们对于自己所接触过的人和事物，并不每次都会记得，他们只会选择那些能引起人浓厚兴趣并能激发人的情感的事物。

通过研究发现，心理学家认为莱斯托夫效应在人际关系中体现得最为明显。许多人为了自己能被人们记住，他们不是在服装上力求新颖，就是在言行上刻意表现，虽然，他们所采取的方式不同，但目的只有一个，那就是：让别人记住自己。在人际交往中，许多人不知道自己的个性是什么，或许认为自己根本没有个性，这其实是一种错误的想法。每个人都有自己的特色和个性，有的人幽默风趣，有的人热情自信，有的人微笑很甜美，有的人眼睛很动人，有的人穿着很吸引人。只要我们能够善于发现且利用，它们都能帮助我们取得很好的莱斯托夫效应。

阿玉的脸绝对算不上最漂亮的，身材也比较一般，但这并不妨碍她成为了办公室里最美丽的一道风景线。在办公室里，她是大家公认的最会穿衣服的女人，在很多时候，看她穿衣服就是一种享受。

阿玉的穿衣哲学是拒绝奢华，她非常鄙夷买名牌，她觉得奢侈的品牌没什么不好，但不容易凸显个性，也容易撞衫。对此，她对大街上那些琳琅满目的品牌并没有特别的喜好，也不会在意价钱，最重要的是服装本身的价值。穿衣搭配在阿玉这里已经到了不费吹灰之力的程度了，她常常将平价品牌与奢侈品牌一起混搭，穿出自己的个性。

当然，如此有个性的女人人缘自然好了。男同事为了更好地欣赏她，会不时地在工作中帮点小忙；而女同事为了学习她的穿衣哲学，常常帮她做这做那。基本上，办公室里一说到她的名字，那可谓是“无人不知、无人不晓”。

谈判心理策略分析

有时候，闪光点也是可以制造的，聪明的阿玉就为自己制造了一个靓丽的闪光点，并且收到了良好的莱斯托夫效应。在人际交往中，人们首先看到的是一个人的外表、长相、身材、服饰等，这会让他们产生一定的心理感应。而在这些特征中，最容易变换、最讲究技巧的就是服饰。如果你要想在谈判场合中脱颖而出，那么，就以穿衣技巧为突破口，制造莱斯托夫效应吧。

那么，我们该如何制造莱斯托夫效应，以此来突出自己的个性呢？

1.以眼神突出自信

在与人接触的时候，一个人是否有自信，那就应该看其眼神。当然，自信的眼神应该是正视对方，脸带微笑，目光炯炯，但却不咄咄逼人。如果你以自信的眼神对视他人，那么，你必然会从人群中脱颖而出，而对方自然会把你纳入“自信、从容”这一类人。

2.仪态突出优雅

在人际交往中，优雅的行为举止很容易让你显得出类拔萃。如果你拥有良好的修养，那么，你可以不用说话，只需要用行动就能给人们留下较为深刻的印象。在与陌生人打交道的时候，需要不急不躁，落落大方，如此，你自然能被别人记住了。

3.以语言突出幽默风趣

如果你是一个幽默风趣的人，那在与人相处的时候，就应该保持最自然的状态，巧妙地将幽默、风趣融入语言中。这样，只需要短短几分钟的接触，你幽默风趣的个性展露无遗，对方就会记住你了。

4.以行动突出热情

如果你天生就是一个热情的人，那完全没有必要隐藏自己的优点。当你初次与陌生人打交道的时候，你可以主动与对方握手，面带微笑介绍自己。如果对方正处于困境中，需要帮助，那你更需要热情地施以援手。这样，对方就很容易记住你，并且认为你是一个热情友好的人。

以优雅形象展现正能量

俗话说："站有站相，坐有坐相。"这不仅是对一个人行为举止的基本要求，还直接体现出一个人的涵养。在日常谈判中，要想赢得他人的好感，需要我们注意自己的行为举止，以自己的优雅形象来打动对方。有的人坐立行走皆优雅，其实，这些人大都是对生活很有讲究的人，包括什么场合穿什么衣服，在公开场合如何坐立行走，时刻以文明端庄的行为举止来展现自己的形象魅力。这样的人，能在谈判中游刃有余、应付自如，他们常常是受欢迎的那一类人。所以，千万不要忽略自己的行为举止，无论是站姿还是坐姿，我们都要有所规范，以自己的涵养来打动对方，赢得他人的好感。

谈判心理策略分析

在现实生活中，有的人站没站相，坐没坐相，其实，他明明是一个挺踏实能干的人，但无论是坐、立、行，总是弯着腰、歪着脖子，给人以懒散的感觉，这样的人难以赢得他人的好感，在他们身上，似乎总是体现出一种不端正的心态。其实，一个人的站姿和坐姿能够体现其内涵，一个有内涵的人会严格要求自己的一言一行，哪怕是一个最基本的站姿，他也不会马虎了事。

1.站姿

站姿是一个人最基本的举止。站姿所表现的是一个静态的动作，优雅的站姿能显示一个人的涵养，同时，给人们留下深刻的印象。对于站姿的要求：头

正、肩平、垂臂、挺直身躯、并拢双腿。另外，身体的重心主要落在脚掌和脚弓上。这时，如果我们从侧面来观察，会发现这个人的头部、肩部、上体与下肢在一条垂直线上。

有的人站着站着就不知道手该怎么放、脚该怎么放，其实，这也有学问的。站立的时候，手可以选择以下几种姿势：双手置于身体两侧；右手搭在左手上叠放在身体前面；双手叠放在背后；一手放在身体前面，一手放在背后。脚的姿势也有以下几种：V形；双脚平行分开，但不超过肩宽；丁字形。

当然，一般的站姿是端正、稳重、自然，上身正直，头正目平，面带微笑，下颌微收，肩平挺胸，两臂自然垂下，两腿相靠直立。如果身体不够端正、双脚叉开过大、双脚随意乱动都会被看作是不雅或失礼的姿势。另外，还需要注意几个方面：站立时，不要东倒西歪，无精打采，或懒散地倚靠在墙上；不要低着头，或歪着脖子；不要将身体重心移到一侧，或只用一条腿支撑身体；不要两腿交叉而站；不要做一些小动作；不要将手插在裤袋里，或者双手抱在胸前。

2.坐姿

坐姿，它是展现自己气质与涵养的重要形式。也许，我们经常看见有的人两腿叉开，腿在地上抖个不停，有的还把脚翘得很高，这样不雅的坐姿实在让人不敢恭维。优雅的坐姿应该是：在站立的姿态上，后退能够碰到椅子，再轻轻地落座，双膝并拢，脚可以放在中间或者两边。在一些公开的场合，最好不要翘脚。

另外，还需要避免一些不雅的坐姿：双腿叉开过大，无论是大腿叉开还是小腿叉开，都是极为不雅观的；将双腿直接伸出去，这样会妨碍到别人，也显得姿势不雅观；将双腿放在桌椅上，这样的举动是很粗鲁的；在他人面前，反反复复地抖动或摇晃自己的腿部，这样会让人心烦意乱；将自己的脚尖指向他人，这是非常失礼的表现；在他人面前用脚自脱鞋袜，这是非常不文明的；将手放在桌下，或者手肘支在桌子上，或者夹在两腿间都是不雅的姿势。

3.行姿

行姿其实是站姿的延续动作，是在站姿的基础上展现人的动态美。而且，无论是在日常生活中还是在社交场合中，走路往往是最引人注目的身体语言，同时，也最能表现一个人的风度与活力。

优雅的行姿为：走路的时候，抬头，目光平视前方，双臂自然下垂，手掌心向内，手臂以身体为中心前后摆动，手臂与身体的夹角一般在10°~15°。上身保持挺拔，腿部伸直，放松腰部，脚步要轻且富有弹性和节奏感，步幅与腿的长度适宜，跨步要均匀。在走路的时候，要摆动大腿关节而不是膝关节，这样才能使我们的步伐轻盈敏捷。

借用你的神态语言抓住对方的心

在日常谈判中，一次再简单不过的沟通都会包括语言与非语言两个部分，其中神态就是属于非语言部分。当然，也有不少人认为沟通的方式有三种：语言、文字、神态。如果按照重要性依次排为：神态、语言、文字。这主要是因为神态完全由你的心态控制，正所谓“相由心生”，说的就是这个道理。大多数人会把忧虑感、紧迫感、厌恶等统统写在脸上，不过，也有一些人不会把自己的喜怒哀乐表现在脸上。所以，我们在谈判中，要善于利用神态语言来向对方传递自己的想法，从而达到打动人心的目的。

从心理学上说，每个人的神态都反映着其相对的心理状态。比如，一个身体健康、心情愉悦的人，他的神态表现为红光满面、神采奕奕；相反，苦恼忧愁的人，面部表情通常会愁云密布、眉头紧锁。其实，面相即为心相，一个人所自然表现出来的神态就是其心理，而且，人们还习惯于利用神态语言来使对方理解自己的用意。

谈判实景

《红楼梦》里，湘云给袭人带来绛纹戒指，黛玉笑她在“前日”没有让人把袭人的一同带来，“是个糊涂人”。湘云作了一番分辩。这时，宝玉、黛玉、宝钗等几个人都笑了。宝玉笑道：“还是这么会说话，不让人。”黛玉听了，冷笑道：“她不会说话，就佩带‘金麒麟’了！”一面说，便起身走了。幸而诸人都不曾听见，只有宝钗抿着嘴儿一笑。宝玉听见了，倒后悔自己又说错了话；忽见宝钗一笑，由不得也一笑。宝钗见宝玉笑了，忙起身走开，找黛玉说笑去了。

虽然大家都在笑，但却由于每个人的心理不一样，最后他们所表现出来的“笑”这个神态语言也是千差万别。宝玉笑得很亲热，给人一种亲切的感觉，因为他习惯了与湘云开玩笑；黛玉的笑是妒忌的“笑”，她担心宝玉会因为金麒麟与自己生隙，顿生妒忌之情，而且这样的心理影响到了宝玉，“宝玉听见了，倒后悔自己又说错了话”；宝钗则是幸灾乐祸的“笑”，后来宝玉见宝钗笑了，也自我解嘲地“笑”了。宝钗见宝玉笑了，却又忙着走开，找黛玉“说笑”去了，这里的“笑”是为了掩饰自己与宝玉的相视而笑。

谈判心理策略分析

在谈判中，神态语言是传情达意的一种重要沟通方式，它指的是通过眼神、动作、面部表情等来表达内心思想的一种非语言形式。神态语言不仅仅彰显着自己的喜恶，更为重要的是，通过自己一颦一蹙的变化展现自己的内心世界。在现实生活中，不同性格、身份、经历的人，他们会有各种不同的神态。即使在同一事件中，相同的情况下，神态也是各不相同的。而且，单纯的神态语言并不能完成一次沟通，它必须根据事件、环境、心境的状态才能恰如其分

地表现出来。

当我们表达内心思想情感的时候，可以使用较多的神态语言。但我们需要记住的是：神态语言在表达时要准确、清楚。至少能给对方一个大的方向，否则对方也会摸不着头脑，不知道你所表达的真正用意是什么。自然，他的心门也不会为你打开了。那么，在实际谈判中，我们该如何利用神态语言打动人心呢?

1.“我很感兴趣你说的话题”

在双方的沟通过程中，倾听者可以通过一定的神态语言表示“我很感兴趣你说的话题”。身体前倾，以头部动作和丰富的面部表情回应说话者，比如点头表示“你说的对”；微笑表示“赞同、认同你所说的一切”；惊讶的表情表示“出乎意料”。当然，在整个倾听过程中，需要保持全神贯注的神态。这样，表现出你对其说的话十分感兴趣，对方也是很容易被你打动的。

2.“我很有礼貌”“我是一个彬彬有礼的人”

谈话过程中，随时保持微笑，眼睛适当地注视对方，这是一种尊重，表示很懂礼貌。以神态打动对方可以胜过千言万语。

3.“我很在意你”“我正在吃醋”

青年男女在恋爱的过程中，经常会向对方暗示“我很在意你”“你不能和那个女生靠得太近了”“我正在吃醋”等这样的信息。在很多时候，他们也会利用神态语言来让对方理解自己的用意，比如听了对方的解释就“冷笑”，或者黯然神伤。

第03章

了解对方，谈判从倾听开始

有人说谈判是言语的较量，是逞口舌之快。其实，这是对谈判的片面理解，通常情况下，那些卓越的谈判家并非滔滔不绝说话的人，而是懂得如何做一个好的倾听者。倾听，不仅会让我们很好地了解对方，而且还可以从对方谈话的细枝末节中获得一些有价值的信息，从而利于我们赢得谈判最后的成功。

善于倾听，把控谈判走势

在谈判过程中，占据主动位置的一定是会说的人吗？不一定是，有时候，能够把控沟通的主方向的人往往是一些善于倾听的人。卡耐基说："对和你谈话的那个人来说，他的需要和他自己的事业永远比你的事重要得多。在他的生活中，他要是牙痛，要比发生天灾数百万人伤亡的事情还更重大；他对自己头上小疮的在意，要比对一起大地震的关注还要多。"因此，我们必须要学会利用我们的耳朵，做一个善于倾听的人，并牢牢地抓住沟通的主控权。

在一次推销中，乔·吉拉德与客户洽谈顺利，眼看就快要签约成交的时候，对方却突然变了卦——快进笼子的鸟儿飞走了。

当天晚上，按照顾客留下的地址，乔·吉拉德找上门去求教。客户见他满脸真诚，就实话实说："你的失败是由于你没有自始至终听我讲的话，就在准备签约前，我提到我的独生子即将上大学，而且还提到他的运动成绩和他将来的抱负。我是以他为荣的，但是你当时却没有任何反应，而且还转过头去用手机和别人讲话，我一恼就改变主意了！"

这一番话重重地敲醒了乔·吉拉德，使他领悟到"听"的重要性，让他认识到假如不能自始至终倾听对方讲话的内容，认同顾客的心理感受，就会失去自己的顾客，使谈判失败。以后再面对顾客时，他就十分注意倾听他们的话，不管是否和他的交易有关，都给予充分的尊重，并收到了意想不到的效果，终

于，他成为了一名推销大师。

西方有一句谚语：倾听是最高的恭维。英国学者约翰·阿尔代说：对于真正的交流大师来说，倾听和讲话是相互关联的，就像一块布的经线和纬线一样。当他倾听的时候，他是站在他同伴心灵的入口；而当他讲话时，他则邀请他的听众站在通往他自己思想的入口。生活中，我们经常会遇到这样的事情：当一个遭遇烦恼的朋友找自己倾诉，我们只需要认真听他讲话，当他讲完了，心情就会平静很多，甚至不需要我们做任何事情来帮助其恢复平静。

谈判实景二

还有一次，乔·吉拉德拜访了一个有趣的客户，一开始，客户就喋喋不休地谈论自己的儿子，他十分自豪地说："我的儿子要当医生了。"乔·吉拉德惊叹道："是吗？那太棒了！"客户继续说："我的孩子很聪明吧，在他还是婴儿的时候，我就发现他相当聪明。"乔·吉拉德点点头，回应道："我想，他的成绩非常不错。"客户回答说："当然，他是他们班上最棒的。"乔·吉拉德笑了，问道："那他高中毕业打算干什么呢？"客户回答："他在密歇根大学学医，这孩子，我最喜欢他了……"话匣子一打开，客户就聊起了儿子在小时候、中学、大学的趣事。

第二天，当乔·吉拉德再次打电话给那位客户时，却被告知他已经决定在自己手中买车，而客户的原因很简单，他说："当我提起我的儿子吉米有多骄傲的时候，他是多么认真地听。"

谈判心理策略分析

或许，有人错误地理解多说话才能把握沟通的主动权，其实，多说话会给我们带来很多负面的影响，多说有可能会使他人对你产生戒心，认为你有某种

企图；说得太多了，他人会对你敬而远之，因为他没有义务当你的倾诉桶；况且，说话这件事，说得多了，难免会出错；有时候，说得太多，暴露的信息太多，就会被别人看穿。所以，做一个懂得倾听的人，并将这样的美德沿袭在自己身上，你会赢得比别人更多的机会，获取更多的信息，把握沟通的主动权，能够更加有效地打动人心。

1.倾听使你受益无穷

布里德奇说："学会了如何倾听，你甚至能从谈吐笨拙的人那里得到收益。"倾听并不是没有任何意义的随声附和，一个优秀的倾听者可以从说话者那里获取大量的信息，赢得对方的喜欢，达到打动人心的目的。

2.倾听也是需要技巧的

不过，倾听也是有技巧的，除了听之外，需要适时地重复对方话语中的关键字眼。当然，倾听比说话更需要毅力和耐心，假如你只是埋头玩自己的手机，或者把头瞥向一边，这样无疑会打击说话者的积极性。

3.倾听是沟通的前提

只有听懂了别人表达意思的人才能沟通得更好，倾听是说话的前提，先听懂别人的意思，再表达出自己的想法和观点，才能更有效地沟通。同时，听懂了别人的意思，我们才有机会掌握沟通的主动权，如此，也更容易打动人心，达到谈判成功的目的。

在倾听中了解对方喜好

在日常谈判中，沟通的话题是必不可少的。大量事实表明，一个人喜欢什么就会谈论什么样的话题，反过来，一个人所谈论的话题中定有其感兴趣的东西。卡耐基曾说："即使你喜欢吃香蕉、三明治，但是你不能用这些东西去钓鱼，因为鱼并不喜欢它们。你想钓鱼，必须下鱼饵才行。"换句话说，每个人

都有自己的兴趣点，有的人喜欢旅行，有的人喜欢漂亮的衣服，有的人喜欢绘画，而无一例外的，他们这样的兴趣点都将隐藏在话题里，等待你去发掘。如果对方总是谈到一件事，那就证明这件事本身对他很重要，或者，他的兴趣爱好就是此件事。倘若你能从细微处发现对方的兴趣点，从对方感兴趣的话题入手，那么，你已经成功地识破对方的真实心理了。

谈判实景

在行营里，一次，曾国藩用完饭后与几位幕僚闲谈，评论当今英雄。他说："彭玉麟、李鸿章都是大才，为我所不及。我可自许者，只是生平不好谀耳。"一个幕僚说："各有所长：彭公威猛，人不敢欺；李公精敏，人不能欺。"说到这里，他不说了。曾国藩问："你们以为我怎么样？"众人皆低头沉思。忽然走出一个管抄写的后生来，插话道："曾帅仁德，人不忍欺。"众人听后皆拍掌称是。曾国藩十分得意地说："不敢当，不敢当。"后生告退后，曾国藩问道："此是何人？"幕僚告诉他："此人是扬州人，入过学，办事还谨慎。"曾国藩听后说："此人有大才，不可埋没。"不久，曾国藩升任两江总督，就派这位后生去扬州任盐运使。

谈判心理策略分析

那位后生不过是一句话，就得到了曾国藩的赏识，同时，改变了自己的命运，这真可以说是"一言定升迁"。为什么会这样呢？其实，如果我们仔细观察，就会从话题中察出端倪。在一次闲聊中，曾国藩别的不聊，却聊到了"当今英雄"，所选择的话题目的不言而喻，曾国藩本人统率几十万湘军，在当世也可堪称"英雄"，这样想来，他此举就是想有人夸赞自己一番。虽说，曾国藩是中兴名臣，但不过也是常人，他也想听赞美的话，这是其兴趣之一。后生

识破了曾国藩的心理，说“曾帅仁德，人不忍欺”，一语说到了曾国藩的兴趣点，同时，后生也赢得了曾国藩的信任与好感。

在谈判过程中，彼此所谈论的主题可以透露对方的兴趣点。毕竟，一个人喜欢什么，他就愿意谈论什么，对自己不是很感兴趣的，他是不会侃侃而谈的。如果对方谈论到小说，那么，他所喜欢的肯定不是历史；如果对方谈论的是车子，那么，他所喜欢的肯定不是火车。所以，在日常谈判中，我们要善于从交谈中“听”出对方的兴趣爱好，并适时把话说到心坎上，自然可以轻松赢得人心，从而顺利地赢得谈判的主控权。

1.说得越多，对方越在意

当一个人对一个话题侃侃而谈，而且越说越兴奋的时候，我们不能判断说对方对这个话题的某些东西是不喜欢的。相反，因为喜欢，他才会不断地重复一些话，才会投入自己百分之百的热情。因此，在沟通过程中，我们要善于观察和倾听，对于某件事情，对方说得越多的时候，这表明这个话题中恰恰包括了对方所感兴趣的事情。

2.试探性提问

当我们不知道对方感兴趣的东西是什么的时候，我们可以通过试探性提问，去发掘对方的兴趣点，这样对整个沟通也是很有帮助的。假如我们既不知道对方感兴趣的东西是什么，也不愿意通过试探性的提问去挖掘，那最后我们将在此次沟通中一无所获。

3.沟通前下足功夫

在沟通过程中，要想准确地了解到对方的兴趣爱好，不仅仅需要在交谈时做仔细观察，而且还需要在沟通之前下足功夫。比如，我们所要拜访的是一位美术老师，那可以确定他所感兴趣的一定是美术。即便美术不是他的爱好，他是因为生存需要才选择了进入美术这个领域，对他而言，美术也是他最熟悉的东西。只要我们准备一些谈话的资料，那在交谈过程中就可以准确地知道他所感兴趣的东西了。

倾听中观察对方小动作

现代心理学的研究证明：一个人不经意间表现出来的小动作能够反映出一个人的真实性情，或者对别人所保持的态度以及意见。在日常工作中，我们会发现，几乎每个人都有其特别的小动作，而这些不经意表现出来的小动作恰好能直接反映其真实性情。心理学家认为，每一个人的小动作都隐藏着其内心的真实想法。在很多时候，一个人的肢体语言和他们内心想要说的话并不一样，这就是所谓的小动作了。比如，在日常交流中，对方看起来很认真地在听，但是，在桌子的下面，他的手指却在反复不停地敲击着。这样的小动作表示这个人实际上一点也没有将心思放在开会上，心不知道飞到哪里去了。因此，在生活中，如果我们能仔细观察他人的小动作，那么，我们可以看出其真实的性情。

谈判实景

小白是一个话很多的人，经常逮着机会就与同事大侃起来，也不管对方愿不愿意听。对此，坐在他旁边的小李可就遭殃了，每次小白都会转过身来，兴致勃勃地说些自己碰到的趣事，小李虽说表面不好拒绝，但他总是不安地用笔杆敲打桌面，以此表达自己的意思。小白却是一个马大哈，他不明白小李为什么喜欢敲桌子，不过，他什么也不想，还是自顾自地说话。

有一次，小白碰到了学心理学的朋友。在聊到小动作的时候，小白突然想到了小李，他问道："当一个人总是用笔杆敲打桌面的时候，他心里在想些什么呢？"朋友回答说："这样的小动作，大多表示他对你所讲的话已经感到厌烦了。""啊？！"小白恍然大悟。后来，在办公室里，他收敛了自己的个性，不再经常缠着小李说话了。

谈判心理策略分析

小白通过向学心理学的朋友询问，发现同事的小动作是想告诉自己：我对你所讲的话并不感兴趣。在我们身边的每个人都有那么几个常见的小动作，我们可以通过观察对方的一些小动作来发现他们对自己的意见。另外，一些心理实验表明，如果你与一个你很讨厌的人在一起，只会出现两种相对的反应：一是太随便，根本不在乎对方的想法；二是太拘谨，看起来无所适从，甚至，不知道该把手放在哪里。而通过他们表现出来的不同反应，正好可以揣测出对方的真实性情。

每个人都有心情不好的时候，特别是由于别人造成的情况，它会表现得尤其突出，表现为一种烦躁不安。这些情绪除了通过面部表情及口头语言表现出来以外，还通过一些小动作显现出来。下面我们就介绍几种人们常见的小动作。

1.喜欢用嘴咬住一些物品的人

有时候，我们经常会发现有的人喜欢用嘴咬眼镜腿、铅笔或者其他一些物品。这一类型的人喜欢我行我素，不喜欢受人管制。他们做出这样的动作，是想掩饰自己恶劣的情绪，不想让别人知道。在这种情况下，你千万不要上前搭话，以免加重其恶劣的情绪。但在有时候，这样的小动作也无法克制他内心的不满情绪，他们的情绪有可能会进一步恶化，有可能在突然之间爆发出来。

2.习惯用手拢头发的人

有的人喜欢用指尖拢头发、轻抚面部，或是把食指放在嘴唇上。这一类的人性格比较开朗、乐观，虽然在面对生活或工作中的困难时也会出现失望、沮丧的心情，但是他们能在最短时间内调整好自己的心态，坦然面对这一切，并致力于寻找解决问题的办法。

如果有人在你面前做出这样的小动作，那就表明他对你的谈话没有多大的

兴趣，显得有点左顾右盼，漫不经心。他们或许正在思考自己的问题，并且认为你是在打扰他，但他们会碍于情面而不表露出来。

3.喜欢两手互相摩擦的人

有的人习惯两手不停地摩擦。这一类型的人对自己充满了信心，喜欢挑战自我，并且在成功的路上敢于承担一定的风险。一旦他们决定去做某件事情的时候，就会一直坚持下去，而不会轻易改变主意和行动方向，所以他们在某些时候显得比较固执。通常他们出现这种情况的时候，就是烦躁不安、心情郁闷的时候。

4.习惯用手抚摸下巴的人

有的人习惯于用手抚摸下巴或者抓着下巴。做出这样小动作的人大多比较世故圆滑，有较深的城府。他们这样不断地抚摸下巴是想使自己镇静下来，克制自己内心的不满情绪，以免因自己冲动之下做出什么不利于自己的举动来，同时，他也在思考下一步的对策。

5.喜欢咬牙切齿

有的人在烦躁不安的时候喜欢咬牙切齿，这一类型的人情绪变化无常，显得很不稳定。他们的心胸不是很宽广，喜欢意气用事，就连理智也无法把握感情。

倾听中及时反馈，让对方感到被尊重

在日常谈判中，当对方说话的时候，我们要做的只是保持“听”的姿势吗？答案当然是否定的。在倾听对方说话的时候，作为听者，我们需要给予积极的反馈，让对方感到备受重视，这样才能有效地打动对方。这是心理学中的“反馈效应”，反馈效应是指向诉说者反馈自己的尊重与关注，使诉说者感到自己和自己的谈话在他人心里很重要，这在一定程度上起到了正性强化作用。

心理学家通过大量研究发现，每个人都喜欢和尊重自己谈话的人沟通。

酒会上，王姐依靠着栏杆，在酒精的刺激作用下想起了伤心往事，不禁小声啜泣起来。李秘书正好路过这里，亲切地问道："王姐，怎么了？"王姐靠着李秘书的肩膀，哭着说："我又想起了那次车祸。"李秘书拍拍王姐的肩膀，说道："我明白，那真是件不幸的事情，但你已经熬过来了，我希望你能坚强地走下去。"王姐点点头，情绪也好多了。

在倾听过程中准确地反馈会激励诉说者继续说下去，同时，也让诉说者有一种被尊重的感觉，从而对他产生极大的鼓舞。当然，不准确的反馈不利于谈话进行，因此要把握好。

只是敷衍而木讷地听对方讲述也是不行的，还需要鼓励对方继续说下去，所以，在倾听的过程中要适时地提问，以引起对方的注意和说话的欲望。适时提问其实也是一种反馈的行为。

小A兴致勃勃地冲进办公室，对着同事小文大声说道："你猜我今天在电梯里看见谁了？""谁啊，是不是隔壁办公室的某某啊？"小文好奇地追问。"不是啦，我看见明星了，他好像是来代言广告的，那时候我的心都差点停止跳动了。"小A还沉浸在兴奋状态里。"真的？那个明星是谁啊？电视上和真人相比，哪个更帅些？"小文不住地追问。小A拉过一张椅子，打算坐下好好聊。

谈判心理策略分析

适当提问表现出你对对方的谈话很感兴趣，也让对方更有兴趣继续讲下去。

那么，在听对方诉说的时候，我们该如何进行有效地反馈，才能让对方感觉到备受尊重呢？

1.重复对方的意见

在倾听过程中，你可以适当重复对方的意见，比如“你刚才的意思或理解是……”等，这样会激励对方继续说下去。

2.及时查证自己是否理解对方

在谈话过程中，你可以说“不知我是否理解你的话，你的意思是……”一旦确定了自己对他的理解，就需要给予积极实际的帮助和建议。

3.避免不良习惯

当然，反馈并不是开小差，也不是随意打断别人的话，更不是借机把谈话主题引到自己的事情上来，并任意地提出自己的观点作出评论和表态等，这都是不准确的反馈，效果会适得其反。

4.非语言反馈

非语言技巧包括点头、微笑，在倾听过程中，适时的微笑与点头，会让对方感到你对他的谈话很有兴趣，就会愿意与你交谈并对你留下很好的印象。

5.适时提问

在倾听过程中，要把握提问的时间。一般，当对方正在诉说事情的时候，不要打断对方提问，需要等待合适的时机再进行提问，比如，对方说完之后有稍微的沉默，这就是最好的提问时机。

提问只是为了让对方继续说下去，因此，要以诚恳的态度提问，不应该以盘问、讽刺或者审问的态度。比如，你说：“你不是挺厉害吗？这次怎么失败

了？”这样的问题有点挑衅的味道，会引起对方心中不快的情绪。

经常说“没错”的对手，需要我们的认同

在日常谈判中，我们经常听到有人说：“绝对没错”“这事肯定没错”“当然是这样，错不了”。似乎，对方一次次地在肯定自己的观点与意见，那么，当对方这样说话的时候，我们该如何应对呢？如果你自以为聪明地辩解：“可是，我觉得这事情似乎还有另外的原因……”这时，你再仔细观察对方的脸色，定会发现对方的脸上出现了不悦的神色。其实，那些嘴里常说“没错”的人需要他人的认可，因为在其内心深处，他对此事也存在一定的质疑。有时候，这样的人恰恰是一名上司，因为作为一名上司，如果不能看清楚一些事情，肯定会被下属看不起，所以他们往往想隐藏自己内心的想法。对此，在“没错”这个词语的背后，隐藏着上司需要他人认可的欲求。因此，在谈判中，我们要留意那些嘴里常说“没错”的对手，在很多时候，他们是需要得到我们的认同，而不是反驳与辩解。

在公司会议上，王总分析了当前的市场前景：“昨天我看了你们递交上来的销售报告，觉得很有必要给大家说说我们目前的市场前景……”说完了，王总不忘记补充一句：“我想大概就是这样子，应该错不了，你们觉得呢？”员工小吴举手示意，王总点头允许，小吴拿着自己总结的报告说道：“我觉得关于市场前景，我们还需要考虑更多的因素，否则，所得出的结论就是不全面的……”小吴洋洋洒洒地说了半天，提出了自己的见解，说完后，他心中有些小兴奋，上司肯定会赞赏自己的。没料到，吴总一句话不说，而是喊了小李来

谈谈自己的看法。

小李站起来说道：“关于市场前景的报告，我昨晚也总结了一份，大致内容与王总所说的差不多。”说着，他又重申了王总的报告，认同了王总的说法。这时，王总的脸上露出了笑容，赞赏道：“没错，就是这样。”坐在下面的小吴听了，心中若有所思。

谈判心理策略分析

一般情况下，大部分领导都会提出自己的一些看法，末了带上一句：“没错，就是这样。”意图是希望自己的见解能够得到他人的认可，如果有下属当面提出不同的意见，领导就会感觉自己的面子受损，心中自然不悦。因此，面对小吴提出的建议，王总一句话也不说；而小李率先肯定了王总的意见，王总自然是面露笑容，大加赞赏。

那么，对于那些嘴里常说“没错”的人，其内心到底有什么样的想法呢？

1.有强烈的自我倾向

在工作中，那些经常说“没错”的人，多自以为是，强调个人主张，有着强烈的自我倾向。他们极力维护自己的见解，漠视甚至拒绝他人的任何观点。由于固执而倔强的个性，不能听取他人善意的意见，所以经常会吃亏。

2.内心有需要他人认可的欲求

有的人常说“绝对就是这样的”“当然是这样”等，经常使用“没错”这样的词语。其实，在其内心深处，有一种需要他人认可的欲求。当其心里一遍遍暗示自己“没错”，实际上就是想得到别人的认同，或许可以说是哄骗他人的欲求。

3.以上司的威严迫使下属认同

按常理来说，假如是上司一再强调“绝对没错”的时候，还有哪位不识时务的下属会发出反对的声音呢？因此，当上司一再说“没错”的时候，并不是

因为心中有了十足的把握，其真正用意是希望以上司的威严迫使下属来接受并认同自己的意见。虽然，他们会假意说“你们有什么看法吗”，但是，他们一点都不希望你能提出真正的想法。

4.嘴里越是说“没错”，其内心越不安

通常情况下，人们总是对自己质疑的东西才会一再肯定，以“没错”这样的字眼来麻痹自己。如果一个人嘴里总是说着“没错”，那么，事实上其内心并没有十足的把握，说“没错”不过是在暗示自己“真的没错”，换句话说，他们也是在说服自己。实际上，如果一件事情真的没错，真的就是这样，又何须一再强调呢？因此，那些嘴里越是说“没错”的人，其内心越不安，因为在其心里藏着大量的不确定因素。

说“怎么都行”的上司，其内心有较强的欲望

在工作中，我们经常遇到上司很无奈地表示“这事怎么都行”“你随便怎么办吧”。话语里似乎表示出自己一点都不在意，其实，上司的内心在意得不得了，他们本身有着强烈的欲望，有可能对于事情本身，他们有自己的很多想法。但是，为了掩饰自己，或许，为了敷衍下属，他们会说“怎么都行”“随便”之类的词语。而对下属来说，听到这样的话无非有两种反应：一是表现得很兴奋，似乎上司将事情的决定权都交予了自己；二是很受伤，大多数敏感的下属会觉得上司说这样的话，是很不在乎自己的工作，因而内心比较失望。其实，有着这样两种想法的下属都猜错了上司的心理，在上司心里，有着强烈的愿望，他希望事情可以按照自己的想法来办。但如果你忽视了上司这样的心理，没有仔细询问上司，那么，上司就有可能以“怎么都行”“随便”来敷衍你了。

谈判实景

小华刚刚从大学毕业，应聘到一家公司上班。为了能读懂上司的心理，他天天下班回家就研究心理学。无意之间，他在一本书上看到了这样一个标题“说‘怎么都行’‘随便’的人其实有着强烈的愿望”。等到仔细阅读了这篇文章，他总算明白了。原来，之前工作的时候，每每向上司请示有关工作时，上司总是挥一挥手：“怎么都行，你自己看着办吧。”小华听了这话，总是乐颠颠地跑了，等到事情真的按自己的想法去办成的时候，再报告给上司，上司却一副毫不在意的样子，既不夸奖，也不批评，如此的表现真让小华难受。现在，小华总算明白其中的奥秘所在了，原来，每次请示上司的时候，上司心中都有强烈的愿望，但是，自己恰恰忽视了，听信了那句“怎么都行”，按自己的想法来办，结果却令上司很不满意。

这天，小华又向上司请示关于客户的问题，上司还是挥挥手：“你自己看着办，怎么样都行的。”听了这话，小华并没有离开，而是耐心询问：“李总，可是，我对这件事总是搞不明白，还希望你能够给我指点一二。”上司放下了手中的工作，对小华说：“你刚到公司不久吧，行，今天我就给你谈谈如何处理与客户之间的问题……”于是，在上司的指导下，小华按照上司的旨意，圆满地完成了工作任务，而且，在公司大会上，上司还当面夸奖了小华。

谈判心理策略分析

或许，看到这里，有的人会说上司不免有点假惺惺。当面对员工说：“怎么都行。”背地里却隐藏着自己的想法，等到事情真的按“怎么都行”这样的标准完成后，上司却不满意了。其实，这并不能说上司是假惺惺的，而在于上司身份的微妙性。就像在生活中的许多人一样，嘴里说着“随便”，但实际上

心中却很有看法，当大家都认为他真的很随便的时候，却发现他已经面露不悦了。作为一名上司，他希望能得到下属的尊重，这样的尊重包括虚心地向其请教，如果你真的是形式性地请示，上司的自尊心受伤，自然就会敷衍一句“怎么都行，你自己看着办吧”。

在工作中，说“怎么都行”“随便”的上司其实有着强烈的愿望，作为下属的我们要善于倾听语言背后的真实意义。下面我们就来逐一分析其真实内心。

1.假装毫不在意

在生活中，如果一位母亲喋喋不休说了半天以后，孩子还是不为所动，母亲就会说：“随便你怎么样，我都不管了。”其实，母亲说这话的心理状态与上司说这话的心理是一样的，他们都是假装表现得毫不在意，只不过是在敷衍下属，但其内心又很希望下属能够向自己询问具体的方法。

2.希望事情按照自己的想法做

有的时候，上司会在这样的场景中说这样的话。比如，下属一再提出自己的方法与措施，压根不去理会脸色越来越淡漠的上司。这时，上司就会很不耐烦地说：“怎么样都行，你自己衡量着去做吧。”其实，其内心有着强烈的愿望，希望事情能够按照自己的想法去做。但碍于上司的面子，他又不好拒绝你的提议，所以，才会显得很不耐烦。

第04章

谈判“谈心”，日常谈判中的心理效应

在商业谈判中，流行着这样一句话：“谈判不是打嘴仗，而是拼心理。”实际谈判中的表现，可以说集中体现了一个人的综合素养与处事能力。因此，作为一个谈判者，为了掌握主动权，不吃亏，就必须掌握一些谈判心理技巧，从而在与对方的周旋中和较量中获得成功。

谈判就是心理较量

俗话说："商场如战场。"而在商场上必然产生的商业谈判则成为了谈判者斗智斗勇的战场。每一次谈判都好像是一次心理较量，谁的心理足够强大，谁能在硝烟四起的战场中撑到最后，谁就是最大的赢家。那些卓越的谈判者，绝对是一个强劲的心理学家，即便不是最专业的心理学家，他也绝对是内心十分强大的人。谈判，从形式上说是打口水战，其实，每一句话，甚至每一个词语都是谈判者经过仔细斟酌才说出口的。所以，也许我们所看到的或听到的谈判仅仅是靠一张嘴，但嘴巴后面所代表的是谈判的心理，一场谈判其实就是心理较量。

斯科特先生是一家食品店的老板，库尔曼曾向他推销自己所在保险公司有史以来最大一笔寿险：6672美元。当库尔曼向斯科特先生问道："斯科特先生，您是否可以给我一点时间，为您讲一讲人寿保险？"斯科特："我很忙，跟我谈寿险是浪费时间。你看，我已经63岁，早几年我就不再买保险了。儿女已经成人，他们生活得都很好，现在我和妻子与一个女儿一起住，即便我有什么不测，她们也有钱过舒适的生活。"

换了别人，斯科特这番合情合理的话，足以让他心灰意冷，但库尔曼不死心，仍然向他发问："斯科特先生，像您这样成功的人，在事业或家庭之外，肯定还有些别的兴趣，比如对医院、宗教、慈善事业的资助。您是否想过，您

百年之后，它们会无法正常运转？”

见斯科特没说话，库尔曼意识到自己问到了点子上，于是趁热打铁说下去：“斯科特先生，购买我们的寿险，不论您是否健在，您资助的事业都会维持下去。7年之后，假如您还在世的话，您每月将收到5000美元的支票，直到您去世。如果您用不着，您可以用来完成您的慈善事业。”

听了这番话，斯科特的眼睛变得炯炯有神，他说：“不错，我资助了3名尼加拉瓜传教士，这件事对我很重要。你刚才说如果我买了保险，那3名传教士在我死后仍能得到资助，那我总共要花多少钱？”库尔曼答：“6672美元。”最终，斯科特先生购买了这份寿险。

谈判心理策略分析

可以说，以上这个案例是一次成功的谈判。在实际谈判中，最忌讳的是当我们说出自己的某些想法或观念之后，所遭遇的是对方冷漠的态度，这会使整个谈判陷入一种僵局，假如不及时缓和气氛，或者说几句话暖场，那我们的谈判有可能会遭遇失败。在这个案例中，库尔曼也遭遇了这样的窘境，不过，信心十足而又机智的他并没有引导谈判走向死胡同，而是转换了一个话题。斯科特在听到了购买寿险可以帮助自己做慈善事业后，开始表现出极大的兴趣。在库尔曼的心理诱导下，斯科特开始重新审视购买寿险这件事，最终库尔曼做成了这笔交易。

那么，就实际谈判中，宏观地说，我们该从哪些方面去培养心理策略呢？

1.制订正确的谈判心理战略

所谓谈判的战略，那就是双方对谈判的态度和目标，双方是出于什么样的目的坐到谈判桌前面，搞清楚这个理由，然后才能明确地制订出自己的底线和要力争的最好结果，这才是谈判的战略。当然，谈判心理战略需要简单明确，以谈判心理战略形成的心理战术可以临场发挥，随机应变，具备灵活性。当然，完整的谈判心理策略形成的基础源于双方所需要达成的最终谈判目标。在此，我们不仅需要知己更要知彼，通过细枝末节去了解对方的心理动态，这样才能制订出正确的谈判心理策略。

2.永远备有后路

在实际谈判中，我们对自己和对方都需要备有后路，我们应该知道，即便是最强势的咄咄逼人的谈判高手，也会适当留给自己或对方回旋的余地。稍有不慎，假如把自己弄得下不了台，那这样的窘境就会在谈判双方的心理上导致微妙的变化，甚至会影响胜负的天平。谈判者需要记住这样一句话，永远为自己备有后路，除非你已经确定把对方逼到了对自己有利的死角，我方已经完全能够控制对方挣扎的局面，否则一定要给对方留有余地。

3.所列出条件的次序很重要

当我们需要列出自己的条件，需要考虑是一下子将所有的条件开出来，还是一条一条地说。通常情况下，谈判的另外一方都希望我们可以把条件和盘托出，这样他就可以在总体上加以权衡。基于对方这样的心理，我们应该说完一条，再说下一条，假如对方追问你是否还有更多的要求，那我们就要想办法守住。我们需要考虑，是先说出自己最想要的条件，还是先说自己不那么在意的条件，是先说对方最不可能答应的条件，还是先说对方最容易答应的条件。我们所说的条件的次序不一样，那结果也是有很大差别的。作为谈判者，我们需要考虑条件次序的重要性，而不是随随便便就说出，必须事先认真考虑，至于如何考虑，自然具体情况具体分析。

4.不要动不动就摊牌

我们经常听到的一种摊牌就是“答应不答应？不答应就算了”，或许，还有其他的各种摊牌方式，或强硬的或委婉含蓄的，或直接的或含蓄的。其实，摊牌算是一种略带威胁的策略，这是下下之策，摊牌不一定会让谈判走向成功，但那些失败的谈判却是源于至少有一方摊牌。所以，假如我们不希望这次谈判走向失败，那就要慎用摊牌这个招数。

切记，摊牌是谈判中最激烈的手段，摊牌的一方必须手上有牌可摊，就是对方要比自己更希望达成协议，自己占据了绝对的优势，假如你对这样的判断是错误的，那无疑是搬石头砸自己的脚。

5.倾听比说话重要

不管是在生活中还是在谈判中，倾听比说话更重要。一般而言，我们需要尽快摸清对方的底线，而不是急于表态甚至摊牌，把自己的底线告诉对方。在我们看过的许多实际谈判中，假如一方问得多而巧妙、听得多而认真，另一方说得多，急于表达自己的立场，急于说服对方接受自己的条件，似乎最后前者总能比后者获得更好的结果。

巧用“从众效应”

小时候，班里进行班干部的选举，老师说：“下面我们进行举手表决吧，少数服从多数。”于是，同学们就齐刷刷地举起了手。其实，你心里可能并不同意某人，但碍于面子，你也颤颤巍巍地举起了手。这似乎是每一个人都经历过的事情，当大家的意见无法统一的时候，都会采用“少数服从多数”的游戏规则。虽然，我们也经常说“真理掌握在少数人的手里”，但还是挡不住随大流的趋势，这就是人类的心理。人类在很大程度上有一种“从众心理”，也就是当看见所有人都在朝一个方向涌进的时候，即使没有任何外力，他自己也会朝那个方向走去。通俗地来说，每个人都有随大流的心理特征，好像人类本来是不能忍受孤独的，所以，一直以群居的方式来生活。正因为这样的道理，他们不能忍受独自坚持着，而需要与大众持同样的态度。以这样的一种心理效应，可以灵活地运用到实际谈判中，那就是利用人们潜意识里的“跟风意识”，以此来影响他们的判断，促使他们做出有利于自己的决定。

一位石油大亨到天堂去参加会议，当他踏进了会议室，却发现里面已经座

无虚席，自己根本没有地方落座，于是他灵机一动，喊了一声：“地狱里发现石油了！”这一喊不要紧，天堂里的石油大亨们纷纷向地狱跑去，很快，天堂里就只剩下自己了。

这时，这位大亨心想，大家都跑了过去，莫非地狱里真的发现石油了？于是，他也急匆匆地向地狱跑去。

从众心理又被称为“羊群效应”，羊群本身就是一种很散乱的组织，平时在一起也是盲目地冲撞，一旦有一只头羊动起来，其他的羊也会不假思索地一哄而上，全然不顾前面有可能出现的危险。羊群效应就是一种跟风行为，表现了人们共有的一种从众心理，这样一种心理很容易导致盲从行为。虽然，羊群效应本身是一种无法认同的做法，在如果放在人生的博弈之中，却可以很好地利用起来。

有的社会心理学家认为，产生从众心理的最重要的因素就在于有多少人来坚持同一个意见，但并不是坚持这个意见本身。多数人的意见一致，这本身就是一种说服力，所以，即便是有少数人不同意这样的意见，他们也不会在众口一词的情况下坚持自己的意见。而在实际生活中，每个人都有不同程度的从众倾向，总是倾向于大多数人的想法或者意见，以此来证明自己不是被孤立的。在实际谈判中，我们可以巧用这个心理策略去引导对方的想法，促使其做出利于我方的决定。可以说，这样的心理策略是绝对是应验的，因为大多数人都具备这样的心理特征。

在某售楼中心，销售员小吴正在口若悬河地给顾客介绍：“我想你们最近在电视上看过关于这个小区的报道，当我们的广告播出去以后，就吸引了众多的人前来咨询，大部分都是白领阶层，尤其是年轻夫妻，他们在这个城市里工作，有着稳定的收入，平时工作压力比较大，因此，他们在挑选住房的时候，

大多会倾向于环境方面。大家可以看看，我们小区差不多全部被绿色覆盖了，大面积的绿化，让你在每天清晨一起床就能呼吸到真正的来自大自然的空气，同时还会放松自己的心情。你看，我手上这张表显示已经预订了一百套了，全部是像你们这样阳光的年轻夫妻，怎么样，我觉得你们完全可以考虑购买一套，真的。可以说，住在这样一个舒适的小区，完全可以彰显出你们白领一族的气派与格调。”

听到小吴这样的话，那对年轻的夫妻相视一笑，似乎心中那些疑虑已经全部打消了。

谈判心理策略分析

在许多销售案例中，我们都有这样的经验，当销售员不断地说这是销售量最好的，人数购买最多的，最受人们欢迎的，尤其是当销售员列举说：“某某某也刚买了，用了觉得效果不过，要不，你也试试吧。”在这样的情况下，不会动心的顾客可能没有几个。其实，在每个顾客内心潜意识都有一种“跟风意识”，当看到许多人都在做同一件事情的时候，他们会忍不住跟着去做，因为他们不想被人当作另类的人，人们总是在这些看似搞笑的行为中找到一种认同感。当所有人都在做同一件事情的时候，假如自己不去做，那就意味着自己是被孤立的，因此他只能选择去做，这样才能找回自己在这个社会群体之中的归属感。

1.利用周围人的行为来影响对方

在社会中，似乎每一个人都是看着周围人的行为来决定自己应该做些什么，这时候他们放弃了自己的主见。从众心理的作用，就在于会让人不由自主地选择身边的人作为参照物，不断地寻找出人们一致的社会认同。由于它本身的神奇作用，所以，它常常被人们加以利用，比如用在管理、营销等行业。一些商家会利用从总效应来谋取利益，推销者也会利用从众心理来吸引顾客购买

产品。所以，当你明白了从众心理的特性，就应该学会利用周围人的行为来影响别人。

2.不断地强调这个观点是被许多人公认的

有时候，当我们干巴巴地列出自己的观点与想法，好像对方总是不以为然，觉得这不过是你一个人的想法而已。但是，只要我们在叙述上面加上“许多人都这样看”“他们都觉得这件事应该这样做”“在我们公司，几乎所有的人都觉得这件事应该是这样的”等。诸如类似的说辞，会慢慢地瓦解对方内心的堡垒，甚至会影响对方的决定，弱化其意志力，把对方争取到自己这边来，这恰恰是就是利用了对方心里的“跟风意识”。

借用权威效应，吸引对方

权威效应，又被称为权威暗示效应，是指如果一个人地位高、有威信，就会受人敬重，而他所说的话以及所做的事情就很容易引起别人重视，并让他们相信其正确性，即“人微言轻、人贵言重”。“权威效应”的普遍存在，一方面满足了人们的崇拜心理，毕竟威信、权势对于每个人来说都是一种强大的吸引力，崇拜心理的作用使得他们对那些权威人士所说的话深信不疑；另一方面由于人们都有“安全心理”，人们总是认为权威人物才是正确的楷模，听信他们的言论会使自己更安全感，增加不会出错的“保险系数”。

某位心理学家曾经做过一个实验：在给某大学心理学系的学生们讲课时，向学生介绍一位从外校请来的德语教师，说这位德语教师是从德国来的著名化学家。这位“化学家”煞有其事地拿出了一个装有蒸馏水的瓶子，说这是他新发现的一种化学物质，有些气味，请在座的学生闻到气味时就举手，结果多数学生都举起了手。

本来那只是没有任何气味的蒸馏水，但由于“权威”的心理学家的语言

暗示，许多学生都认为它有气味。这个实验的结果直接体现了人们所具有的“安全心理”。同时，人们还有一种“认可心理”，也可以称为“崇拜心理”，他们总认为自己的言行要与权威人士保持一致性，自己只有相信、接受权威人士的言论，才能得到各方面的认可。所以，这两种心理就诞生了权威效应。

在现实生活中，利用“权威效应”的实例很多，比如在广告时请权威人物赞赏某种产品，在辩论说理时引用权威人士的话作为论据等。相传，南朝的刘勰写出《文心雕龙》后无人重视，他想请当时的大文学家沈约审阅，但沈约却不予理睬。后来他装扮成卖书人，将作品送给沈约。没想到沈约阅后评价极高，于是《文心雕龙》成为中国文学评论的经典名著了。因此，在日常谈判中，我们可以利用“权威效应”，这能够达到引导或改变对方态度和行为的目的，通过“权威言论”来影响其心理。

谈判实景

浙江某小企业在当地小有名气，为了扩大市场，该企业决定招募各省会城市的代理商。在谈判桌上，该企业经理十分谦虚地说：“我们虽是小企业，却得到了商界人士的青睐，上次我带着产品去香港参加展销会，就连李嘉诚都对咱们的产品赞不绝口。”对方一听李嘉诚的名字，想都没有想就签下了代理商的合约。

谈判心理策略分析

李嘉诚作为商业中的权威人士，如果连他都大加赞赏某企业的产品，那自然是再好不过的“产品认证书”了。一般情况下，在某些方面有很深造诣并取得瞩目成就的权威人士往往更容易信服，因为人们更愿意认同权威人士的言

论。在绝大多数情况下，当某位权威人士发表观点时，大家很少去怀疑或反对。当然，人们所相信的并不是某个人本身，而只是他的头衔，他们相信以他的地位、权势，所说的话一定是真实的，值得相信的。

在实际谈判中，我们可以用以下这几种话术，以此帮助自己赢得最终的谈判。

1.借用知名专家的话，比如“某专家认为”

很多健康专家认为，晚上身体往右侧睡才是最健康的睡姿。于是，当你在向朋友或家人证实这言论的真实性的时候，不妨这样说：“健康专家都这么说，难道还有假？”比如，在每一只牙刷上面都会标明“牙医建议，三个月更换一次牙刷”。

2.借用位高权重人士的话，比如“央行行长说”

随着经济飞速发展，物价也猛涨，对此，国家相关权威人士表示会抑制部分的经济泡沫。于是，在平日闲聊中，邻居大妈可能更愿意相信物价不跌反涨，你就可以搬出权威人士的话：“银行行长都发话了，要出台一系列措施，抑制物价……”

3.借用各行业权威人士的话

在每个行业都有相应的权威人士，比如文学领域里的茅盾、鲁迅，艺术领域里的梵高、贝多芬等。当我们强调语言是多么重要的时候，不妨搬出语言大师林语堂的言论：“语言不是一般的工具，使用起来不同于其他工具。”

4.借用上司的言论婉拒对方

很多时候，如果我们不知道该如何拒绝，可以借助上司的言论进行拒绝，比如“前几天经理刚宣布过，不准任何顾客进仓库，我怎么能带你去呢”，或者说“这件事我做不了主，我会把你的要求向领导反映一下，好吗”。

故意摆出“高姿态”，抓住谈判主动权

在谈判中，虽然我们一再强调姿态别摆得很高，这样很容易吓倒对方。但是，我们所不能忽视的还有一个谈判心理策略，那就是故意摆出高姿态。在人们潜意识中都有一种心理，唯恐自己得不到，因为害怕得不到，他们会在模糊的意识中做出仓促的决定，这样则很容易达到我们的目的。当然，我们在使用这个心理策略的时候，需要观察对方是否有强烈的欲望想达成协议，假如这份协议对对方而言只是可有可无，那我们使用这个策略，无疑是自己打自己的耳光，因为极有可能毁掉整个谈判。在生活中，我们都有这样的经历，当我们听说某种产品卖得很红火，每天限量，那就有许多人不惜花很长的时间去排队，即便这个产品本身不怎么样，但看到许多人都在排队，他内心就有一种怕得不到的心理，从而促使他也去排队。其实，这就是商家故意摆出的高姿态，高姿态为其产品增加了无形的价值。

谈判实景

谈判第一天，甲方代表轻松上阵，他似乎带着一种绝对的自信。当双方落座，甲方代表就发话了：“对于我们产品的质量以及研发情况，我想是不用多费口舌介绍，我只想告诉你一件事情，那就是近几天我们才接到了来自韩国方面的邀请，对方公司希望能带领着我们的产品正式进军韩国市场。我想贵公司选择我们公司的产品，是不用有任何顾虑的。”乙方代表说话气势有些弱：“在产品方面我们确实没什么可挑剔的，只是在价格方面，希望你们能再降一些，这样我们才有足够的能力接受。”甲方代表当仁不让：“在价格方面，我们会保持现在的态度，绝无更改。”由于双方在价格上协议不一致，谈判结束。

谈判第二天，甲方迟到两分钟。虽然，在见面时甲方代表为自己的迟到而道歉，但仍掩饰不住其脸上的轻松情绪。这次。乙方代表先开口说话：“昨晚，我们回去讨论了一下，假如贵方能在现有的价格基础上降百分之零点五，我们打算拿下你们产品在我们省的所有代理权，您觉得怎么样？”甲方代表依然是那句话：“您也知道，这个产品现在很受欢迎，其实，你们省那边已经有人跟我们接触过了，他们所开出的价格不比你们低，我们也是看在你们真诚合作的态度上，才打算正式协商，只是价格方面，确实不好意思，一分也不能少。”

其实，在这之前，甲方已经了解到，乙方所在的公司原与台商签订的合同不能实现，因为美国对日、韩、台提高了关税的政策使得台商迟迟不肯发货。而乙方自己公司又与客户签订了供货合同，对方要货很急。因此，在这次谈判中，乙方定是志在必得，他们现在不断地谈价格，只是希望在现有基础上减少成本，不过，他们始终是处于被动的地位。

在最后一次的谈判中，甲方始终不肯降价，甚至摆出一副高姿态“已经有多家公司联系我们了，希望你们能尽快定下来，否则我们已经没信心谈下去了”。结果，乙方唯恐自己得不到，丝毫没犹豫就以当初的价格签订了购买协议。

谈判心理策略分析

谈判中的“高姿态”策略，也就是在谈判中开始以强硬的姿态出现，即便是协议中很小的要求，作为己方也不能轻易让步。之所以这样做的目的是将有限的谈判时间消耗掉，同时因为己方态度强硬，在心理上削弱对方的信心，让对方感觉到，我方连一点小事都不让步，其他的更高的要求就没必要再提出来了，从而使谈判对手在讨价还价中自我退却。

1.姿态要高，态度要强硬

由于是故意摆出的高姿态，因此千万不要在对方面前露出马脚，一旦心软，就有可能让对方有机可乘，以至于让我们所计划的谈判策略落空。所以，在正式谈判中，在使用这个策略的时候，我们的姿态一定要高，不理会对方所说的任何困难，不管对方如何讨价还价，我们都应该坚持自己的意见，保持强硬的态度，这样我们才能引对方上钩。

2.保证对方一定会有所动

就好像在上面这个案例中一样，为什么甲方就笃定乙方一定会达成协议，那是因为他们已经了解到乙方处于被动地位，他的目的就是一定要签订协议。在签订协议之前的讨价还价，只是一种试探，他在试探对方是否可以在价格上降低一些，即便是几个分点也会减少自己公司的开支，因此，他只是在做最后的努力。当乙方看到甲方如此强硬的态度，知道自己再不签订协议，有可能这个协议就无法签订了，因此决定签订协议，不管价格多高。

巧用逆反心理，欲擒故纵

在生活中，每个人都有逆反心理，它指的是人们彼此之间为了维护自尊，而对对方的要求采取相反的态度和言行的一种心理状态。比如，当一个人进入青春期，可以说他开始进入一个叛逆期，经常“不受教”“不听话”，经常与老师对着干，这样与常理背道而驰，以反常的心理状态来显示自己的“高明”的行为，其实就是逆反心理。显而易见，逆反心理是一种不恰当的心理，它会令我们作出一些错误的决定。但尽管如此，假如是在实际谈判中，我们却正好加以利用，巧用人们的逆反心理，采用谈判中的欲擒故纵策略，轻松诱使对方作出有利于我们的决定。

谈判心理策略释义：

欲擒故纵，也就是为了要擒住对方，先故意放开它，使起不加戒备，然后再一举歼灭。当然，这个策略与三十六计中的欲擒故纵有异曲同工之妙。当我们想要逼迫对方无路可走，对方就会想要反击，而让对方逃跑则可以减弱其气势。当我们在追击的时候，跟踪对手而不要过于逼迫它，以消耗它的体力，瓦解它的斗志，待对方士气沮丧、溃不成军，再想要去捕捉它，就可以避免流血。我们需要等待，等待对方心理上完全失败而信服自己，那就能赢得整个谈判的结局。

在实际谈判中，我们要利用人的逆反心理，巧施欲擒故纵之计。通常情况下，我们会制造表面假象，向对方传递错误信息，从而麻痹对方，等到时机成熟之后实施反攻，给对方来一个措手不及。其实，“擒”与“纵”本来就是互相矛盾的，而在这个计策中，巧用这对矛盾，以最终的“擒”为目的，“纵”为手段，这样让对手放松戒备，掉以轻心，为己方获胜制造优势。

谈判实景

小张打算买一套二手房给父母住，因为父母年老多病，所以小张希望能尽快购买到一套合适的房子。当小张去看第一套房子的时候，觉得各方面条件都很不错，就是价格有点贵，似乎在这样一个地段买一般装修的二手房价格太高了。小张当即对户主表达了自己急切的购买心情，谁料，这样一来，在价格方面，户主更是一点也不松口了，而且还劝小张说：“以这样的价格购买如此舒适的房子，已经很划算的，再说你父母现在正等着房子住，买了吧。”小张差不多就快要答应了，但脑海里却冒出“或许还能找到更不错的房子”，于是，他暂时回绝了。

之后，小张又看了几套房子。到第三套房子的时候，小张非常满意，这个地段距离医院很近，小区里绿化、健身设施都弄得不错，特别适合老人住。吸取了上次与户主谈判的教训，小张没有表现出自己强烈的购买欲望，而是不咸不淡地对户主说：“我觉得房子还行，不过，装修好像好多年了，都有些陈旧了。”户主急忙解释说：“装了大概有四五年了。”小张笑着说：“以这样的装修，我想在价格上应该有商量吧。”户主摇摇头：“我给出的价格应该是最低了，你想在这样的地段，距离学校、医院都近，交通也方便，这样的价格实在不能再低了。”小张依然保持淡定的笑容回答说：“我再考虑考虑。”

过了几天，当中介催促付定金的时候，小张说：“我前天去看中了另外一套更实惠的房子，请您容许我再考虑考虑。”中介当即把这个情况反映给户主，又从中做了一些说服工作，那户主在中介的劝说下，将房价降了几万元。听到这样的消息，小张故意装作毫不在意地说：“那就把这套房子定下来吧。”

谈判心理策略分析

在上面这个案例中，小张经历了两次谈判，前一次失败，后面一次成功。为什么？秘诀就是欲擒故纵，当我们想购买一套二手房，在谈判的过程中，一旦自己向卖方表达了强烈的购买意向，这就会大大降低议价的可能性。所以，即便我们对这套房子再满意，也不要将内心的急切心情表达出来。这时候我们可以采用欲擒故纵的策略，看到自己满意的房子，当对方催促付定金的时候，我们可以告诉对方自己看到了另外一套更便宜的房子，自己需要考虑考虑。其实，在谈判中，这样的潜台词就是告诉对方假如可以在价格方面作出让步，那就有可能促成这笔交易。

1.故意表现得毫不在意

欲擒故纵，我们的第一步就是“纵”，假装表现得毫不在乎，似乎这个协议能不能成都无所谓，你所表现出来的态度越是不在意，对方就越有可能想要与你达成这笔交易。

比如，在谈判中你可以试试这样讲话：“张经理，这样吧，你可以拿回去跟贵公司领导商量一下，考虑一下这个价格是否可以，没有利润的项目，我想我们不会做”“李总，我觉得我们合作项目没有问题，这个钱到底出多少，我也不介意，但我现在手头有两三个项目等着我考虑，这个项目对我来说，可有可无”“王经理，我方刚刚已经把价格提高了10%，而贵方寸步不让，我想我没办法回去交差，价格还是原来价格，不能提高了”“这位美女，这条裙子你要不要？不要的话，我可要留给别人了，今天早上一位美女看中了，说等一下过来取。你要的话，这条给你，我回仓库再去拿一条给那位美女”。假如我们说出这样的话，那谈判的压力就会转移到对方身上，他们心理压力也会变得很大，因为不知道对方所说的是真是假。

2.我方必须拥有一定的主动权

在日常谈判中，欲擒故纵的本质是蓄势待发，制造守势来软化和麻痹对方，是为了最大化进攻效果的策略。因此，在使用欲擒故纵这个心理策略的时候，我们需要拥有一定的主动权，这样才能方便我方采取“纵”的手段。在实际谈判中，假如我方形势不利，比如需求紧张，急切达成协议，这时对方让步的可能性就很小，不容易通过让步来“纵”，也不容易通过冷淡处理对方来“纵”，因为这样很有可能伤害到自身实质利益，导致谈判没有结果。

3.观察对方是属于何种类型的人

其实，使用欲擒故纵的心理策略，还需要有恰当的对象，最好是那种刚愎自用、自以为是、虚荣心强、傲慢自大的人，假如对方是性格相反的人，那使用这个策略就有点弄巧成拙了。在实际谈判中，我们使用欲擒故纵策略，可以

先通过积极型的方法，向对手展示通过交易可以得到的利益，而且适当让对手误以为自己拥有了谈判的主动权，当对方放松了戒备，那就说明对方已经上钩了，这时我方可以向对方表现出无所谓的态度，而对方因自负的性格会让他受不了我方突然之间变冷淡的态度，从而主动达成协议。

巧用选择效应，让对方说“是”

在日常谈判过程中，谁掌握了先机谁就掌握了话语的主动权。然而，谈判的一方如何才能把握主动地位呢？这涉及心理学中的选择效应，即从表面上看，我们给出了一些选择，但实际上，所有的选择只会促使对方去做出肯定的回答，也就是想办法让对方回答“是”。试想，如果我们的每一次提问，都能够让对方说“是”，而不是说“不”，这样，我们不就把握了主动权吗？另外，当对方在回答问题时，如果一开始就说出“是”，就会使其整个身心趋向于肯定的一面，在其内心，他会呈现出一种放松的状态，在交谈双方间造成和谐的谈话气氛。在这样的谈判状态下，对方很有可能放弃自己原来的偏见，而同意我们所提出的意见。

谈判实景

哈里森是一名电机推销员，前不久，一位工程师到车间视察，用手摸了一下之前哈里森推销给他们的电机，感觉很烫手，他便断定哈里森推销的电机质量肯定很差。于是，等到哈里森再次登门拜访的时候，工程师直接下了逐客令：“哈里森，你又来推销你那些破烂玩意儿！不要做梦了，我再也不买你那些玩意儿了！”哈里森并没有正面反驳，而是提问：“好吧，斯宾斯先生！我完全同意你的立场，假如电机发热过高，别说是买新的，就是已经买的也得退

货，你说是吗？”斯宾斯回答说：“是的。”

哈里森继续提问：“当然，任何电机工作时都会有一定程度的发热，只是发热不应该超过全国电工协会规定的标准，你说是吗？”斯宾斯先生点点头，回答说：“是的。”哈里森笑了，问道：“按照国家技术标准，电机的温度可比室内温度高出42℃，是这样的吧？”斯宾斯表示了赞同：“是的，但是，你们电机的温度比这高出许多，昨天还差点把我的手都烫伤了！”哈里森似乎很满意这样的答案，又提出了问题：“那么，请问一下，你们车间里的温度是多少呢？”斯宾斯先生回答说：“大约24℃。”哈里森十分高兴：“车间是24℃，加上电机所产生的42℃，一共是66℃，请问，斯宾斯先生，当你把手放进66℃的水里会不会被烫伤呢？”斯宾斯点点头，哈里森达到了自己的目的，说道：“那么，请你以后千万不要去摸电机了。不过，我们产品的质量是绝对没有问题的。”

谈判心理策略分析

在上面这个案例的谈判中，相信我们都猜到了结局，是的，哈里森凭借着选择效应，又成功地做成了一笔生意。而且，在哈里森与斯宾斯先生交谈的过程中，几乎每一次哈里森提问，斯宾斯先生都做出了肯定的回答。如此一来，哈里森完全掌握了话题的主动权，因此，他在最后达到了自己的目的，赢得了胜利。

1.暗示你所想要的答案

在谈判过程中，要想得到对方肯定的答案，我们所选择的提问方式也很重要。其实，许多研究口才心理学的专家建议：将你所想要的答案暗示在话语里，对方的回答绝对是肯定的答案。比如，如果你问对方：“这个东西你喜不喜欢？”对方的回答有可能是：“不。”那么，当你将答案暗示在话语里，你就应该这样问：“我想你一定喜欢，是吧？”那么，对方的回答肯定

是“是”。

2.积极营造出回答“是”的谈话氛围

在实际谈判中，我们一定要制造出说“是”的谈话氛围，尽量避免对方否定我们的提问。因此，我们在提出每一个问题之前都应该再三思考，不得信口开河。比如，询问一位朋友：“今天还是和昨天一样热，是吧？”对方的回答应该是肯定的：“是。”

第05章

读懂心理，把握谈判开始的关键点

在谈判中，我们要学会先发制人，一开始就要把握主动权，这样才有可能赢得谈判最后的胜利。先发制人策略，是出自三十六计中的一个计策，原来指的是在战争中的双方，先采取行动的往往处于主动地位，可以制服对方。

喜怒不形于色，占据心理优势

在谈判中，最忌讳的事情是谈判者慌乱、狂躁不安，自乱阵脚，言语过激，以至于语无伦次，漏洞百出。虽然这样发泄了谈判者心中的怨气，但却恰恰给了对手以可乘之机，同时也将自己陷入被动位置。因此，哪怕谈判形势危急，也需要控制好自己的情绪，喜怒不形于色，占据心理优势，积极寻找对策，伺机反击。谈判中常常会出现一些争执，这是极为正常的，但谈判并不是吵架，不是你将对方骂倒，你就赢得了所有的胜利。反之，如果对手用侮辱性的语言激怒了你，而你火冒三丈，出言不逊，那你的处境将由主动变为被动，这样你就只能被对手牵着鼻子走了。

大多数有经验的谈判者会控制自己的情绪，喜怒不形于色，而这也是他们赢得谈判成功的一个重要因素。谈判形势紧迫，不论采取何种方式来控制自己的情绪，都需要及时、有效地熄灭心中的怒火。如果任由情绪爆发，就会导致你说一些不应该说的话，做出一些不应该做的事情，到时候可谓是后悔莫及。

谈判心理策略分析

即使情况已经非常糟糕，但还是镇定自若，这才算是谈判桌上的高明谈判者。在谈判中，任何的意气用事，都会给自己留下难以弥补的遗憾。

实际上，在关于控制情绪策略这点，我们还可以在谈判过程中遇到无法摆脱的困境或其他必要的情况时，借助于突如其来的情绪宣泄，达到震住对方，

促使其妥协的目的。比如，某些人在谈判中，经常无理地将文件扔在一旁，径直从会议中离席而去，甚至还会做出一些人身攻击的无理举动，而这所有的所有都是一种激怒对方的手段。

1.巧妙控制自己的情绪

在谈判中控制情绪最简单的方法就是适当沉默，或者整理自己面前的文件，或是喝一口茶，或是看看手表，或是留一些时间来思考对策。

2.镇定地对待对手的言语刺激

有时对手是为了让我方阵脚大乱，以此故意说一些侮辱性的语言。对方情绪越是激动，我方越是要镇定自若，牢牢地把握谈判中的主导权。

谈得越多，越处于被动位置

在谈判过程中，谁先开口说话，谁说的话比较多，谁就有可能处于被动的位置。俗话说："商场如战场。"在谈判桌上，为了避免受到对手的攻击，人们总是千方百计地遮掩自己内心真正的想法，而"紧闭嘴巴"则成为了掩盖自己心理的有效方法之一。试想，若是什么都不说，对方自然也不知道自己在想什么，我方的胜算就多了几分。反之，谁说的话比较多，他暴露出来的信息就比较多，当然，他就只能处于被动位置了。因此，为了自己能占据主动位置，应该让对方先开口。更为关键的是，只有让对方先开口，你才能探得一些信息，在接下来的谈话中，你也能句句击中其心理了。

小张是一个推销员，经常是天南海北地跑。有一次，他出差到了杭州，工作任务是与商家洽谈一笔生意。

到了约定的时间，小张来到酒店，双方代表面对面落座。小张注意到对方是一个不苟言笑的人，而且，见到小张来了，他还在低着头看报纸。小张觉得比较闷，就主动向对方打招呼："最近杭州天气比较热啊？"没想到，那位谈判对手头也不抬，冷漠地回答："杭州都是这样的天气。"小张并没有放弃交流的欲望，他继续问："听口音您不是本地人吧？""噢，山东枣庄人。"对手抬起头来，警觉地看了小张一眼。"啊，枣庄是个好地方！读小学的时候，我就在《铁道游击队》的连环画上知道了。两年前去了一趟枣庄，还在那边玩了两天呢，很不错，真是个好地方。"听了这话，那位枣庄人精神为之一振，马上站起来放下报纸，先是递烟，又与小张互赠名片。两人越聊越高兴，晚上相约一起进餐。就在当天晚上，双方就谈成了互惠互利的一笔生意。

如果对手不先开口，小张就无法详细地了解对方，自然也就没有办法谈成生意了。在谈判过程中，谁先开口，谁谈论得比较多，谁暴露的信息就比较多。而作为其对手，我们应该从其所谈论的话题中洞悉其心理，这样，在接下来的言语交锋中，我们才能把握其心理，达到谈判成功的目的。

谈判实景二

几年前，美国一家最大的汽车公司，正在接洽采购一年中所需要的坐垫布。消息一出来，立即有三家厂商把样品送去备选，这家汽车公司高级职员验看后，便要求每家公司各派一位代表前来商谈，再决定选购哪一家厂商的东西。

琪勃是其中一家厂商的代表，就在商谈那一天，他却患了严重的喉炎。当琪勃先生和厂商去见汽车公司那些高级职员时，他竟哑了嗓子，几乎连一点声音也发不出来。他们被带进一间办公室，跟里面的纺织工程师、采购经理、推

销主任和那家汽车公司的总经理都见了面。当琪勃站起来想要说话时，却只能发出沙哑的声音来。大家是围绕一张桌子坐着的，琪勃的喉咙发不出声音，只好用笔把话写在纸上："诸位先生，我嗓子哑了，不能说话，你们先说吧。"于是，其他厂商代表纷纷开始讲起来，每到一个厂商讲话的时候，总经理都会提出自己的某些看法。而坐在旁边的琪勃则会把那些信息记下来，再综合自己产品的信息。

等到大家都讲完了，琪勃开始嘶哑着声音说："大家都说得差不多了，我来说说我们公司的产品吧……"由于之前琪勃收集了经理的一些信息，他已经知道了经理看重产品的哪方面，不介意产品的哪些方面，因此，他避重就轻地谈了公司产品的特点，短短几句话，赢得了经理的认可。当然，最后，这家汽车公司向琪勃订购了五十万码的坐垫布，总价是一百六十 万元。

谈判心理策略分析

也许，这份订货单是琪勃至今为止所经手过的最大的一份，但是，琪勃很清楚如果不是自己喉咙嘶哑，说不出话，他就会失去那份订货合同，因为他在之前对整个事情都有错误的观念。以前，他总是觉得自己先开口，越能掌握话语的主动权，但通过了这次经历，琪勃发现原来让别人先开口讲话，这是很值得的。

1.多提问

潜能大师安东尼·罗宾说过："对成功者与不成功者最主要的判断依据是什么呢？一言以蔽之，那就是成功者善于提出好的问题，从而得到好的答案。"在谈判过程中，善于提问是很有必要的，一个好的提问可以引发一次愉快的沟通，而一次愉快的沟通会让你获得更多的信息。

2.尽量让对手多说话

成功的沟通是尽可能地让对方多说话，当需要别人去赞同自己意见的时

候，失败的原因就在于话说得太多了，特别是一些推销员，他们很容易犯这个错误。其实，要想取得良好的谈话效果，你应该让对手多说话，表达出自己的意见，或者说，应该你问他问题，让他来告诉你一些事情，这样你才能搞清楚对手到底在想什么。

几句妙语奠定良好的谈判氛围

在正式谈判开始之前，双方所进行的就是寒暄、入座，有的人认为这不过是最简单的程序，不过就是打个招呼，彼此入座而已。其实这样简单考虑的人往往会在这点上吃亏。谈判尚未开始，那将意味着整个谈判的基调都将从这里开始，气氛是缓和，还是紧张，都全靠那几句寒暄话。高明的谈判者往往用简单的几句话就能制造出良好的谈判氛围，而那些缺乏好口才的谈判者则通常是一两句话就让整个场面变得尴尬。因此在谈判正式开始之时，谈判者要善于寒暄，积极营造和谐愉快的氛围。我们所说的寒暄，也就是打招呼，这是人与人之间建立语言交流的方法之一。通过彼此的寒暄，会让陌生的人相互认识，让不熟悉的人变得熟悉，让冷冷的气氛变得活跃起来，为双方进行深入的交谈架设桥梁，达到顺利沟通的目的。

谈判气氛在一定程度上影响谈判对手之间的相互态度，它可以影响谈判人员的心理、情绪和感觉，从而引起相应的反应。可以说，谈判气氛对整个谈判过程具有十分重要的影响，其发展变化将直接影响整个谈判的结果。比如，相对热烈的、积极的、合作的气氛会把谈判朝着达成一致协议的方向推进。在谈判一开始，假如我们能说几句妙语，那就会让双方有一种“有缘相知”的感觉，彼此都愿意有好的合作，都愿意在合作中共同受益。谈判中的哪一方控制住了谈判开局的气氛，那么，某种程度上就等于控制住了谈判对手。

中国一家彩电生产企业准备从日本引进一条生产线，于是与日本一家公司进行了接触。双方分别派出了谈判小组就此问题进行了谈判。

谈判当天，当双方谈判代表刚刚就坐，中方的谈判首席代表王副总经理就站了起来，他对大家说："在谈判开始之前，我有一个好消息与大家分享，我的太太在昨天夜里为我生了一个大胖儿子！"这话一出，中方职员纷纷站起来向他道喜。

在这样热烈气氛的带动下，日方代表也纷纷站起来道贺。整个谈判的气氛顿时高涨和谐起来，谈判进行得很顺利。中方企业以合理的价格顺利地引进了一条生产线。

在谈判过程中，这个王副总经理为什么要提自己太太生孩子的事情呢？原来，这位王副总经理在与日本企业的以往接触中发现，日本人总是板着面孔谈判，造成一种冰冷的谈判气氛，这很容易给作为谈判对手的自己造成一种心理压力，从而使对方控制整个谈判，趁机抬高价格或提出更多的条件。于是，王副总经理便想用自己的喜事来打破对手的冰冷面孔，营造出一种利于自己的热烈气氛。

东南亚某个国家的华人企业想要为日本一著名电子公司在当地做代理商，双方几次磋商均未达成协议。在最后的一次谈判中，华人企业的谈判代表发现日方代表喝茶的姿势十分特别。于是，他说："从您喝茶的姿势来看，您十分精通茶道，能否为我们介绍一下？"没想到，这句话正好点中日方代表的兴趣所在，于是他滔滔不绝地讲起来。结果，后面的谈判进行得异常顺利，那个华人企业终于拿到了他所希望的地区代理权。

原来，营造良好的谈判氛围，在轻松愉悦的气氛中可以缓解谈判中谈判双方的紧张情绪，增进人们的感情。在良好的氛围下，人们更容易被尊重，也更容易获得支持与关注，而且，良好的氛围更有助于双方达成共识。

1.语言尽量委婉含蓄

不管你想要达成什么样的谈判目标，在与对方交谈时要尽量使用含蓄委婉

的语言，以和为贵，力图为后面谈判的顺利进行营造良好的氛围和条件。有的人一见面就直言直语，心中的喜怒情绪暴露无遗，若是在这时说了一些破坏气氛的话，那肯定会给整个谈判带来极为不利的影响。

2.态度要诚恳

作为谈判的一方，在正式谈判之初，你需要通过语言表达出内心的诚恳，表示自己很愿意与对方达成协议，希望本次谈判能取得好的成果。只要对方感受到了你态度的诚恳，一般都会以同样的态度对待你，这样和谐融洽的氛围就有了。

从对方感兴趣的话题开始

著名口才大师卡耐基说：“即使你喜欢吃香蕉、三明治，但是你不能用这些东西去钓鱼，因为鱼并不喜欢它们。你想钓到鱼，必须下鱼饵才行。”简单地说，在实际谈判中，当我们在与对方进行语言交流的时候，需要“忘记”自己的兴趣与爱好，用对方的兴趣爱好来展开话题，这样会使彼此之间的沟通更加顺畅。在谈判过程中，谈论对方的兴趣与爱好，这样能让对方感觉到受重视、受尊重，继而赢得对方的好感与信任。许多人习惯于谈论自己的兴趣爱好，从来不考虑对方，这样的人永远不会得到对方的认同。所以，赢得对方好感与信任的诀窍在于，用他人的兴趣与爱好来展开话题，谈论他最喜欢的事情，这样才足以赢得对方的信任。

阿美是一家房地产公司总裁的公关助理，奉命聘请一位特别著名的园林设计师为本公司的一个大型园林项目担任设计顾问。但这位设计师已退休在家多

年，且此人性情清高孤傲，一般人很难请得动他。

为了博得老设计师的欢心，阿美在正式拜访之前做了一番调查，她了解到老设计师平时喜欢作画，便花了几天时间读了几本中国美术方面的书籍。这天，她来到老设计师家中，刚开始，老设计师对她态度很冷淡，阿美就装作不经意地发现老设计师的画案上放着一幅刚画完的国画，边欣赏边赞叹道："老先生的这幅丹青，景象新奇，意境宏深，真是好画啊！"一番话立即使老先生感到一种愉悦感和自豪感。

接着，阿美又说："老先生，您是学清代山水名家石涛的风格吧？"这样，就进一步激发了老设计师的谈话兴趣。果然，他的态度转变了，话也多了起来。接着，阿美对所谈话题着意挖掘，环环相扣，两人的感情越来越近。最后，阿美说服了老设计师，出任其公司的设计顾问。

人类本质里最深层的驱动力就是希望具有重要性，而且，一个人的兴趣与爱好是其人生中最看重的一部分，他希望自己的兴趣与爱好能够得到别人的认同与肯定。一旦你在谈话中巧妙地说到了他的兴趣所在，他就会转变之前的冷淡态度，开始滔滔不绝起来。在自己感兴趣的事情面前，任何人都会有一种谈话的欲望。所以，如果你想让对方对你的谈话感兴趣，那就只能以对方的兴趣来展开话题，这样才能有效地博得对方的好感，令之后的沟通畅通无阻。

谈判实景二

一位漂亮的女郎在首饰店的柜台前看了很久。售货员问了一句："这位女士，您需要买什么？""随便看看。"女郎的回答明显缺乏足够的热情。不过，售货员发现这位女士总是有意无意地触摸自己的上衣，好像对自己的上衣很是满意，售货员忍不住说："您这件上衣好漂亮呀！你的眼光真不错。""啊？"女郎的视线从陈列品上移开了，移到了自己感兴趣的上衣上面，“这种上衣的款式很少见，是在隔壁的百货大楼买的吗？”售货员满脸热情，笑呵呵地继续问道。

“当然不是，这是从国外买来的。”女郎终于开口说话了，并对自己的回答颇为得意。“原来是这样，我说在国内从来没有看到这样的上衣呢。说真的，您穿这件上衣，确实很吸引人。”“您过奖了。”女郎有些不好意思了。“只是……对了，可能您已经想到了这一点，要是再配一条合适的项链，效果可能就更好了。”聪明的售货员顺势转向了主题。“是呀，我也这么想，只是项链这种昂贵商品，怕自己选得不合适……”

在日常谈判中，双方的沟通最忌讳彼此沉默不语，或者对方总是一副爱理不理的样子。那么，如何打开对方的话匣子呢？最好的方法就是先从对方的兴趣谈起，这样会使整个谈话过程变得愉悦而畅快。当然，在其中，我们可以通过提问这样的方式来深入了解对方的心理需求、心理动机以及所感兴趣、关心的事情，顺势展开话题，对方就会侃侃而谈。

1.找到对方的兴趣点

每个人都有自己的兴趣爱好，因此，在谈判过程中，我们要想办法找到对方的兴趣点。可以在与对方交谈之前做好准备工作，了解对方有什么兴趣爱好；也可以通过自己的观察或提问来获得对方感兴趣的事情。

2.话题先从对方关心的事说起

在谈判过程中，为了获得更多有关对方的信息，也为了满足其自尊心，我们需要让对方尽可能地多说话。所以，话题要先从对方关心的事说起，这样顺势展开的话题会利于整个沟通的顺利进行。

三思而后说，谨言慎语

人类与生俱来的弱点就是容易犯错误，无论科技如何发展，但一些事故

却总是频繁发生。我们解决问题的方法变得越来越高明，相应地，我们所面临的麻烦也越来越严重。为了避免麻烦的产生，无论是说话还是做事，我们都应在事前尽可能想得全面一些，把事情想得周全，三思而后说，方能稳赢不败。在日常谈判中，我们应该谨言慎语，比如，2003年的“哥伦比亚”号航天飞机失事，一次事故之后，人们总是积极寻找事故的原因，防止下一次事故的发生。所以，在谈判过程中，千万不要妄自尊大，要清楚你不可能成为上帝，不妨表现得谦虚一点、无知一点，说话要谨慎、小心，这样，事情才有可能成功。

工程师爱德华·墨菲提出了“墨菲定律”，墨菲曾参加美国空军，在空军训练营里，他做了MX981实验，目的是测定人类对加速度的承受极限。其中有一个项目是将16个火箭加速度计悬空装置在受试者上方，令人感到奇怪的是，有人竟将16个加速度计全部装在错误的位置。对此，墨菲提出了这样一个著名的论断：“如果有两种或以上的选择，其中一种将导致灾难，则必定有人会作出这种选择。”通俗地说，事情如果有变坏的可能，不管这种可能性有多小，它总会发生。

或许，很多人不知道，任何事情都没有表面上看起来那么简单。在事情发展的过程中，如果你担心某种情况的发生，那么，它就更有可能发生。说话跟做事是一样的道理，尤其是在实际谈判中，我们需要考虑清楚，做到“慎言”，将话说得滴水不漏，方能稳得头筹。

谈判实景

暑假期间，火车上十分拥挤。一位年轻姑娘中途上车，见对面三人坐席上坐着两个年轻人，而边座正好空着，就走了过去问：“同志，这儿没人吧？”对方回答：“没有。”年轻姑娘于是放下东西，准备就座。不料，一个男青年竟突然把腿放到了坐席上。姑娘一愣，问：“你这是干什么？”“因为你不会

说话。”那个男青年故意刁难，“那么，请问该怎么说？”姑娘好意请教，对方眯起眼睛装腔作势地说：“看来你是井里的青蛙，没见过多大的天地。让大哥告诉你。你得这样说：‘大哥，这有人吗？小妹我坐这可以吗？’哈哈哈……”

说完，他肆无忌惮地狂笑起来。姑娘脸上一阵发热，心里很生气，但转念一想：“不对，有道是兵来将挡，水来土掩。你要滑嘴，我难道没口才不成？”于是，姑娘说：“听你这么说，我确实没有见过你们这种独特的‘礼貌’方式。不过，你们既然见过世面，又有自己独特的‘礼貌’方式，见了我，就应按你们的‘礼貌’方式办事才对。”“你说怎么办？”男青年不解地问，“那还不容易？看见我来了，就该起身肃立，躬身致礼，说：‘大姐，这儿没人，小弟请你赏脸，坐这可以吗？’咳，可惜呀，你连自己的‘礼貌’信条都做不到，还想教训别人，真是土里的蚯蚓，一点蓝天都没见过！”

谈判心理策略分析

男青年自作聪明地擅自卖弄口舌，没想到一番唇枪舌剑之后，他话语中的把柄却被姑娘抓个正着。最后，姑娘短短几句话，就反击了男青年的“谬论”，语气中透露了讥讽之意。出现这样的结果，就在于男青年没有使用缜密的语言，想到什么就说什么，最终败在自己的言语陷阱里。

谈判过程中，有的事情是出乎我们意料之外的，事情的变化将意味着我们思绪的变化，语言的变化，遇到难题，应该懂得灵活说话，说话前多想想，一旦情况有变，你也能说出周密之言来。当然，要想说“慎言”，还必须得有一个缜密的思维。如果一个人想事情总是那么一根筋，那么，他就很难说出周密而全面的话。另外，说话不要只顾自己的感受，任意而为，应该想想自己的语言会不会给他人带来一些麻烦。要想不给别人添麻烦，就需要

考虑周全再开口。多方面考虑，多替别人想一想，这样我们做事的成功率就会大一些。

那么，在谈判过程中，我们如何才能将话说得更缜密呢？

1.三思而后说

俗话说："三思而后行。"说话也一样，语言经过了大脑的思考才更有说服力，而且，也能经得起对方的"检验"。所以，在谈判场合，无论面对怎么样的谈判对象，我们都需要"三思而后说"，嘴边留个把门的，这样的言语才会显得缜密、谨慎。

2.懂得随机应变

面对对方咄咄逼人的问题，有可能你会乱了阵脚，于是，那些不该说的就脱口而出。在这样的情况下，对方有可能会从你的话语中抓住把柄，并且伺机通过言语攻击你。因此，在面对别人的提问时，我们要懂得随机应变，把回答的话说得滴水不漏，让对方找不到把柄。

好的语言，能直击对手心理

谈判的目的是就某些问题达成一致意见，因此谈判的语言必须清晰表达自己的观点和想法，又要能说服对方，或者找出对方说法中的突破口，使之接受自己的意见和观点，最终达成一致。谈判就是在心理上相互试探和压倒，彼此退让，最终达成一致意见的方法。其动力和主要需要调适的是利益和需求，只要在这方面达成共识，谈判基本上就成功了。对谈判者来说，语言表述上的准确性和灵活机动性是非常重要的。好的谈判语言，既能让自己掌控主动地位，又能让谈判氛围更轻松活跃，还能展示出自己作为谈判者的理性风采。

谈判心理策略分析

那么，在实际谈判中，我们该如何选择恰当的语言呢？

1.有针对性

事先研究谈判对手的谈判风格和性格特征，根据不同对手、不同场合、不同谈判阶段，使用有针对性的语言，才能保证谈判成功。比如针对率直的谈判对手，最好用简短明快的语言，而避免迂回婉转；针对思路缜密、谨慎的谈判对手，多用数据和事例来进行具体详细的说明，才更有说服力；针对喜欢用计谋的谈判对手，则要言语谨慎，不给对方可乘之机，以“拙”对“巧”，后发制人；针对喜欢用气势压人的谈判对手，则要稳住阵脚有条不紊地对对方提出的疑问或条件逐条辩驳，从而占据上风。总之，在谈判中，要充分考虑谈判对手的性格、情绪、习惯、文化以及需求状况的差异，恰当地使用针对性的语言。

2.准确性

把自己的立场、观点、要求准确无误地传达给对方，才能帮对方明了自己的态度。当表述自己的愿望和要求时，语言一定要准确、明晰、有的放矢，尽量不要使用模糊或啰唆的语言。如果发现自己向对方传递了错误的信息或者对方理解错误，要及时纠正，或者添加额外的条件使谈判更有利于己方，不能将错就错，否则会给自己带来巨大的损失。

3.不同谈判阶段表达方式有差异

比如在谈判的导入阶段，目的在于创造和谐的气氛，语言要尽量热情、友好、和气，可以用幽默轻松的表达方式。在概说阶段，即把各自的目的和想法概要介绍给对方，语言要简洁、明了、准确、原则性强，表述时更要清晰流畅，充满自信。

在讨论阶段，即就不同想法进行协商的阶段，语言可以尽量委婉温和，

兼顾双方利益。在交锋阶段，也就是就暂时不能达成一致意见的问题，进行各种方式说服的阶段，语言一定要严谨与巧智并存，运用严谨的逻辑判断或者巧问、智答的方式沉着应对才能绕过对方言语中的陷阱，才能达成较圆满的协议。尽量避免频繁的摩擦和冲突，切忌挖苦、讽刺性的语言。

妥协阶段，经过一番唇枪舌剑，谈判性的语言要转向温和，尽量做到让步与要求同时进行，比如“贵厂能开增值税发票的话，我方可按每米18元进货多少米”等。达成一致意见后，无论多不甘心，也要友好结束，语言要和谐融洽，一般有以下几种表述方式，如：“谢谢你们的支持”“请多多关照”“合作愉快”“希望今后进一步加强合作，同舟共济”等。

4.加强细节处理

谈判过程中的一些语言细节，如停顿、语音强调、语调高低、重复、语速调整等往往容易被忽视，这些小的细节往往会在不同程度影响说话效果。

一般来讲，如果说话者要强调某一重点，停顿一下是非常有效的。谈判时，遇到重点问题应隔30秒停顿一次，一来可以加深对方印象，二来可以等待对方的反馈。将语速放慢也可以使对方加深印象，还有利于整理自己头脑中未成形的思想。提高说话的声音可以表现自己的决心和信心，压低音调可以使自己显得更胸有成竹，从容谈定。这些非词句的语言表达形式可以增强自己的说服力，有助于谈判成功。

话不在多，有理就行

那些会说话的谈判者之所以会获得成功，并不在于他说了多少话，而在于他说的话在理。在日常生活中，我们常说“话不在多而在理”，意思是，一个人说话不应该求多，而是求理，只要你说的话有道理，哪怕你只说了一句话，那也能达到很好的沟通效果；相反，如果你说的话根本没有道理，哪

怕你说了上百句，也有可能达不到真正的沟通。在许多谈判场合，我们经常看见有的人喋喋不休，滔滔不绝，可说来说去，没有哪句话能占理，结果可想而知，对方完全不想与你沟通，因为跟一个不讲理的人沟通简直就是吃力不讨好，既不能达成一致的意见，还伤了和气。而且，有的人根本就是无理取闹，由于说不过对方而恼羞成怒，结果，不管是不是在理都乱说一气，他这时的目的不在于沟通，而在于发泄怒气，当然，最终的结果是自己亲手建筑了彼此之间的“隔阂”。

谈判实景

有一次，王娟和几位朋友带着孩子在一起吃饭，席间谈到了早恋的话题，一个朋友的儿子已经是初二的学生了，王娟便开玩笑地问那个孩子：“你有没有女朋友？”没想到，那小伙子却很直白地回答：“没有女朋友多让人瞧不起啊！”听到这话，王娟想到了自己正在上初一的儿子。

在回家路上，王娟下定决心与儿子好好沟通关于早恋的事情，她苦思冥想该怎么问这个问题，太直白了怕孩子受不了，太委婉了又不知道从哪里入手，结果，想了半天也没有想到什么好主意。

回到家后，王娟假装无意地和孩子聊起了学校的事情，她问道：“你们班的学习风气怎么样？”孩子回答说：“就那样呗！”王娟干脆进入了正题，问道：“噢，是这样！那……那你们同学有没有因为搞对象而影响学习的？”孩子说：“啊？有吧！具体我也不太清楚，人家搞又不告诉咱！”王娟故意廾着玩笑，问道：“噢，那……那……你有没有女朋友啊？”孩子轻松地回答说：“没有，不用担心。”王娟不太相信，试探地问：“那有没有女同学给你写字条啊？”孩子有点不耐烦了，说道：“没有啊！怎么会有呢！你烦不烦啊，老问这个！”王娟也不知道该说什么好了，干脆和孩子讲起了大道理，什么早恋会很耽误学习的，而且，初恋成功的比率是很低的，你现在不成熟，所以现在

看上的以后会不满意的。孩子看起来很听话地点点头。就这样，一场谈话就这样艰难地结束了。

谈判心理策略分析

在整个谈话过程中，妈妈的话比较多，而孩子总是三言两语就回答了。本来，当家长的是想告诉孩子一些道理，可是，由于话太多，虽然句句在理，但孩子也没能听进去，这样的沟通只能说是失败的。在生活中，经常会出现这样的情况：父母说很多的话，但孩子却表示“我不懂你在说什么”。原来，在孩子看来，父母说的那些所谓的大道理其实都相当于废话，孩子根本就没能听进去。不妨试试简单地讲道理，话不在多，而在理，只要你说的话真的有道理，需要减少说话的内容，这样，对方更容易听进去。

1.话说得越多，效果却越小

很多人在表达自己意见的时候，很想把心中所有想说的话都说完，但是，他们常常忽略了这样一个问题，那就是话说得越多，效果却越小。对方在听你说话的时候，常常是能听进少量的几句，对于重复过多的大道理，他们很排斥，根本不想去听。结果，你在那里啰嗦了一大堆，对方却什么也没听进去。

2.有理的话，三言两语即可

有道理的话，越短小越有效，通常是三言两句即可。当你向对方讲道理的时候，切忌话不要太多，而需要有理。并不是每个人都不愿意听人讲道理，但是，如果你总是一而再再而三地重复那些老掉牙的事情，相信再好的耐心也会被消磨殆尽。因此，无论是我们向别人讲道理，还是表达自己的意见，需要记住“话不在多而在理”的道理。

把话说到点子上，事半功倍

在生活中，不少人做事做得十分漂亮，然而，让他们把自己的想法说一说，却总是说不清楚，或是词不达意，或是泛泛而谈。他一个人说得滔滔不绝、口若悬河，但是，对方却面面相觑、不知所云，这就是说话没有逻辑性和针对性。在日常谈判中，我们说话要有逻辑性和针对性，做到一针见血、言简意赅，这样对方才能明白你到底说的是什么，也才不至于在你话语中找到漏洞。古人语："山不在高，有仙则名；水不在深，有龙则灵。"说话也是如此，话不在多，但一定要有逻辑性、有针对性。在现代如此高速的生活节奏下，没有人愿意花太多的时间来听你的长篇大论，所以，我们在说话的时候，不要绕圈子，不要南辕北辙，而要把话说到点子上，有话则说，长话短说，无话不说，这样才能准备地传达自己的意见，使沟通顺畅地进行。

谈判心理策略分析

在日常生活中，我们经常可以看到，有的人总是喋喋不休、滔滔不绝地高谈阔论，但由于其语言缺乏逻辑性和针对性，没有把话说到点子上，所以显得词不达意、语无伦次，让旁边的人听而生厌；还有的人说话毫无逻辑，一会儿说在这里，一会儿说到了那里，说什么话都不会经过仔细思考，显得很没分寸。其实，这样的说话都会事倍功半，不仅达不到沟通的目的，反而会给沟通带来阻碍。

1.说话要在理

一句话听上去是否有理，就看这句话是否有逻辑性。一般而言，那些有逻辑性的话语大多能清楚地表达一定的意见。而语言是否有逻辑性，就在于我们能不能清楚地将意思表达出来。因此，说话要有理，利用语言准确、清楚地表

达自己的思想，这样，我们思维的逻辑性也将得到提高。

2.说话要有中心点

在生活中，我们经常听到一些领导人在说话的时候，会采用“一”“二”“三”，其实，这样分点叙述只是说话逻辑性的一个表象。说话有逻辑，是表明你说话有一个中心，然后你所说的其他话都是围绕这个中心的，没有其他的枝叶。所以，说话之前应该把自己要说什么，先说什么后说什么，重点说什么，都在脑子里快速地整理好，这样，时间长了，你说话就会观点清晰，富有逻辑性。

严肃表情，亦能威慑人心

在生活中，我们都会有这样的感受：那些喜欢笑的人更容易被接近，而若是见到那些表情严肃的人，则会退避三舍。那是因为表情严肃的人给人心理一种威慑感，让我们难以接近，即便他言语不愠不火，但总给人们一种可怕的感觉，这就是表情传递过来的心理强势。尤其是对于领导者这个特殊身份而言，他们通常是不会随意笑的，太过的笑容会消减他们本身的威慑力。因此，在他们脸上大多时候出现的是一种严肃的表情，这是一副令人敬畏的表情。领导的身份与地位，加上这样一副严肃的表情，就会自然而然地迸发出一种威慑力。

在整个谈判过程中，王经理一直板着一张脸，表情严肃，话不多，只是简单地说了几句话。作为陪同的下属小张纳闷了，这王经理向来是一副亲切的笑脸，怎么到了谈判桌上就像换了一个人似的。再看看对方的谈判代表，也是一

副严肃的表情，这使得小张将想笑的欲望硬生生地压了下去。虽然，他并不知道为什么大家会变得这样严肃，他只知道如果自己在这时笑出来，那肯定会破坏谈判的气氛，并影响到谈判的最终结果。

谈判结束后，小张随着王经理一起出了门，这时王经理才呼出一口气，露出满脸的笑容。小张有些不解地问："王总，怎么刚才你不笑，现在出了门却笑呢？"王经理意味深长地说："你不知道吗？笑容也不是随便就可以展现出来的，尤其是在遇到谈判对手的时候，我们更要保持一副严肃的表情，这样才会给对方一种威慑感。否则，你若是一脸笑容，那定会给对方一种好欺负的感觉，那在谈判中，我们定会吃亏。"哦，原来，表情还有这么一大学问，小张恍然大悟。

谈判心理策略分析

当我们需要给对方一种威慑感时，那就不要露出笑容，而是保持严肃的表情，这样才能将威慑感传递给对方，使对方感觉到震慑，从而在谈判中占据优势。随意的笑容，不分场合的笑，那只会给对手一种"好欺负"的感觉。所以，在一些特殊的场合，不要随便露出笑容，而要巧用严肃的表情威慑人心。

1.表情也会造成心理攻势

在日常谈判中，我们要善于通过言语、表情给对方一种心理攻势，这样才能顺势掌控其心理。严肃、威严的表情是相当具有威慑力的，这样的表情不仅仅能掩盖我们内心的真实情绪，还可以给对方一种心理上的攻势，令人难以招架，帮助己方获得成功。

2.谈判时，不要随意笑

虽说，爱笑的人运气不会太差，但是，如果一个人整天脸上挂着微笑，就很难给人一种威慑的感觉。相反，人们所感觉到的是亲切与温柔，因为

笑容是毫无威胁感的。在生活中，我们并不主张板着一张脸，但在一些特殊情境中，假如我们能摆出一副严肃的表情，定能威慑人心，这是一种心理强势。所以，在实际谈判中，不要随意笑，我们更需要巧用严肃表情威慑人心。

谈判中的言谈禁忌

谈判既是口才的角逐，也是智力的较量，它不同于朋友之间的聊天，也不同于任何一种半正式的商务活动，它非常注重效率，语言有战术上的时效性；它注重礼仪，言语之间必须相互尊重；它非常功利，语言更注重务实和严谨，那么在谈判中哪些语言是最好慎重使用，哪些语言是禁止使用的呢？有些禁忌语，一旦不小心使用，会引起对方的反感，有些表达方式常常将谈判带入僵局，谈判者如果不想因个人一语而让整个谈判陷入被动，就必须了解谈判桌上的语言禁忌。

1.不要把谈判变成争辩

当自己和对方的观点格格不入时，不要和对方进行辩论，谈判的目的是达成一致，辩论会让你离这个目的越来越远，而无法改变对方的想法、看法。作为对手，观点肯定是对立的，你需要的是找到折中办法，或了解对方的想法，可以这样表达："有这样一种观点……好像跟你的看法有点出入，不知道你是如何看待这种观点的呢？"

2.不要以自我为中心

在商务谈判中，有的谈判者更容易以己方的利益为主，只站在自己的立场上洽谈，过分强调自己的需要而不为对方着想，极容易引起对方的反感。有的谈判者则更注意公平，而忘了衡量自身实力来决定结果，可能会增加冲突摩擦的系数。有些谈判者随意打断别人的话或者在别人说话时不够专注；有些谈判

者往往自己说个滔滔不绝，而不考虑对方的反应和感受。这样往往不能很好地了解对方，摸清对方的底细和意图，往往会使得双方都对结果不满意，自己也会显得缺乏修养。

3.不要把话说得太满

在谈判中，即使认为对方的条件不合理，也应避免直接拒绝。不留情面的直接拒绝可能让自己永远失去一个生意伙伴，损失比一次谈判失败更大。所以应避免说“我不同意”“我拒绝”之类的语言，而应换成较委婉的语言，如“希望你们的条件再合理一些”，就可以为将来合作留下余地。另外失去对别人尊重的不留情面的语言还会影响谈判者的职业生涯。

4.说话不要太过于客气

过分自谦，对方可能认为你缺乏自信而失去对你应有的尊重，还可能让谈判对手觉得你过于世故，从而对你产生戒心，产生不信任感，使谈判进程更缓慢。不卑不亢的语言才能获得对手的尊重和信任。

5.不要承诺自己无法做到的事情

自己没有能力或没有权利做到的事情，最好不要做出承诺，一般谈判对手会耐心等待你向有权利做出答复的人请示后再答复。否则，则会被认为轻浮寡信，影响个人信誉，同时也影响代表企业的商誉。所以作出承诺时，一定要慎重，而有回旋余地。

6.不要武断固执

武断固执的语言会使谈判陷入僵局，引起对手的不快和反感，因此应避免使用“必须”“应该”之类的词语或者命令式的句子，尽量使用“是否可以”“能不能”之类协商句式。即使己方有绝对优势，也要留下回旋的余地，己方的条件有伸缩性，才能避免把谈判引入死胡同。在谈判中，避免使用一些不当的语言是每个谈判者都必须知道的，因为它不仅仅关系到一次谈判，还关系到所代表企业的形象和个人的职业素养。

第06章

赢得好感，让对方对你更有信心

在日常谈判中，假如我们希望双方之间的谈判能够取得一个彼此满意的结果，以及乙方的利益得到最大程度的保障，那我们首先就要博得对方的信任，让对方对自己深信不疑，这样我们才能牢牢地把握住谈判最后的形态发展。

适时赞美对方，有助于谈判

每个人都喜欢听赞美的话，谁也不能免俗。这是因为每个人都有一种渴望尊重的心理需要，而赞美会使对方这样的需要得到极大的满足。爱听好话是人的天性，俗话说："良言一句三冬暖。"赞美他人意味着认定了对方的价值，这时候，对方通常都会喜不自胜。在这样的心理基础之上，你再提出自己的请求，对方自然就会爽快地答应下来。心理学家认为：对方心理上的亲和，实际上就是接受你意见的开始，同时，也是转变其态度的开始。由此可见，要想在求人办事中获得成功，我们应该给予对方真诚的赞美，而对方一定不会负我们所望，最终在谈判中赢得成功。

谈判实景一

日本加藤清正家的老臣饭田觉兵卫是一位勇猛又擅长军略的武将，但在加藤清正死后，宗族被追加了爵位，觉兵卫却从此辞官，并在京都过着隐居的生活。有一次，他对别人说："我第一次在战场上建功时，也同时目睹了许多朋友因战殉职。当时，我心想这是多么可怕的事情，我再也不想当武士了。可是，当我回到营里，加藤清正将军夸赞我今天的表现，随后又赐给我一把名刀。这时，我不想当武士的念头被打消了。后来，每次上战场，我总是有'不想再当武士'的念头。可是每次回到营里时，总又会受到夸赞和奖赏。周围的人，都以钦羡的眼光看我。所以，我的心意一次次地动摇，总是没能达成我的心愿，也就一直服侍清正公。现在想来，清正公真是巧妙地利

用了我。”

即便是饭田觉兵卫这样英勇的士兵在面临战争时也会害怕，心中有不想当武士的念头。但是，在加藤清正的赞美之下，他把自己的一生都贡献给了国家。加藤清正的高明之处在于，通过对武士的真诚赞美，留下了饭田觉兵卫这样一个忠勇的部下，并心甘情愿为其效力。

赞美对方是一种有效的情感投资，而且投入少，回报大，这是一种非常符合经济原则的行为方式。赞美同事，会令同事更乐意为你整理文件；赞美上司，上司会更加重用你；赞美下属，会使其更加乐意为你效劳。真诚的赞美，会令对方获得心理上的愉悦，开心之余定会答应你所托之事。当然，要想获得谈判对手的信任，就要发出真诚的赞美，只有真诚的赞美才有感染力，如果你只是虚情假意或者讽刺挖苦，对方不仅不会信任你，反而会厌恶你。真诚的赞美是发自内心的，是心灵的呼唤，只有真诚的赞美才能收到好的效果，才能使对方受到感染，愿意伸出援助之手。

谈判实景二

科劳德是毕加索的小儿子，他的母亲弗朗索瓦兹·吉洛特非常喜欢绘画，一进画室便不希望别人打扰。一次，儿子想让妈妈带他出去玩，可吉洛特已全身心投入到绘画上，听到敲门声和儿子的喊声，只是回应了一声“哎”，之后接着埋头作画。过了一会儿，儿子又说：“妈妈，我爱你。”可得到的回应也只是：“我也爱你呀，我的宝贝儿。”门却并没有打开。儿子又说：“我喜欢你的画，妈妈。”吉洛特高兴了，她答道：“谢谢！我的心肝，你真是个小天使。”可是仍然没有开门。儿子又说：“妈妈，你画得太好看了。”这时吉洛特停下笔，却没有说话也没有动。儿子又说道：“妈妈，你画得比爸爸画得还好。”听了这话，妈妈把门打开了，答应儿子一起出去玩儿。

谈判心理策略分析

刚开始的时候，无论儿子怎么央求，妈妈都不为所动，当儿子说出“妈妈，你画得比爸爸画得还好”这样的赞美之词，妈妈的心还是被打动了。虽然吉洛特的画自然比不上绘画艺术大师毕加索，但那句赞美却说到了妈妈的心里，你让她怎么拒绝呢？

1.给对方以赞美

在实际谈判进行的时候，需要适时赞美对方，比如“你说话真是幽默”“你的这件上衣十分衬肤色，看起来更漂亮了”，令对方心情愉悦，之后再提出自己的要求，大部分情况下都不会被拒绝。

2.从细微之处赞美对方

虽然，每个人都有一些公认的优点或长处，不过，为了体现自己的“特别关注”，我们应该尽量从细微之处赞美对方，使其产生被重视、被尊重的感觉，比如“你这衣服真好看”“只错了一点点，你就重新写了一遍，真认真啊”，这会令对方有意外之喜。

3.肯定对方

当我们在肯定对方的时候，实际上就是暗示对方具备某种能力，然后，对方就会按照这种能力要求自己，最终他们的行为会达到你所期望的目标。

在压力之下更需要从容不迫

有时候，实际谈判就犹如一场战争，激烈而雄壮，危机四伏，谈判的双方在不知不觉中被牵引到了这个硝烟四起的战场，由于迫切地想赢得这场战争的胜利，他们的心情往往是急迫的，可能这一句话还没画上句号，下一句话已经在舌头上打转了。实际上，与任何的战场都一样，谈判也需要镇定而从容的姿

态，如果你表现得太急切，那你就会输得很惨。因为急切的心情往往会让我们失去理智，甚至阵脚大乱，在仓促之中，那些本来严密的话语可能会有漏洞，那些本来可以好好利用的现实材料也会让我们弄得一塌糊涂。即便最后的谈判结果尚未公布，但至少在心理状态上，你已经输了一大截，而这将决定你最后的胜负。所以，在谈判中，千万不能太过于急切，而是需要保持从容不迫的姿态。

谈判实景

在法庭上，律师拿出了一封信问洛克菲勒："先生，你收到我寄给你的信了吗？你回信了吗？"洛克菲勒平静地回答："收到了，没有回信。"这时律师又拿出了二十几封信，逐一地询问洛克菲勒，而洛克菲勒都以相同的表情、相同的语调给予了回答："收到了，没有回信。"终于，律师控制不住自己的情绪，暴跳如雷不断咒骂。

结果，出乎人们的意料之外，法庭宣布洛克菲勒胜诉，因为律师因情绪失控而让自己乱了章法。

人们急切的行为常常是出于内心的紧张、不安或太过骄纵，以至于他们十分迫切地希望能尽快结束谈判，这时候情绪成为了他们最容易被攻击的薄弱点。通常情况下，一个人情绪不稳定的时候，也是其心理状态最差的时候，他们常常会做错一些事情，或说错一些话，而对于我们来说，则恰恰为我们提供了可以制胜对方的机会。

因此，基于急切心情给谈判带来的不利影响，我们更需要克制自己内心的情绪波动，如果你认为自己紧张、不安，需要克制；如果你认为自己完全有把握战胜对方，那更需要克制，因为求胜的心情若是太急切，稍有不慎就会让自己的语言有漏洞，从而让对方有机可乘。

谈判心理策略分析

在实际谈判中，我们如何做到从容不迫地说话呢?

1.学会控制自己的情绪

约翰·米尔顿说：“一个人如果能够控制自己的激情、欲望和恐惧，那他就胜过了国王。”有时候，情绪不仅是心灵健康的庇护神，它对我们决胜的关键时刻也异常重要。

在谈判中，不管是内心的紧张、不安情绪，还是迫切求胜的心情，我们都要学会克制住它们。将全部的精力转移到辩论这个事情上来，保持绝对的镇定姿态，从容地阐述自己的观点，以强大的心理优势战胜对方。

2.保持清晰的思维

在谈判过程中，任何时候都需要保持清晰、镇定的思维，哪怕你被对方说得哑口无言，也不要慌张，更不能仓促开口。虽然，在谈判中要求快速的应变能力，但在开口之前，还是需要思考一下，这些话语能否起到作用，是否利于辩论。

首因效应：初次见面就留下好印象

首因效应是指我们在与对方交往中留下的第一印象，而首次产生的印象将在对方头脑中形成并占据着主导地位的效应。通常来说，我们在第一次与某物或某人接触时都会留下深刻印象，我们在对他人的认知过程中，通过“第一印象”最先输入的信息对以后的认知产生影响的作用。经过研究表明，第一印象作用最强，持续时间也长，这比后来得到的信心对于事物或人的整个印象产生的作用更强。由于首因效应所带来的强大作用，在实际谈判中，我们应该学会修饰自己，努力留下良好的第一印象。

两人初次见面的时候，通常是通过对他人的衣着、谈吐、风度等方面做出的评价。初次见面留下的印象对整个形象形成举足轻重，它是继续交往的根据。简单地说，能够给他人留下好的印象，往往决定着你能被他记住。初次印象一旦建立起来，对后面获得信息有强烈的定向作用，由于人们具有保持认知平衡与情感平衡的心理作用，他们更倾向于使后来获得的信息的意义与已经建立起来的观念保持一致，而人们对于后来获得的信息的理解，往往是根据第一印象来完成的。

谈判实景

雪后初晴的一天，作家盖达尔正在公园里兴致勃勃地堆雪人。忽然，在他身后响起了“咯吱咯吱”的踏步声，他回头一看，一位年轻姑娘正向他走来。姑娘彬彬有礼地向他伸出右手说：“我认识您，您是作家盖达尔，我读过您的全部著作。”盖达尔听了微笑着，十分幽默地说了一句：“我也认识你，你或许是七年级或十年级的学生，我也读过你全部的书，代数、物理、几何。”这时候，姑娘笑着作了自我介绍，从此，他们相识并成为了好朋友。

在人际交往中，人们往往注意外表、服饰的“首因效应”。其实，“首因效应”带来的影响并不仅仅局限于外表、服饰等，还表现在见面时所说的第一句话，而且，该效应带有比较鲜明的情绪色彩，很容易影响对方的心理。所以，当我们说好了第一句话之后，奠定了整个谈话的基调，话题才会源源不断而来，从而也才能顺利赢得对方的信任。

谈判心理策略分析

与人交往的主要目的是赢得他人的好感，而要想达到这个目的就应留给他人良好的第一印象。当然，除了对自己装扮、语言、表情以及动作的约束来影

响和改变他人对自己的印象，更为关键的是，要对自己充满自信，如此，你才能以自信、从容的姿态出现在人们面前，也才能被他们所记住。

在初次见面时要说好第一句话。第一句话表达了你的情绪与感情，你所想要传递给对方的信息全在第一句话里了，是好或是坏，都将有效地影响对方的心理。说好第一句话，往往能起到意想不到的效果。心理学家认为，第一印象主要是一个人的性别、年龄、衣着、姿势、面部表情等“外部特征”。但同时，一个人的谈吐却在一定程度上反映出这个人的内在素养和其他个性特征。

第一句话要以赞扬为基调，尽量谈论对方颇为得意的方面，比如“您可真有气质”“听说您的书法很大气，今天见你算是知道什么叫‘人如其字’”等。当然，赞赏并不是毫无诚意的恭维或拍马屁，而要是发自肺腑的语言，这样才能激起对方的自豪感和信任感。

幽默语言，赢得对方的好感

美国幽默大师罗伯特·奥本说：“每天早上起床后，我都看一遍福布斯美国富翁排行榜。如果上面没有我的名字，我就去上班。”这是一句多么幽默的话语，不仅给人带来了快乐，也温暖了自己心灵。幽默，是快乐的精灵，在很多时候，我们需要运用幽默的语言来营造良好的谈话氛围。在日常工作中，许多人都表现得太严肃，他们总认为凡事都应该认真，开不得半点玩笑，否则会坏了大事。其实，事实并不是这样，幽默恰恰为枯燥的工作带来了快乐，缓解了压力，在轻松的氛围中，再谈谈工作的事情，或许，彼此都会感到轻松不少。尤其是在谈判场合，更需要我们恰当地运用幽默语言来创造良好的谈话氛围，化解谈判过程中的尴尬，最终促成谈判的成功。

谈判实景一

丘吉尔是一位善于使用幽默语言的首相，尤其是在谈判中，他屡次使用幽默语言，屡次获得了很好的效果。

1943年，英国首相丘吉尔与法国戴高乐将军因叙利亚问题产生了意见分歧，两人心中都有芥蒂。而在这之前，被丘吉尔颇为看重的布瓦松总督被戴高乐逮捕了，对此，双方都感觉这个问题变得棘手了，要想解决这个问题，只能是面对面地谈判。当时，丘吉尔的法语讲得不是很好，而戴高乐的英语却讲得很漂亮。

两人见面了，气氛变得紧张起来，丘吉尔先用法语打招呼："女人们先去逛市场，戴高乐和其他的先生跟我去花园聊天。"然后，他高声说了几句英语："我用法语对付得不错吧，是不是，既然戴高乐将军英语说得那么好，一定可以完全理解我的法语。"话音刚落，戴高乐将军以及其他人都笑了起来。丘吉尔的这番幽默消除了之前紧张的气氛，建立了良好的谈话氛围，使整个谈判得以在和谐与信任中进行。

丘吉尔与罗斯福的谈判，也可以说是幽默语言使用的典型例子。在第二次世界大战的时候，英国武器短缺，丘吉尔来到华盛顿会晤美国总统罗斯福，请求军需物质方面的帮助。第二天进行会谈，凌晨，丘吉尔还躺在浴盆里，嘴里抽着雪茄，正在思考问题，没想到，罗斯福突然走了进来，两人相视愣住了，丘吉尔笑了，说道："总统先生，大英帝国首相在你面前可真是没有半点隐瞒啊！"说罢，两人都不约而同地笑了起来，而此次谈判成功地推动了英美合作。

如此看来，幽默语言是谈判过程中的润滑剂，同时，也是化解谈判僵局和消除紧张气氛的良药，能够帮助谈判者赢得对手的好感与信任。在谈判过程中，双方往往会因为一些主客观的问题各执一词，互不相让，在这

时，若不及时化解，必然令谈判陷入僵持局面。对此，一些高明的谈判者会运用幽默的语言，使谈判脱离僵持的困境，化解尴尬，最后达成一致的协议。

谈判实景二

前不久，中方代表就一合资项目与某国财团进行谈判。谈判刚刚开始，对方就说：“我方设备技术先进，拥有自己的专利权，希望你们能开出一个令我们满意的价格。”如此漫天要价，使整个谈判陷入了僵局。

这时，中方一代表说道：“中国是一个有着几千年的悠久历史的文明古国，我们的祖先在一千多年前就将四大发明：指南针、造纸术、印刷术、火药的生产技术无条件地贡献给人类，而我们的子孙从未埋怨过他们不要专利权，反而称赞他们为推动人类科学技术的进行作出了贡献。今天，中国在与世界各国的经济合作中，并不需要你们无条件地出让专利权，只要价格合理，我们是一个钱也不会少给您的。”不卑不亢的语言中，融入了幽默的力量，最终，对方愿意降低专利费，促成了整个谈判的成功。

谈判心理策略分析

如果双方就专利费各持己见，互不相让，那么，谈判肯定会陷入僵局。中方代表一席幽默语言，使整个谈判脱离了僵持的困境，化解了紧张的气氛，促成了和谐的谈判。现代社会，随着市场经济的发展，我们谈判的机会在不断地增加。于是，在谈判中，越来越多的谈判者喜欢追求幽默的语言，与此同时，幽默的语言也成了每一个谈判者获得谈判成功的重要途径。

1.幽默的语言有助于营造良好的谈判氛围

幽默的语言，对于营造良好的谈话氛围，促成此次谈判成功有着重要的作

用。许多人在谈判中都会有胆怯、不安的心理，这是在所难免的。使用幽默的语言，就可以消除对方这种心态，使彼此在一个轻松自然的氛围中谈判。有时候，在谈判过程中，由于某些原因导致谈判的双方处于进退两难的窘迫局面，这时，一句幽默的语言往往会化解双方的尴尬，彼此相视而笑，那些让人不自在的氛围自然会消散。

2.幽默语言可以让我们赢得对手的好感与信任

美国谈判大师荷伯·科恩曾说："世界是一张巨大的谈判桌，谈判存在于生活的方方面面，很多时候，我们自觉或不自觉地就成为了某个谈判的参与者。"在日常工作中，谈判更成为我们工作中一项必不可少的内容。大多数人认为，谈判应该是庄重的、严肃的，其实，若是在谈判中插入幽默的语言，不但可以缓和紧张形势，营造出友好的谈话气氛，还可以缩短彼此之间的距离，钝化对立感，使整个谈判变得更融洽。在国际谈判中，幽默语言可以使整个谈话更加顺利，彼此化干戈为玉帛，从而避免了战祸；在商业谈判中，幽默的语言巧于辞令，可以为你赢得对手的信任。

以你的热忱，博得对方的信任

爱默生曾说："有史以来，没有任何一件伟大的事业不是因为热忱而成功的。"热忱到底是什么呢？卡耐基曾在自己办公桌上挂了一块牌子，在镜子上也挂了同样的一块牌子，而麦克阿瑟将军在南太平洋指挥盟军时，其办公室墙上也挂了这样一块牌子，这三块牌子上写着相同的座右铭："你有信仰就年轻，疑惑就年老；有自信就年轻，畏惧就年老；有希望就年轻，绝望就年老；岁月使你皮肤起皱，但是失去了热忱，就损伤了灵魂。"这几乎是对"热忱"最好的赞美词，当然，这并不是一段单纯而美丽的话语，而是迈向成功的必要途径。热忱，为我们所做的每一件事情都增添了趣味，能够软化他人的冷面

孔。在日常谈判中，哪怕遇到一个再冷漠的人，只要我们怀着热忱的态度，就一定能融化对方，打动对方，最终赢得对方的信任。

谈判实景

有一次，一位推销员来拜访拿破仑·希尔，希望他订阅一份《周六晚邮》，推销员满脸沮丧，拿着那份杂志向拿破仑提问："你不会为了帮助我而订阅《周六晚邮》吧，是不是？"拿破仑一口就拒绝了推销员的要求，那位推销员阴沉着走了出去。

几个星期之后，另一位推销员来拜访拿破仑，她推销六种杂志，其中有一种就是《周六晚邮》。推销员看了看拿破仑的书桌，发现书桌上已经摆了几本杂志，突然，她忍不住热心地惊呼了起来："哦！我看得出来，你十分喜爱阅读书籍和各种杂志。"拿破仑放下了手中的稿子，点点头。推销员走到书架前，从书架上取出了一本爱默生的论文集，她开口谈论起了爱默生那篇《论稿酬》的文章，不一会儿，拿破仑也加入到其中讨论。然后，推销员开始将话题回到了订阅杂志的问题上，她问拿破仑·希尔："你定期收到的杂志有哪几种？"拿破仑·希尔回答了自己订阅的杂志名称，推销员脸上露出了笑容，随即摊开了自己的杂志，她开始分析："我觉得这里的每一种杂志你都需要订阅一份，《周六晚邮》可以让你欣赏到最干净的小说，《美国》杂志可以给你介绍工商界领袖的最新生活动态……像你这种地位的人物，一定要消息灵通，知识渊博，如果不是这样子的话，一定会在自己的工作上表现出来。"拿破仑笑了，问道："订阅这六种杂志一共需要多少钱？"推销员笑着回答："多少钱呀？整个数目还比不上你手中所拿的那一张稿纸的稿费呢。"最后，她离开的时候，带走了拿破仑·希尔订阅六种杂志的订单。

谈判心理策略分析

两个推销员同样是向拿破仑推销杂志，但为什么那位女推销员最后获得了成功了？事实上，拿破仑自己在回忆这件事情的时候，曾这样说：“第一位推销员话中没有以热忱作为后盾，在他脸上充满阴沉而沮丧的神情，他并没有说出任何足以打动我的理由；那位女推销员开始说话，我就从她身上感受到了那股热忱，她通过热忱感染了我，打动了我，促使我不得不订阅那六种杂志。”女推销员通过语言以及行为所传递出来的“热忱”软化了拿破仑的冷面孔，即使拿破仑在之前早已经打定主意不理睬她，但是，最终在热忱的感染与鼓舞下，他心甘情愿地掏钱订阅了杂志。

1.热忱具有极大的感染力

拿破仑·希尔说：“热忱是一种意识状态，能够鼓舞及激励一个人对手中的工作采取行动。”其实，不仅如此，热忱还具有极强的感染力，不仅仅对怀着热忱的本人产生重大影响，而且，还能有效地感染对方，打动对方，最后赢得其信任。拿破仑是一位崇尚热忱的人，他希望自己能被他人的热忱打动，在评估一个人的时候，他不仅仅考虑其能力，而且，还将考虑他是否热忱。

2.以你内心的热忱打动对方

试想，一个人若是缺少了热忱，你能打动谁呢？在与人的沟通过程中，不论对方对自己的话题是否感兴趣，我们都应该满腔热情地和对方“套近乎”，保持友好的微笑，用自己的热情去打动对方，如此以诚相待，才能使交流得以顺利地进行下去。大量事实证明，热忱是交际中必不可少的要素，它能融化冰雪，能软化对方的冷面孔，在交往中，热忱是少不了的。也许，对方对你的热情一开始并不“感冒”，但是请不要着急，只要你能坚持热情似火，总会打动对方的。

第07章

摸透意图，看出对方的真实心理

言行是思想的载体，思想是言行的灵魂。正所谓“言为心声”，一个人的所想及所思都会直接反映在其言行举止上，两者在相当程度上有着密切的关系。谈判就是一场心理战，我们要想赢得这场战争，就需要知己知彼，在心理战中洞悉对方的真实心理。

言为心声，观其行，察其言

《鬼谷子》曰：“捭阖者，道之大化，说之变也。必豫审其变化。吉凶大命口焉。口者，心之门户也。心者，神之主也。志意、喜欲、思虑、智谋，此皆由门户出入。故关之矣捭阖，制之以出人。捭之者，开也，言也，阳也。阖之者，闭也，默也，阴也。阴阳其和，终始其义。”在文中，道出了“口乃心之门户”的经典之说，意思是说，人的口是心灵感受的表达渠道。其实，何止是言？所谓“相随心生，境由心造，口乃心之门户”，一个人平时的一言一行，都是其内心的一种真实反映。心中如何想，都将通过言行表现出来。在一般情况下，一个人的一言一行都是主人内心的影射，当然，在现实生活中，也会出现言行不一的情况，这又是另当别论了。比如，一个人高兴的时候，他的整个语言是充满愉快的，行为举止都是荡漾着快乐的，哪怕他想故意掩盖，但我们还是可以从其言行的细微处体察出其内心的真实情况。

有一次，鲁哀公问孔子道：“应该选取什么样的人才呢？”孔子回答道：“弓与箭协调，然后才能要求它射中；马老实善良驯服，然后再要求它是骏马；人一定要忠实、诚恳、稳重、朴实，这以后才能要求他的智慧和才能。现在有人不忠实、诚恳、稳重朴实，却富有智慧、才能，像这样的人犹如豺狼一般，不能让自己靠近它。因为这个缘故，先要看他确实是仁厚、诚恳的人，然后才亲近他，如果这个人又有智慧才能，然后再任用他。所以说，亲近仁厚的人并任用他的才能。选取人才的方法，不仅要听他说，更要

观察他的行动。言语是用来抒发他胸中的志向和感情的，能干事的人，一定能用语言表达出来。因为这个缘故，先要看他说的，然后考察他的行为。用言语来考察他的言行，即使有为非作歹的人，也无法掩饰他的真情。”哀公说：“说得好。”

其实，在日常生活中，与人交往，要想了解对方的真实心理，我们依然需要观其行，察其言，因为对方的言行是没有办法掩盖的，它能清楚地反映内心所想。

谈判实景

苏东坡与佛印和尚是好朋友，佛印的道行比苏东坡深，为此，两人经常在一起参禅、斗嘴、斗智斗勇。

有一次，两人一起参禅，相对而坐，苏东坡问佛印：“你看到了什么？”佛印回说：“看到佛。”接着问苏东坡：“你看到了什么？”苏东坡回答说：“看到了牛粪。”

当他得意洋洋地回到家中，并把这事告诉苏小妹，满心以为这是他与佛印和尚暗中较量的一次辉煌的胜利，没想到苏小妹听了却摇头叹息道：“哥，你输得好惨！”苏东坡不解，苏小妹解释道：“参禅讲究的是内心的修炼，明心悟性，你心中有什么，你就会看到什么。佛印眼中看到的是佛，说明他心中有佛，而你看到的是牛粪，说明你心中有什么？”

谈判心理策略分析

明心悟性，你心中有什么，你就会看到什么。换句话说，你心中如何想，你就去说什么，去做什么，一言一行都是内心的真实想法。

1.以其言行来窥探其心理

相随心生，境由心转，一切法从心生。言行均是内心的真实反映，熟知了这个道理，对我们识破人心有很大的帮助。在日常谈判中，我们需要随时观察对方的言行，不错过一个动作，不漏掉一句话，并通过其言行来窥探其心理，如此，才能掌握谈判中的主动权。

2.知其心理，方能“知己知彼，百战不殆”

我们常说“言为心声”，一个人所说的话实际上就是其内心的真实表达。当然，其行为举止也是遵从于内心的真实，这是必然的道理。一个人说出来的话是需要坦荡地去表露自己心灵的，如果一个人长期地昧着良心去说话、去行动，这就是我们所说的“心口不一”，那么，这个人也没有办法得到他人心灵的承载，简单地说，就是得不到他人的认可。言行就相当于一个放映机，不断地将其内心所思所想影射出来，将心中那些抽象的东西具体化。因此，我们在考量一个人的时候，需要观其行、察其言，如此才能窥探其真实的心理。早在很久以前，孔子就提出了选贤才的标准即是“观其行，察其言”。

不可忽视对方的面部表情

早在古代，就有占卜看相的说法，大致的方法是凭着一个人的面部特征、相貌来预测其命运的看相术，或者只凭一个人的眉毛形状来下定论。其实，从科技日新月异的今天看来，这样所谓的相学都是不科学的，毕竟，只凭着一个人的眼、眉、耳、鼻的形状以及位置等脸部特征，是很难判断出一个人的心理的。然而，若是运用现代心理学，通过一个人的面部表情来判断对方的心理，如此识人心术才能准确地读出他人的心理。这样一种识人心术可以很好地运用到交际场上，尤其是我们所面对的对手。比如，在商业谈判中，要想紧紧地抓

住谈判主动权，我们就需要了解对手是一个怎样的人，他的心里到底在想些什么。这时，他的面部表情会泄露一些秘密，如果我们能恰当地识破那些秘密，那么，就已经胜券在握了。

谈判心理策略分析

如何才能从那些细微的面部表情读出对手的心理呢？

1.表情丰富且喜欢笑的人

有的对手表情丰富，而且经常会露出笑容。这样的人有着良好的人际关系，善于处理人与人之间的关系。而其善意的笑容时常给人以亲近的感觉，他们属于容易亲近的类型，性格大多外向，比较容易沟通。即使在碰到不合的想法，他们也会详加考虑，喜欢为他人着想，与这样的人谈判，不得不说是一次愉快的沟通。

2.面无表情的人

有的对手在谈判的时候，即使面对面也绝不露出一点面部表情，无论是心情好还是不好，他都不会表现出来。他们在人际关系中比较冷漠，个性比较内向。在整个交流过程中，他们呈现出来的是一张没有表情的脸，对于感情正常的人来说，与这样的人交流是一件痛苦的事情。甚至，有时候，即使他是在说谎，也是面不改色。

面对这样的对手，需要如何应付呢？我们也要掩饰自己的真实表情，以同样的面无表情的一张脸对待他，如此才能使对手无招架之力。

3.表情善变者

有的对手会随着感情的变化而表情多变，时而喜悦、时而遗憾、时而气愤，其内心的感情变化，毫无保留地表现出来，这就是表情善变者。一般而言，表情丰富算是比较积极的心理，但是，对于表情善变着来说，却不是这样。因为，大多数人都会习惯性地隐藏自己的某些情绪，像这样毫无顾忌地表

现出来，却是另一种心理状态。这样的人大多自私自利，唯我独尊，只要一点点不符合自己的意愿，他们的表情就会大变。面对这样的对手，如果他的表情开始变化，那么，你不妨先认同其想法，适当附和，等其情绪稳定下来之后再慢慢交流意见。

辨别真伪，识破对手话语里的谎言

一般来说，说谎者都很善于掩饰自己，每一个说谎者都希望自己能够成功地欺骗他人，而自己能够享受那种喜悦的心情。其实，只要你细心地观察，就会从对方的言行举止中发现谎言的秘密。因为，即便是最高明的说谎者，他也会出现“百密而有一疏”的情况。通常情况下，说谎者不外乎就是把自己的谎言掩藏在言行举止中，只要掌握一些辨别谎言的技巧，我们就能清楚地判断出对手是否在说谎。在谈判过程中，我们的对手往往是将自己的真实内心包裹起来，而呈现在我们面前的是一张虚假的面具，甚至，即使他嘴里说着谎言的时候，如果我们不仔细观察，也很难察觉。

美国某著名心理学家指出：人都是爱撒谎的动物，而且比自己所意识到的说得更多，平均每天最少说谎25次。对此，麻省理工学院社会心理学家费尔德曼认为谎言有不同层次，将说谎的动机分为三类：首先是“正性谎言”，所指的是一些对生活造成有利影响的谎言，费尔德曼对这种谎言是这样解释的：“懂得在适当的时候撒谎或扭曲事实，这是待人接物的技巧”；然后是“中性谎言”，这些谎言在许多时候不受意识支配，或许说了也不会对自己或他人造成不利影响；最后是“负性谎言”，这类谎言会对自己或他人造成不利。

谈判心理策略分析

那么，说谎者经常用到的掩饰方式有哪些呢？下面我们就简单地介绍几种说谎者常用的方式，以此帮助我们在实际谈判中看穿对手的谎言。

1.撒谎的人喜欢触摸自己

心理学家发现，那些说谎者在撒谎时会下意识地抚摸自己身体的某些部分，其实，说谎者在撒谎时越是想掩饰自己的内心，却越是因为这些细微的动作而暴露无遗。当我们对那些说谎者进行仔细观察之后，我们会发现，他们在撒谎时会有一些身体语言，比如，触摸自己或身上的衣物，掩口、摸鼻子，或者不断地拉扯自己的衣角等。

掩口：说谎者为什么会想要捂住自己的嘴巴呢？其实，这是由于说谎者的大脑潜意识里使他不想说那些骗人的话，这一举动可谓是“欲盖弥彰”。另外，当我们在谈论某些事情的时候，对手却捂住了嘴巴，这表示着他对你所说的并不感兴趣，只是不愿意当面表现出来而已。

摸鼻子：有的说谎者在撒谎时会摸自己的鼻子，有可能他们本来是想捂住自己的嘴巴，但觉得这样的举止不太合适，通常就会在鼻子上摸几下，以此来掩饰自己的捂嘴的动作，其目的就是为了掩饰自己在撒谎。不过，并不是所有摸鼻子的人都在撒谎，一般而言，说谎者触摸鼻子的时间很短，而且，力度很轻。

拉扯自己的衣角：通常情况下，人们说谎会引起心理上的不平衡，如此，就会导致交感神经功能的微妙变化。在那一瞬间，他们会下意识地拉扯一下自己的衣领或者衣角。这时候，如果你细心地观察，就会发现对方的情绪处于十分紧张的状态，随时都有可能会爆发出来。

2.虚假的笑容

心理学家杰弗里·考恩说：“我们可以说出每块肌肉动了多少次，它们停留多长时间才变化的，对方的表现是真实还是伪装的。”真正的微笑，来得快，但消失得慢，因为微笑时牵动了鼻子到嘴角的皱纹，以及眼睛周围的笑纹。而说谎者一般都带着虚伪的面具，因而，他们脸上所流露出来的笑容往往也是虚假的。在说谎的时候，那虚假的笑容就成为了最好的伪装面具。有可能我们的对手在撒谎，那么，我们可以通过对手的笑容来判断其心里的真实想法，因为说谎者脸上所挂的始终是虚假的笑容，他们的笑容没有办法牵动眼部的肌肉。

3.表情的闪现

一般情况下，每个人维持一个正常的表情会有几秒钟的时间，它所呈现在脸上的时间既不会太长也不会太短。而对于一个说谎者来说，在他们伪装的脸上，真实的感情只会在脸上停留极短的时间。而且，大部分的说谎者会把自己伪装的面部表情维持或短或长的时间。一般而言，任何一种表情如果持续的时间超过了10秒钟或5秒钟，大部分都可能是假的。有的人会极力掩饰自己的愤怒的表情，他们尽量使自己的表情呈现出一种相对稳定的状态，比如面无表情；而有的人则恰好相反，他们会使自己伪装出来的表情长时间出现，比如在整个谈判过程中都挂着虚假的笑容。

4.脸色发红

面部是人们最为直接的身体部位，也是最容易暴露的部分，它是人们传递情感信息的最重要的部分。有的人在说谎时脸色会发红，如果有人将他的谎言识破了，他会显得更加紧张，甚至，会面部充血，使脸色皮肤呈红色。

当然，那些善于伪装的说谎者除了上面介绍的几种表现外，还有其他一些表现，比如平时沉默寡言，突然变得口若悬河；在谈话过程中露出惊恐的表情却强作镇定；说话时闪烁其词，口误比较多；对你所怀疑的问题，过多地辩解，装出很诚实的样子；精神恍惚，不敢与你目光接触。在谈判过程中，只要你能够细心地观察对手的言行举止，那就很容易判断出对手是否在说谎。

打好心理战，洞悉其真实意图

在日常工作中，与客户谈判成为了我们工作的主要内容。而现代商务谈判均是以互惠互利为目的，以洽谈磋商为手段，这就免不了要与对手进行一番正面的交锋。甚至，我们可以说谈判其实就是一场心理战，谁能掌握了主动权，谁就能赢得最后的胜利。所谓“商场如战场”，面对强有力的对手，我们不仅仅要具备良好的心理素质，更需要通过对手表现出来的细枝末节去揣摩其真实意图，简单地说，你需要知道对手手中拿着的最后一张王牌，否则，你只会败下阵来。俗话说：“知己知彼，百战不殆。”在一番心理较量中，如果我们能有效地识破对手的真实意图，无疑为整个谈判成功赢得了最佳的机会。必要的时候，我们可以利用对方的“底牌”给予适当的压力，这会令对方更容易作出决定，他会在压力之下不得不答应我们的要求。所以，面对对手，我们要有信心去打好一场心理战，在心理较量中，识破对手的真实意图，以此达到自己的谈判目的。

20世纪80年代，中国曾与突尼斯SIAP公司的商务代表技术代表关于在中国兴办化肥厂的有关事项进行谈判。中突双方都非常重视这个建设项目，双方完成了可行性研究报告，经有关人员的反复论证，选择了具有优越港口条件的秦皇岛市作为建厂地点。可行性研究报告刚刚结束，科威特石油化学公司得此消息，便立即表态，愿参与此项目，与中方合资办厂，并派出了谈判代表。

可是，出乎意料，在谈判一开始，对方听了中方介绍完该项目的前期工作，就断然：“厂址选在秦皇岛不合适，你们所做的一切工作都是毫无用处的，要从头开始！”这话无异于晴空霹雳，中方一时难以提出反驳意见，谈判陷入僵局。中方代表愣住了：没想到对手一来就是一个下马威，目的是想以嚣张气焰逼迫我方败下阵来，以便答应他们提出的条件。可是，对手不过也是吓吓而已，放弃秦皇岛并不是他的真实意图，他真正的意图是以最少的代价征用秦皇岛的土地。弄清楚了对手的真实意图，中方代表心生一计。

中方一代表却猛地起身发言："我们为了建设这个化肥厂，安置了……看来这事项要无限地拖延下去了，那我们也只好把这块地让出去！对不起，我还有别的事情需要料理，我宣布退出谈判，今天下午我等候你们最后的决定！"三十分钟后，情势急转直下，对方表态："快请代表先生回来，我们强烈要求迅速征用秦皇岛的厂地！"

谈判心理策略分析

谈判最终取得成功的秘诀在于，中方代表识破了对手的真实意图：他不敢真正地舍弃秦皇岛这个占据优势的地理位置。于是，中方代表巧妙应付，向对手表示"那我们只好把这块地让出去了"，没想到，这样一说，真的吓坏了对手，一下子击中了对方的要害，令其不得不降服于自己。

在谈判过程中，我们需要灵活使用心理战术，以此来识破对手的意图，才能抢得先机，也才能赢得谈判的最后胜利。

1.以静制动，谋定而后动

在谈判中，以静制动，就是敌不动我不动，静观其变。在双方的对峙中，需要以静制动，你若按捺不住，四处乱动，那么，你的胜算就会少之又少；如果你能以静制动，那么，在与对手的周旋过程中，会逐渐转化自己的劣势为优势，而且，在这等待的过程中，你能够通过其表现出来的言行识破对手的真实意图，这样，对手就处于被迫地位了。

2.懂得退让，才能识别对手的底牌

在谈判过程中，若是紧紧相逼，不仅不能识破对方的真实意图，反而会使

自己陷入难堪的境地。因此，我们需要懂得退让，另外，让步不能一步到位，而是应该一步一步地退让，而且让步也不能太早，过早的让步往往会导致己方后悔。但是，若关键时刻不肯让步，也容易导致谈判的破裂。大多数情况下，当对方已经到了让步的最后阶段，我们可以适当作出让步，让谈判得以顺利进行。

关键的是，在让步之前可以做一些假设性提议，试探对方。比如“如果我们把价格降低5%，您能确定和我们签约吗？”这样不会让你受到约束，也可以帮助你识破对方的真实意图。

揣测对方属于何种气质类型

何谓气质？从心理学上说，气质就是表现在心理活动的强度、速度、灵活性与指向性等方面的一种稳定的心理特征。其主要表现在情绪体验的快慢、强弱。因此，通过气质，我们能够了解一个人的心理活动。当然，气质与我们常说的“脾气”“性格”“性情”是差不多的。不过，在日常交际中，气质更多地表现为人格魅力，比如修养、品德、行为举止、待人接物等。不同的人，有不同的气质表现，有的人高雅恬静，有的人温文尔雅，有的人豪放大气，有的人不拘小节。在日常工作中，我们会接触到不同的客户，而那些不同的客户身上却展现出不同的气质特征，如果我们能识别其气质特征，再逐一对应，那对于我们与之建立融洽的谈判关系很有帮助。心理学家将大部分人的气质特征分为四种：多血质、黏液质、胆汁质、抑郁质。在这四种气质特征中，都有其鲜明的特征显现，比如敏感孤僻的抑郁质，情绪粗犷的胆汁质等。在我们与对手接触的过程中，通过观察其言行举止，就可以判定对手是属于何种气质特征。

谈判实景

双方的谈判代表进入了会客室，王总吩咐服务员将沏好的茶端上来。不一会儿，服务员将热腾腾的茶送进来了，不料，正要放在桌上的时候，却一不留神，脚下一滑，身子一斜，热茶倾泻了出来，有几滴滚烫的茶水滴到了坐在桌前的谈判代表张总身上。王总身边的小柯想上前整理，王总却示意他坐着别动，王总想看看那位张总到底有什么反应。

出人意料之外，张总只是用桌上的纸巾擦了擦衣服，面对服务员的连连道歉，他面带笑容，好像什么事情都没发生过，反而关切地问道："小姐，你没事吧，下次可要小心了！"服务员点点头，这时，王总才站起身来："张总，没什么事吧？"张总回答说："只是小事，小事，我们赶紧进入正题吧。"王总心中一动，看张总这样的表现，应该是情绪丰富的多血质，这样的人善于交际，容易适应环境的变化，做事很灵活，不过，内心比较骄傲。有了这样的认识，王总笑了，他知道下面该如何去应付这位谈判"对手"了。

对服务员无意中的错误，张总始终面带微笑，表现得异常平静，而如此的表现正与情绪丰富的多血质相对应。没想，谈判过程中发生的一件小事，却成为了王总识破对手气质特征的突破口。

谈判心理策略分析

一般而言，胆汁质的人情绪比较粗犷，多血质的人情绪丰富，黏液质的人情绪贫乏，抑郁质的人多愁善感。那么，如果这样的四种人遇到相同的事情，又是如何表现呢？对此，心理学家进行了研究，以"看戏迟到"为特定情境，发现这四种人都有不同的行为表现：胆汁质的人很生气，与检票员争

吵了起来，甚至，想推开检票员，冲过检票口，直接跑到自己的座位上，他们一边吵架一边埋怨戏院的钟走得太快；多血质的人看到检票员不让进去，就悄悄地跑到楼上，自己寻找了一个位置来看戏剧表演；黏液质的人心想，反正第一场不怎么好看，还是先到外面待一会儿，等休息的时候再进去；抑郁质的人对此闷闷不乐，没想头一次来看戏，就这样倒霉，垂头丧气的他干脆回家了。

其实，在这四种气质特征的人身上都是有迹可循，有特征供识别的。下面，我们就简单地介绍这四种常见的气质特征，希望你借鉴一二，以此识别不同气质特征的对手。

1.多血质

这类人情感与行为来得比较快，去得也比较快，个性温和，感性大于理性，善于交际，很容易适应新的环境。其语言表达很有感染力，姿态多样，面部表情丰富，个性比较外向。聪明机智，思维灵活，不过，对于某些事情，他们不愿意问个清楚、明白。而且，其注意力与兴趣很容易转移，不稳定，做事缺乏毅力。

2.胆汁质

这类人有着较强的反应能力，且反应速度很快。他们在情感与行为上若是有强烈的体验，则会表现得异常明显。性格开朗、乐观，待人热情，为人直率，不过，脾气比较暴躁，喜争强好胜，容易意气用事，在冲动之下往往作出一些错误的决定。他们有着较强的精力，往往以最大的热情与精力投入到工作中，不过，在工作中偶尔会缺乏耐心。思维多灵活，不过，理解问题多是粗粗略过，不够细。

3.抑郁质

这类人情感与行为反应缓慢，感性大于理性。多愁善感，感情喜欢内敛而不外露。喜欢想象，机智聪明，有着敏锐的观察力，能够察觉到别人未能发现的东西。意志力薄弱，胆小怕事，做事优柔寡断，在失败后往往心神难安。对

人际交往比较冷漠，个性孤僻。

4.黏液质

这类人情感与行为反应迟钝，缺乏应有的灵活性。情绪稳定，没有太大的波动，即使心中有情绪，他们也不轻易外露，即使遇到了难过的事情也不动声色，一个人默默承受。其注意力与兴趣比较稳定，难以转移。喜欢思考，有较强的自制力，能够控制自己。平时沉默寡言，办事谨慎细微，不冲动，不鲁莽。不过，适应能力较差，常常活在自己狭小的空间里。

留意视线，掌握对手细微的心理

在谈判中，双方是面对面地谈话，那么，不可避免地，彼此都会有视线的交流与接触。相信，在谈判中，应该没有那种面对面谈话，却完全不看对方眼睛的人。当然，若是一直看着对方的眼睛说话，这也是不太正常的。一般而言，在西方，人们会一直盯着对方的眼睛说话。但对于一向传统内敛的中国人来说，大多数人会在交谈的时候，时而四目相对，时而转移视线。在交谈过程中，双方都会去注意配合对方的气息，这是许多人的下意识动作，而且，在其中，两个人的视线会相碰，偶尔也会躲闪。比如，当对手所说的话令自己很想要表达自己观点与意见的时候，在那一瞬间，便会直视对手的眼睛。对于他人所说的话，不管自己是同意还是反对的时候，如果觉得很有必要将信息传达给对方，那么，一般都会通过视线来传达。如此看来，在谈判过程中，对手的视线其实隐藏其道不出的微妙心理。

谈判桌上，双方谈判已经进入最后阶段，但问题却始终围绕着交货的时

间点在讨论。李先生直视着对手的眼睛，说道：“由于我们公司目前的状况，必须在第四季度全部交货，这样才能保证我们公司的正常营运。”对手的视线马上移开了，似乎正在思考该怎么来回应这个问题，不一会儿，他抬头看了李先生一眼，马上又移开了视线，说道：“李先生，我知道你们公司的状况，可是，在第四季度交货，确实有些困难。”说完，视线由下而上，与李先生视线交汇，继续说：“我希望李先生能够再宽限一些日子，这样的话，我们会加班加点，如期交货。”

李先生感觉到对手想拖延交货的日期，但又不想失去这笔业务。了解了对手如此微妙的心理之后，李先生直视谈判对手，做了最后的警告：“从情况来看，你们在第四季度中交货确实存在一些困难，但如果你们不能交货，我们工厂的部分车间就会停工待料，造成生产上的损失。这样，我们不得不放弃与你们交易的打算。”对手低下了头，一会儿，迎头接上了李先生视线，咬牙说：“好，在第四季度，我们会如期交货。”

在几番的视线躲闪与接触中，李先生识破了对手的微妙心理：很想拖延交货的日期，同时，又不想失去这一笔交易。而后者才是谈判的重点，于是，李先生毫不妥协，坚持第四季度交货。果然，两次催促下来，对手不得不答应了李先生提出的要求。

谈判心理策略分析

视线就是跳动的眼神，眼神流转，其实就是视线在动。在谈判中，我们经常会见到对手直视的视线、完全避开的视线，下面我们就列举几种常见的眼神动态，以此来剖析对手的微妙心理。

1.完全避开的视线

有的对手在说话时会将自己的视线完全避开，眼睛不敢直视对方。这样的人，大多心中有鬼，有可能在他过去的谈判经历中出现了一些事情，使得他不敢面对比自己更正派的人。但是，偶尔，他也会主动迎上对方的视线，这表明其内心正在做挣扎，心中隐藏着一些东西，但是，又很想证明自己问心无愧。

2.直盯着对方的眼睛

有的对手在说话时直盯着对方的眼睛，不躲，也不避。这样的人有着较强的自信心，但也可以说他是有些任意妄为。他希望自己的表现能给人留下很自信的印象，实际上，他们对自己并不那么自信。当然，如果两个人总是直视对方，那么，谈话的气氛很容易陷入难堪境地。因此，他们大多会在视线接触后不久就转移自己的视线。

3.紧迫逼人的视线

有的对手在看着对方眼睛时并不是温和的，而是紧迫逼人的。这样的人内心有些自卑，总感觉自己比别人差了那么一点点。但是，他们自己却没有意识到这样的心理，他们总是强烈地认为自己是正确的，在表达自己观点的时候，他们会紧迫逼人地看着对方的眼睛，好像在说“我说的是正确的吧！”而如此的视线给令身边的人闭上自己的嘴巴。

旁敲侧击，打探对方真实意图

在商业社会的信息时代，我们时时刻刻都面临着形形色色的谈判。古人云：“天外有天，山外有山。”在现代的交涉和谈判中，强中自有强中手。谈判，打的就是一场心理战。等到真正谈判开始，就进入心理角力战。任何一个谈判者都不愿充当傻瓜，双方获胜谈判的出发点是在绝对不损害他人利益的基础上，取得自己的利益。为此，对手往往会隐瞒自己的真实意图和需求以求占据有利谈判地位。而我们若要顺利达到自己的目标，就得掌握奥妙的人性心

理，并通过语言成功操纵对方的心理。如果你懂得旁敲侧击、打探对手需求与意图的话，那么就能在谈判过程中有的放矢。

谈判实景

1969年9月的一天，美国国务卿基辛格，就越南战争问题与苏联驻美国大使多勃雷宁举行会谈。谈判正在饭桌上进行时，尼克松总统给基辛格打来电话，接完电话之后，基辛格对多勃雷宁说：“总统刚才在电话里对我说，关于越南问题，列车刚刚开出车站，现在正在轨道上行驶。”老练的多勃雷宁试图缓和一下气氛，机智地接过话头说：“我希望是驾飞机而不是火车，因为飞机中途还能改变航向。”基辛格立即回答道：“总统是非常注意选择词汇的，我相信他说一不二，他说的是火车。”

谈判心理策略分析

在这次谈判中，基辛格巧用火车与飞机的比喻，幽默地对对手进行旁敲侧击，既鲜明、坚定地表明了自己的立场，又试探出了对方的立场，而语气和态度又不是显得十分强硬，令对手容易接受。可见，在谈判中，隐晦、形象的试探语言，往往能有效地活跃谈判气氛，使谈判轻松、愉快，并逐步向有利的方向发展。那么，我们该如何运用这种旁敲侧击的谈判技巧呢？

1.误导式提问

有人说：当我们在第一时间接受某一信息并即刻做出决策时，思维往往会被这一信息所固定。聪明的谈判者总是预先埋下伏笔，让对方在不知不觉中失误而陷入语言的陷阱。一般来说，面对问题，人们都会回答。而如何使对手回答出我们希望得到的答案，就体现了我们的提问水平。

可能生活中，你都有这样的经历，当你进入一家饭店，饭店服务员会立即走上前去为你推荐特色菜。“您今天是要一份海鲜还是两份？”你会立即回答“一份”或者“两份”。而如果问你“您要不来点我们这儿的清蒸鲍鱼？”你的回答可能并不会令对方满意。

2.唱反调

元代李文蔚的《张子房圯桥进履》第三折有记载：“将计就计，不好则说是好！”谈判中，故意唱反调，可以顺利帮助我们挖掘出对方的真实意图，可以混淆对方的视听，让他们作出错误的决定，让对方放松戒备心。这对于我们达到目的是大有帮助的。因此，我们可以“大张旗鼓”地表达我们的反面意图。

3.事后协商

每个商谈都有两种交换意见的方式，一个是在会上，也就是以正面谈判的方式，另外一个则是在场外，以间接的方法与对方互通消息。要知道，并不一定每一件事情都要在会议桌上提出来。

谈判过程中，假如对方拒绝这个非正式提出的条件，我们可以采用会后协商的方法。这样，双方都不会有失掉面子的忧虑，这种间接的沟通方式，可以帮助谈判者和公司在不碍情面的情形下，悄悄地放弃原先的目标，而某些偏差了的目标也可以借由半正式或非正式的沟通方式加以修正。

4.保持镇静

一些初涉谈判桌的谈判者在旁敲侧击对方意图的过程中，在遇到一些突发状况的时候，往往不知所措。这样，反倒被对方抓住破绽。因为谈判桌上的任何攻心术的前提都是隐藏自己的真实想法。正因为我们已经知晓了对方的计策，知己知彼就能百战不殆，抱着这样的心理，我们更没必要紧张与不安，而更应冷静地审时度势，不要被对方的某些计策所愚弄。

5.留一点时间给对方

若希望这种旁敲侧击的语言试探法起到一定的效用，就要在己方发言之

后，留给对手一个短暂的回味时间，对手才能体会到你的话语和谜底之间微妙的联系。在谈判中，我们不但要自己善于运用这种语言技巧，而且还要善于让对手领悟你的话中含义。

第08章

有效提问，让谈判沟通更见成效

在谈判过程中，为了有效地促进交流的顺利进行，必须经过提问和回答这一环节。那么，适当地提问以及灵活地回答对方问题，这就是说话之道了。沟通是双方的互动，也就是彼此交换想法和意见，在谈判过程中，我们应该有效提问，巧设圈套让对方甘于中计。

投石问路，巧提问

向河水中投块石子，探明水的深浅再前进，就能有把握地过河。在谈判中，我们在与对手交流中，也可以先提一些“投石”式的问题，比如“假如我们订货的数量加倍或者减半呢”“假如我们和你们签订一年的合同，或者更长时间的合同呢”，在略有了解之后再进行有目的的洽谈。使用这种方法，需要谈判者作为一个有心人，你可以从对方的回答中发现对方与自己的共同利益之处。双方互相试探，你提出了投石的问题，对方进行了回答，在其中你们就可以根据“问题”的突破口进行洽谈，便于快速达成双方都认可的协议。其中最重要的是在听对方介绍时要仔细分析、认识对手，发现了可以利用之处，再进行深入交谈，不断地发现新的共同利益。

投石问路是一种向对手的试探，也就是在谈判中经常借助提问的方式，来摸索、了解对手的意图以及某些具体情形。谈判中，投石问路是一种常见的方式，作为谈判的一方，你可以从对手那里得到对手很少主动提供的资料，以此来分析商品的成分、价格等情形，便于自己做出合适的决定。在谈判过程中所提出的每一个问题都像是一颗探路的“石子”，你能够通过对产品质量、购买数量、付款方式、交货时间等问题来了解对手的具体情况。

某商场，一位大叔正在电风扇专柜前驻足。一位销售小姐走向前问：“大叔，这几天天气热起来了，您今天来是想看看电风扇吧？”大叔回答：“对

呀！”“那您是想看台式的还是落地式的呢？”销售小姐继续问道，大叔想了想：“放在客厅用，落地式应该好一些吧？”销售小姐点点头：“对，在客厅用落地式的比较适合，因为它外形美，有气质，还具有装饰房间的功能。来，落地式风扇都在这边，您是需要我为您有针对性地介绍还是想自己先慢慢挑选一下呢？”

销售小姐具体的提问恰到好处地引导了话题，而且从顾客的回答中，销售小姐了解了其要求，从而灵活运用了销售策略。如果销售小姐不善于以提问来了解顾客的需求，那估计她在那里站一下午也难以销售出去一件东西。

谈判心理策略分析

在谈判过程中，不要仓促前行，而要需要谨慎向前，一边提问一边走路，方能获得自己想知道的信息。不断地投石问路能让对手疲于对付，如果对手想要拒绝我方的提问，通常来说是不礼貌的。而且，对手面对这样连珠炮式地提问，大多数宁愿适当放弃自己的利益，也不愿意继续回答问题。

投石问路的方法并不是绝对的奏效，因此我们在使用这个方法时还应该注意几个问题：

1.提问宜具体

在正式谈判中，有的问题太泛泛而谈，让人难以回答；有的问题太笼统了，答案并没有在自己掌控的范围之内。为此，我们可以先问几个是非题或选择题的具体问题，把对手有价值的话题找出来，再继续往下问。

2.因势利导，巧用“对方”的石子

有时我们会遭遇对手的“投石问路”，这时不妨针对他想知道更多情况的心理，对其进行有意识的引导，提出反建议，将对手扔过来的石子还给对方。比如“您问的问题我都答复了，怎么样，请您考虑我的条件吧”。如此因势利导，往往能促成谈判走向成功。

问题越简单，回答越省力

在实际谈判中，我们所预设的时间都是有限的，是不允许我们在沟通中花费太多的时间的。因此，在互相提问及了解的过程中，我们需要尽量节省时间，以便在有限的时间里赢得令人满意的谈判结果。因此，我们所提出的每一个问题，要具体集中、细致有条理，不能含糊不清，不能太宽泛。如果我们所问的问题太宽太大，对方会不知道该从何处回答，而且，还有可能觉得你的问题无趣，导致谈判直接走入死胡同。

谈判心理策略分析

潜能大师安东尼·罗宾说过：“对成功者与不成功者最主要的判断依据是什么呢？一言以蔽之，那就是成功者善于提出好的问题，从而得到好的答案。”

1.如何提出让对方更容易回答的细致问题

如何才能提出让对方更省力的具体问题呢？我们可以先将大的问题细分，问几个是非题或选择题，把对方有兴趣的话题找出来，再继续往下问。

2.提出的问题需要有的放矢

在沟通过程中，善于提问是很有必要的。一个好的问题可以引发出一个愉快的话题，而一个愉快的话题可以促进此次沟通的成功。当然，提出的问题应该尽量细致，做到有的放矢，切不可漫无边际、泛泛而谈，面对不同的谈话对象需要提出不同的问题。有时候，对方有可能是一个很健谈的人，如果你只是泛泛而问“今天过得怎么样”，他可能就会从早餐开始一直谈到今天的天气、交通状况等，如此漫无边际的谈话，从中你既不会得到自己需要的信息，也不会感到愉快，只会感到相当烦躁。

3.向记者学习如何提问

大多数的记者都善于提问，而且，他们很清楚自己的目的，一位记者讲

述了自己提问的一次经历：“有一次，我采访一些到日本打工的农民，我猜想下面的观众一定想知道他在日本工作和生活的情况。这一类的问题是一定要问的，但是，如果我这样问‘你在日本怎么样？’那么，采访者可能不知道该如何回答，于是，我将问题细分了一下，问了‘你在日本有没有最难忘的事情，给我们讲讲好吗？’如此一来，对方只需要讲一两件事情，我们就了解了他在日本工作和生活的情况。”从记者的经历，我们不难看出，当提问变得越细的时候，对方就越容易回答，同时，我们更容易掌握谈判的主动权。

声情并茂会令提问更动人

在谈判过程中的提问，并不是板着脸孔的提问，就好像严肃的老师向学生提问。这样的提问表情，只会令对手心生反感情绪，更加不把你的问题放在心上。提问指的并不是简单地将问题用生硬的语气提出来，还需要配合适宜的表情和语气，这样的提问才会更加真挚动人。在谈判过程中，人们的提问总是不足的，表现不尽如人意。有的提问磕磕绊绊，话不连贯；有的声音发颤，语不成句；有的词不达意，不知所云。而有电视台主持人在提问时，一拿起话筒，面对摄影机，脸上便会露出一副深情款款的表情，就好像在表演诗朗诵般，让人疑惑他是不是演出。恰如其分的提问，应该是作出与语境相配合的表情、动作，在声音方面也需要配合当时的语境，这样才能让提问更加动人，对方也才容易被这样的提问所打动。

谈判心理策略分析

提问，不仅是将问题提出来，还需要思考，如何才能打动对方，让对方主动向我们敞开胸怀，袒露自己的心事。提问的目的就是希望能听到对方的回

答，如果我们的提问被对方拒绝回答，那就宣告我们提问的失败。对此，如果我们想要一次次有效地提问，那就要把自己融入提问的语境之中，切合语境，配合以相应的表情和语调，或微笑，或悲伤，或同情，这样才能让对方愿意将自己想说的说出来。

1.好的提问可以帮助我们获取有价值的信息

杨澜说："这个教育制度大多都在教我们怎样去答，却很少教我们怎样去问。在每次采访之前，我都会感到紧张和兴奋，并不是因为嘉宾的地位、名头很响，而是我想我该如何利用这不到一个小时的时间问出好故事。"好的提问，不仅会让被提问者感觉到我们的真挚，而且还能够帮助我们问到一个个好的故事，这样我们才能从提问中有所收获。

2.表情与所提问题内容的情绪保持一致

假如我们的提问空洞而乏味，语言生硬，语调平淡，那是很难问出好故事的。我们只是将问题"朗读"出来而已，这样的表演难以打动对方，当然，他就会寻找一些理由来拒绝回答我们的问题。所以，为了让自己的提问有所收获，我们应该配合好的表情，比如询问一些悲伤的事情，就流露出肃穆的神情；询问开心的时候，就要面露笑容，这样才能让自己的提问更加动人。

模糊提问，让对方听不出话中意图

在日常谈判中，每一次提问都包含着一个目的，有可能是纯粹地与他人建立和谐友好的关系，有可能是自己想从对方回答中获取一些信息。但是，无论是什么样的目的与意图，若是清晰地呈现在问题中，那么，很有可能会令对方产生一些不好的感觉。对方会认为，你的提问、交谈都存在着一定的企图，他会不自觉地选择戒备的心理以保护自己，这样，也就影响谈话的进一步进行了。另外，对于国际商业谈判如此重大的场合来说，更不应该彻底地暴露自己

的意图、目的，凡事都应该慎重，这样，我们才能“知己知彼，百战不殆”。那如何才能不让对方感觉到自己提问的核心呢？这时我们可以在提问中掺杂一些无关紧要的话题，这样对方就听不出提问的目的了。

谈判实景

周末，朋友聚会，大家惊讶地发现，离婚多年的王太太竟然快结婚了。自从上一次不幸的婚姻之后，王太太就打消了结婚的念头，突然出现了这样的消息，朋友们十分惊讶，纷纷询问：“他到底是谁？”王太太笑着回答说：“一个会提问的人，每一次约会，我都是不知不觉中答应的。”

然后，王太太讲述了第一次约会的情景：“刚开始见面，他就问我：‘网球和电影，你更喜欢哪一种？’我回答说：‘我喜欢看电影。’他接着又问：‘国产片和外国片，你是喜欢外国片？’我笑着回答：‘是的，但是附近的电影城正在上演的是张艺谋的新片，我也很想看。’他也笑着说：‘这样好了，这个周末我们一起去看。’我就不假思索地回答：‘好吧！我们去看。’”

说完，王太太满脸幸福：“每一次和他说话，他总是问这问那，而我根本不知道他为什么会这样问，糊里糊涂就回答了，结果，我就这样被他‘骗’走了。”

谈判心理策略分析

王太太未来老公的高明之处就在于：他从来不透露自己提问的真实意图，而是问东问西，实在让人摸不着头脑。因此，王太太很轻松地就走进了“圈套”，不知不觉就答应了对方的邀请，通过王太太的例子，我们不得不说“有效的提问真的是一种智慧”。

人与人之间的相处既是这样，那么，对于蕴含着重大利益的商业谈判，每一个提问更是不容马虎。有可能，在谈判过程中，稍微不注意就会透露出自己

的意图，让对方占尽先机，从而损失一笔大买卖。有时候，模糊其词的提问还能够引起一个新的话题，而对方却茫然不知。

1.模糊问题

虽然，我们提倡在提问时所提出的问题需要具体，但在某些时候，我们需要模糊问题，也就是说，不把问题明确地提出来，而是提出一些有关核心问题的其他问题，这样就可以模糊我们所想提出的真实问题。自然，对方也就不知道你所提出问题的目的了。

2.“问东问西”

在许多谈判场合，我们经常看到这样的提问画面：有的人向对方问了许多乱七八糟的问题，看似无关紧要，但到最后，却从这些问题中得出一些有用的信息。善于提问的人，看似问东问西，却是有规律可循的。之所以问东问西，那是因为掺杂了一些无关紧要的话题之后，对方就猜不透我们问题的真实意义。

自曝秘密，诱使对方作出回答

在实际谈判中，并不是我们一提问，对方都会给予我们想要的答案。在很多时候，对方的回答是需要我们进行诱导的，或许那是对方不愿意正面回答的问题，这时我们就应该适时自曝秘密，诱使对方作出回答。有时候，即使我们配合了很好的表情和语气，但对方对于我们的提问还是会不理不睬，但他们眉眼之间好像有什么难言之隐，这时该如何让对方开口呢？作为提问者，需要考虑到自己所提出的问题的敏感性，如果你想让对方开口回答这个问题，那就不妨先说出自己的一些秘密，以此引出提问。这样在话题的延伸之下，对方会觉得这个问题是合理的，自然就愿意作答了。

谈判实景

某国企党委书记在同外商谈判时，发现对方对自己的身份持有强烈的戒备心理。这种状态妨碍了谈判的顺利进行。于是，这位党委书记当机立断，站起来对对方说："我是党委书记，但也懂经济、搞经济，并且拥有决策权。我们摊子小，并且实力不大，但人实在，愿意真诚与贵方合作。咱们谈得成也好，谈不成也好，至少你这个外来的'洋'先生可以交一个我这样的'土'朋友。"

结果，几句肺腑之言，打消了对方的疑虑，使谈判顺利地向纵深发展。

在谈判过程中，谈判者总是希望在谈判中更多地得到对方的有关信息，以便更准确地了解对方。因此，他们总希望对方更多地暴露自己。但是，基于人与人之间的公平原则，当你想让对方更多地暴露自己，那你就要更多地暴露自己。自己深藏不露，却要求对方敞开胸怀，这种不公平的现象在谈判中是很少会出现的。所以，在实际谈判过程中，那些有经验且明智的谈判专家总是告诉新手应当坦诚相待，这样可以让对方更多地了解你，同时你也可以更多地了解对方。用伪装和欺骗去换取对方的坦诚，并把这种手段视为谈判的高超技巧实在是一种错误的想法，最终你所获得的将远远少于你所失去的。

美国著名社会心理学家约瑟夫和哈里对怎样提高人际交往成功的效率，提出了一个名为"约哈里窗口"的理论。

约瑟夫和哈里认为，人们之间的交往成败，人际关系能否健康发展，商业谈判是否能马到成功，在很大程度上取决于各自的"自我暴露"。

在生活中，对于我们每个人而言，都存在着自己了解、别人也了解的"开放区域"，别人了解，而自己却不了解的"盲目区域"；仅仅自己了解，却从不向别人透露的"秘密区域"；自己和别人都不了解的"求知区域"。这四个区域，就是约哈里窗口。

在实际谈判过程中，我们可以巧妙地运用这个理论，通过适当地暴露自己的秘密，袒露自己的胸怀以获取对方的同情、理解与新发现，从而促进谈判走向成功。

谈判心理策略分析

生活中，自我暴露是非常必要的，不善于暴露、不能恰如其分地自我暴露弱点的人势必会遭遇各种各样的障碍。自我暴露可以增加个体被接纳的程度，尤其是在人际交往，以及谈判过程中。彼此之间的自我暴露水平是衡量互相关系的标尺，一些良好的人际关系，是在人们自我暴露慢慢增加的过程中发展起来的。当我们对一个人的接纳性和信任感越来越高，我们也会越来越多地暴露自我，同时，我们还会要求别人越来越多地暴露他们自己。总而言之，人际关系是由低水平的自我暴露和低水平的信任开始的，当一个人开始自我暴露时，这便是信任关系建立的标志。而对方则会以同样的自我暴露水平作出信任的回应，这种自我暴露的反复交换，会直到双方达到满意的水平为止。

1.说出自己的秘密，换取别人的秘密

有时候，为了让对方回答自己的问题，我们也可以适当地说出自己的一些秘密。即使对方不想袒露自己内心的秘密，但如果遇到相似经历的人说出了秘密，他内心的防线也会坍塌，他会愿意将自己内心隐藏的事情说出来。

2.撬开对方的嘴巴

有时候因为所提的问题涉及了敏感话题，对方自然是不愿意回答，或者说不想回答。这时我们就应该努力撬开对方的嘴巴，甚至不惜说出自己的秘密，去诱使对方回答我们所提出的问题。

减少尖锐问题的敏感度

古人曰："曲径方能通幽。"提问也是一样的道理，在实际谈判中，许多人热衷于直截了当地提问，不修饰、不绕圈子，虽然这样的提问比较真实，但是，它不具备实际操作性。因为提问的目的是引起谈话双方的兴趣，为话题做好铺垫，这样才有助于谈判顺畅地进行下去。而提问最为关键的一点是，营造出和谐的谈话氛围，而直截了当的提问极有可能会伤了对方的面子，或者令对方感觉到难堪，破坏了原有的和谐气氛。因此，在提问的时候，我们妙语发问，圆润地提出尖锐的问题，否则，你难以将谈判继续下去。

陶行知说："发明千千万，起点在一问。禽兽不如人，过在不会问。智者问得巧，愚者问得笨。人力胜天工，只在每事问。"其中，"问得巧"就是圆润地提出尖锐的问题。这样的提问方式，会很好地照顾到谈判对手的心理，很容易被人接受，而我们也可以得到如期的答案。

谈判实景

孟子这样问齐宣王："假若一个人，把妻室儿女托付给朋友照顾，自己到楚国去了，等他回来时，妻子儿女却在挨饿受冻，对这样的朋友，你该怎么办呢？"齐宣王回答："和他绝交。"孟子继续提问："假若管刑罚的官吏不能管理他的部下，怎么办？"齐宣王回答说："撤掉他！"孟子又问："假若一个国家搞得很不好，那又该怎么办？"这时，齐宣王只好看看左右，也不再说其他了。

谈判心理策略分析

在这里，孟子并没有直接问齐宣王："假若一个国家搞得很不好，那又该

怎么办？”而是先以绕圈子的方式提出两个设问，诱使齐宣王作出了肯定的回答。然后，孟子再委婉地提出应该怎样处置不会管理国家的国家，这时，齐宣王无言以对，最后只能接受孟子的建议。齐宣王作为一个国君，孟子的建议并没有使他感到难堪。

1.试着了解对方的处境

谈判也是建立在平等的基础之上的，自己没有必要带着某种优越感去看待别人，一旦你有了某种优越感就会导致谈判的失败。所以，面对别人的不幸遭遇，或者面对别人难以开口的问题，不要粗鲁地带着尖锐词语直接质问，而要采用谈话的方式，试着了解对方的处境。当你发现自己所提的问题比较尖锐的时候，尝试着倒推两三步，试着去理解对方所处的境地，尽量把问题变得圆润而委婉。

2.必须提出尖锐的问题，可以适当借助“抽象的第三方”

当然，如果是遇到公事上的问题，你必须提出尖锐的问题，“拿抽象的第三方来当替死鬼”。例如，主持人在访问官员一些贪污的新闻、性丑闻的时候，就会抬出第三方来提醒那些官员，比如“您就任即将满三年了，媒体记者们在报道您的政绩时，恐怕也一定会提到，一直都没有得到您亲口澄清，有关两年前的那则受贿事件的传闻”。

3.把刺耳的字眼换成“具体陈述”

可以尽量把对方听来刺耳的、有审判味道的字眼，改成用一些“具体陈述”。比如当你想要问对方关于抄袭这样敏感的问题时，可以换一种具体的陈述“某学术期刊上面有篇论文跟你上个月发表的那篇，内容上有重叠的部分，大概有五千字”。虽然这样的“具体陈述”有点费时间，但却显得很具体，听起来没有直接指责的意味，只不过告诉对方你在就事论事而已。

善于自己寻找答案

在实际谈判过程中，有时候，在提问时我们还可以采取“旁敲侧击”的方式，多问几个与主题相关的问题，然后在这些问题中找出正题的答案，这也是一种有效的提问方式。当主题变得太庞大的时候，或者说我们无法用直接的方式提问的时候，就可以采取这样的方式。当然，我们所询问的其他问题，必须是与正题相关的问题，否则，即便提问再多，也无法找到正题的答案。

谈判实景

学生们在学习贾平凹《风筝》这篇散文的时候，有位老师采用了两种截然不同的提问方式：

第一种提问：

老师：“我们在做风筝的时候，心情怎么样？你是从哪些词句中体会到的？请把相关的句子画出来。”

老师：“请把做风筝时的快活读出来。”

第二种提问：

老师：“这一段话是介绍我们小时候做风筝的情景，请大家认真默读课文，看看我们做的是一只怎样的风筝？”

学生：“我们做的是一只蝴蝶样的风筝。”

老师：“还有不同看法吗？”

学生：“是一个什么也不像的风筝；是一个叫作‘幸福鸟’的风筝；是一个带着憧憬和希望的风筝。”

老师：“风筝完工前，我们的憧憬和希望是什么？”

学生：“希望做出来的风筝很漂亮，像一只美丽的蝴蝶。”

老师：“我们精心做着，可做出来的风筝——”

学生：“什么也不像了。”

老师：“你一心想把事情做好，很认真地做了，结果做得很糟糕，这时候，你的心情会怎么样？”

学生：“伤心，难过，觉得没劲，打不起精神。”

老师：“做了个‘四不像’的风筝，可我们为什么依然快活呢？”

学生：“只要风筝能飞起来就行！因为是自己亲手做的，再丑也喜欢！我们更在乎做风筝的过程。”

老师：“是呀！在我们看来，过程比结果更重要。这小小的风筝里，承载的是单纯的童心，是简单的幸福，是童年的快乐呀。让我们带着自己的理解，美美地读一读吧。”

谈判心理策略分析

前一种提问方式：做风筝的时候，心情如何？如何比较简单，学生只需要在课文中简单地搜索，稍微“编辑”一下就可以做出回答。而后一种提问方式，则是旁敲侧击，引领学生在言语的丛林中反复走了几个来回。最后，让学生有了全面而深刻的感悟，把散文读出了情感、读出了味道。

1.提问要提得巧

同样一个主题的问题，提问的方法和角度是多种多样的。问得旁敲侧击则巧，问得直接则显得愚笨。提问的目的是获取答案，指明方向，促使双方之间的沟通，是为了启发对方，让对方有话可说，而且说得精彩。

2.旁敲侧击是智慧的提问

假如是十分直接的提问，目标意识太过于强烈，雕刻的痕迹太过于严重，那对方就很容易产生厌倦和排斥之感。俗话说：“欲速则不达。”提问也是一样的道理，智慧的提问，是旁敲侧击，既能“山重水复”，又能“柳暗花明”，旁逸斜出以求出其不意，曲径通幽巧入世外桃源。

制造共鸣，表达对对方回答的理解之情

在实际谈判中，要想与对方成为朋友，就要学会分享他的思想和情感；要想对方能够敞开心扉，就需要解除他的心理防线。尤其是在提问的过程中，我们要给予那些回答问题的人及时的反馈，制造出共鸣，表达对对方回答的理解之情。绝大多数人在面对陌生人的时候，都会不由自主地在心里建立一道心理防线，在他眼神里满是戒备和冷漠。但是，如果你能够让对方感觉是同等位置的人或者正好你们的喜好兴趣都是相似的，那么在你们之间就会产生共鸣。他会觉得你是可以信赖的朋友，是可以谈心诉苦的朋友，自然就会对你敞开心扉。

在谈判过程中，人与人沟通是很难在一开始就产生共鸣的，尤其是当我们试图说服对方或者对他人有所求的时候。可是，如何从中寻求到共鸣呢？共鸣是一种强烈的心理感应，意味着双方之间有共同的心理体验。所以，当对方在回答我们所提出的问题的时候，我们需要及时给予反馈，表达出对对方回答的理解之情。

谈判实景

伊丽莎白·洛亚科是一位澳大利亚人，她采用了分期付款的方式买了一部车子。但是由于种种原因，她已经有六周的时间没有按合同交款了。一个星期五的上午，负责洛亚科买车付款账户的一名男子给洛亚科来了电话，他在电话里愤怒地告诉洛亚科，如果下周一上午不把钱交上的话，他们将采取进一步的行动。刚好又是周末，洛亚科没有筹到钱。于是这名男子在星期一给洛亚科的电话里说了更多难听的话。当时洛亚科先真诚地道歉，说真的是给他带来了很大的麻烦，而且因为自己六周没有付款，一定是客户中最让他头疼的。这名男子听了洛亚科这一番话后立即改变了态度，说洛亚科并不是最让他烦心的，并且还举了几个例子来说明。他说有一个客户经常撒谎，有心躲着不见，还有的非常不讲理。洛亚科没有说话，只是静静地听，让他把心中的不快都说出来。最后，还没有等洛亚科提出什么要求，这名男子就主动说如果洛亚科不能马上交还欠的钱也可以。只要洛亚科在本月底先付给他20美元，然后，在她方便的时候再把其余的钱交给他就可以了。

谈判心理策略分析

洛亚科真诚地道歉后，双方谈话的气氛开始发生了变化，洛亚科开始并没有为自己争辩什么，而是表达出自己的理解之情。那位男子语气也开始变化，他发了牢骚后，居然也没有继续追问付款的事情，而是相同地站在洛亚科的角度上，再给洛亚科宽限数日，这样，双方都愉快地结束了谈话。

1.站在对方的角度想问题

如果我们在听取别人答案的时候，能从对方的观点去想，站在别人的立场分析事情，就能够得到对方的认可和信赖，并促使整个谈判走向和谐。由于换位思考，可以感同身受地体会他人的难堪、苦恼，因此，在谈判过程中，我们希望得到他人的支持，希望别人能感受我们所感受的，最好的办法就是让对方站在自己的立场看待问题。这样，他就能真切感受我们所面对的难处，自然而然地就会全力支持我们。

2.重复对方回答中的某些话语

当我们提出问题之后，对方定会针对我们的提问做出一些回答，这时我们应该仔细倾听对方的回答，并适当重复其中的某些话语，表达出自己的理解之情。这样，对方就能感觉到我们内心的真挚，自然会对我们产生好感。

第09章

掌控主动，让对方同意意见的策略

在日常谈判中，我们需要巧用话语攻心策略。“攻心”就是要把话语说到对方的心里，在日常交际中，左右逢源、应对自如；相反，不管你的口才有多好，如果你的话不能捅到对方的“弱点”，再说得多也无济于事。

遵循互惠原则：给予，索取

在生活中，有的人把谈判看作一种协议，一种完完全全的协议。其实，说到底，在这个社会，任何协议的达成都是建立在互惠互利的基础之上的。其实，在日常交际中，人与人之间是建立在互惠互利的基础之上的，没有互惠互利，就没有互信互助。鉴于人们这样的心理，当我们在向对手提出某种要求的时候，其实对方也很想知道你是否有一定的“利用价值”，换句话说，他的效劳会不会换来一点回报。于是，在实际谈判的过程中，如果你的言语中透露出了自己的“利用价值”，大多数情况下，对方都会乐意帮助你的。所以，作为提出诉求的我们应该尽量展现自己的“利用价值”，以此打动其心。

谈判实景一

小然换了新房子，可自己对粉刷和装修都一窍不通，这时她想到了朋友艳艳，艳艳平时工作不忙，最重要的是她对装修房子很在行。于是，小然拨通了艳艳的电话：“艳艳，我是小然，你最近忙吗？要是不忙的话，你来我这里住几天吧，可以当作散心或者旅游，我管你食宿。”“行啊。”艳艳爽快地回答。“不过，我这边有点小事需要你帮忙，就是帮我看看房子怎么装，你不介意吧？”小然提出了要求。“好，没问题。”艳艳一口就答应了。

小然言语里透露出令人欣喜的可“利用价值”：“来这里住几天”“散心或旅游”“管食宿”。虽然，这样的“恩惠”是出于朋友之间的亲密关系，但是，对方无形之中也会觉得有点“愧疚感”，至少白吃白住，心里多少都有

点过意不去。于是，出于心中的那点“愧疚感”，以及给予帮助后的“补偿心理”，对方定会乐意效劳。因此，要想他人为你效劳，就应该大方展现自己的“利用价值”，这会让对方更加乐意为你效劳，而那些所谓的“利用价值”，不妨就作为给对方的酬谢了。

谈判实景二

三国时期，邓芝受命出使东吴。他到了东吴，孙权对他很怀疑，因此不肯接见。过了两天，邓芝给孙权写了一封书信。孙权一看，只见书上写道：“臣今到此，非但为蜀，并且为吴。若大王不愿见臣，臣就走了。”孙权犹豫不定，一些大臣也都想刁难一下邓芝。后来，孙权采纳了张昭“先给邓芝个下马威”的意见，在殿前放一个沸腾的油鼎，命武士各执兵器，站立在两侧，召邓芝入见。

邓芝听孙权召见他，便从馆舍出来，毫无惧色，昂首走入大殿。邓芝进入殿内，就对孙权说：“我特为吴国利害而来，大王却设兵置鼎，以拒一儒生，可见大王度量太小。”孙权听后，觉得很惶愧，忙令人赐坐。邓芝问道：“大王欲与魏和呢？还是与蜀和呢？”孙权说：“孤非不欲和蜀，但恐蜀主年幼，国小势逼，不足敌魏。”邓芝侃侃道：“大王为当世英雄，诸葛亮亦一代豪杰。蜀有山险关隘，吴有三江，若互为唇齿，进可兼并天下，退可鼎足而立。如大王甘心事魏，魏必然会征大王入朝，索王子做质子，一不从命，便起大兵讨伐，那时蜀国再顺江东下，臣恐大王两面受敌，江东之地不能复有了，请大王熟思！”为赢得孙权的信任，表示诚意，邓芝又说：“若大王以为愚言是不可取的谎言，吾愿立即死在大王面前，以杜绝说客之名。”说着，撩起衣服，就装作向油鼎跳去。孙权忙令人将邓芝拦住，请入后殿，以上宾之礼相待。

谈判心理策略分析

在整个谈判中，邓芝言语中透露出蜀国因地势险要而有一定的“利用价值”：“诸葛亮亦一代豪杰，蜀有山险关隘，吴有三江，若互为唇齿，进可兼并天下，退可鼎足而立。如大王甘心事魏，魏必然会征大王入朝，索王子做质子，一不从命，便起大兵讨伐，那时蜀国再顺江东下，臣恐大王两面受敌，江东之地不能复有了，请大王熟思！”最终邓芝凭着敏捷的思维，伶俐的口齿，终于说服了孙权。

1.给对方一点好处

当我们想要从谈判中争取一些有利于自己的协议，不妨给对方一点好处，这样对方也会从中获得一些恩惠。例如“只要你答应了这个条件，我想我们在价格方面是可以优惠的”“我们知道您坐了半天的汽车，所以早就给您预订好了房间”“现在时间不早了，我们先去吃饭吧，我们这里新开了一家日式餐厅，味道还不错，我们已经预订了位置”。

2.表明自己的回报之心

在谈判过程中，当我们想要提出一些有利的条件，那就需要遵从互惠原则，先给予，也就是先把你所能给对方满足对方心理的条件说出来，再说索取的事情，这样谈判才能顺理成章地走向成功。

投其所好，吸引对手心

在谈判过程中，说服对方最基本的要点之一，就是巧妙地引导对方的心理或感情，投其所好，言谈中表达出“志同道合”，这样对方会卸下心理防备，更加乐意与你达成令人满意的协议。如果你总是一味地强调自己的事情有多么重要，或者口若悬河地谈起自己的条件，这样会令对方心生反感情绪。心理学

家认为，如果自己特别强调自己的事情，企图使自己占上风，对方反而会加强防范心。在实际谈判过程中，我们需要了解对方的喜好、性格和欲望所在，揣摩其心理，投其所好，让对方感到愉悦，深信不疑。如此一来，利用情趣把对方吸引住了，对方才愿意答应我们提出的条件。所以，我们在提出自己诉求的时候，需要避免谈论自己，投其所好，使对方产生一种优越感，从而达到攻心的目的。

谈判实景一

赫蒙是美国有名的矿冶工程师，毕业于美国耶鲁大学，又在德国的佛莱堡大学拿到了硕士学位。可是当赫蒙带齐了所有的文凭去找美国西部的大矿主赫斯特的时候，却遇到了麻烦。那位大矿主是个脾气古怪又很固执的人，他自己没有文凭，所以就不相信有文凭的人，更不喜欢那些文质彬彬又专爱讲理论的工程师。当赫蒙前去应聘递上文凭时，满以为老板会乐不可支，没想到赫斯特很不礼貌地对赫蒙说："我之所以不想用你就是因为你曾经是德国佛莱堡大学的硕士，你的脑子里装满了一大堆没有用的理论，我可不需要什么文绉绉的工程师。"聪明的赫蒙听了不但没有生气，相反心平气和地回答说："假如你答应不告诉我父亲的话，我要告诉你一个秘密。"赫斯特表示同意，于是赫蒙对赫斯特小声说："其实我在德国的佛莱堡并没有学到什么，那三年就好像是稀里糊涂地混过来一样。"想不到赫斯特听了笑嘻嘻地说；"好，那明天你就来上班吧。"

赫蒙了解到"赫斯特是一位脾气古怪而又固执的人，他自己没有文凭，所以就不相信有文凭的人，更不喜欢那些文质彬彬有专爱讲理论的工程师"。于是，在与赫斯特正式谈判的时候，赫蒙巧妙投其所好，告诉对方"其实我在德国的弗森堡并没有学到什么，那三年就好像是稀里糊涂地混过来一样"，最后，由于赫蒙运用了必要时不妨投其所好的策略轻易地在一个非常顽固的人面

前通过了面试。

谈判实景二

美国的一家化妆品公司曾有一名优秀的“推销冠军”。有一天，他还是和往常一样，把公司里刚推出的化妆品的功能、效用告诉顾客，然而，听他介绍的女主人并没有表示出多大的兴趣。于是，他立刻闭上嘴巴，开动脑筋，并细心观察。突然，他看到阳台上摆着一盆美丽的盆栽，便说：“好漂亮的盆栽啊！平常似乎很难见到。”

“你说得没错，这是很罕见的品种。同时，它也属于吊兰的一种。它真的很美，美在那种优雅的风情。”

“确实如此。但是，它应该不便宜吧？”

“这个宝贝很昂贵的，一盆就要花700美元。”

“什么？我的天哪，700美元？那每天都要给它浇水吗？”

“是的，每天都要很细心地养育它……”女主人开始向推销员倾囊相授所有与吊兰有关的知识，而他也聚精会神地听着。最后，这位女主人一边打开钱包，一边说道：“就算是我的先生，也不会听我唠唠叨叨讲这么多的，而你却愿意听我说了这么久，甚至还能够理解我的这番话，真的太谢谢你了。希望改天你再来听我谈兰花，好吗？”女主人爽快地购买了化妆品。

谈判心理策略分析

在日常交际中，“投其所好”通常被视为是一个贬义词，当然，在某些时候是因为有的人有不可告人的目的，但是，如果为了说服对方或者求得帮助的时候，这就是光明正大的心愿去“投其所好”。在案例中，女主人特别喜欢盆栽，而这一细微之处被推销员发现了，于是，通过女主人的兴趣爱好愉快

地展开了话题，使女主人的心情变得愉悦起来，最后，推销员也达到了自己的目的。

那么，我们在谈判的过程中，如何做到投其所好呢？

1.模仿对方

山田久二是日本非常有名的一个推销大王。他成功的秘诀就是说话看对象，见什么人说什么话，积极求同。他不仅模仿对方的口音、语言、身体姿态，还依据对方的爱好、职业等特点来装扮自己，使对方感到特别亲近可靠。其实，每个人都希望他人与自己是同类人，而模仿对方无疑给对方一种志同道合的感觉。

2.从对方的兴趣爱好说起

每个人都有自己的兴趣爱好，如果你表现出对他人的喜好很感兴趣的样子，这会令对方心情相当愉悦。因此，我们在谈判过程中，需要了解对方的兴趣爱好，尽可能地先从对方兴趣爱好说起。

3.从对方得意的事情说起

每个人都渴望得到他人的尊重与认同，尤其是自己所取得的成绩。我们在谈判过程中，不妨从对方得意的事情说起，给对方送一顶高帽子，他一定会愿意答应我们所提出的每一个要求的。

体恤对方，化敌为友

在许多人眼里，谈判所涉及的是各自利益的协商，因此，坐在我们对面的应该是我们的谈判对手，应该是敌非友。敌和友，本来是水火不相容的。其实，许多敌友都是在各自的利益争夺中产生的，有时甚至是人为地制造出来的。为了某个人、某个团队的利益需要而故意制造一些对立面以便达到自己的目的。所以，敌人和朋友是可以互相转化的，没有天生的不可逆转的敌人，也没有牢不可破的朋友。有时候，我们以为对方是我们的敌人，殊不知，在谈判中还可以成为朋友，最终完美地实现了各自的利益，那岂非不是一件皆大欢喜的事情。

谈判实景

渑池之会结束后，蔺相如功劳大，被封为上卿，位于廉颇之上。廉颇听说了，很是不服："我是赵国的大将，有攻城野战的大功，而蔺相如只凭言词立下功劳，他的职位却在我之上。况且相如本来是卑贱的人，我感到羞耻，不甘心自己的职位在他之下！"甚至扬言说："我遇见相如，一定要羞辱他。"相如听到这些话后，不肯和他碰面，每逢上朝时常常推说有病，不愿跟廉颇争位次。过了些时候，相如出门，远远看见廉颇，就掉转车子避开他。

蔺相如却对门客说："你们看廉将军与秦王相比哪个厉害？"门客回答说："廉将军不如秦王厉害。"相如说："以秦王那样的威势，我蔺相如却敢在秦国的朝廷上呵斥他，羞辱他的群臣。相如虽然才能低下，难道害怕廉将军吗？但是我想到，强大的秦国不敢轻易对赵国用兵的原因，只是因为有我们两个人在啊！现在如果两虎相斗，势必不能共存。我之所以这样做，是以国家之急为先而以私仇为后啊！"

廉颇听到这话，深受感动，就脱去上衣，露出上身，背着荆条，由宾客引导到蔺相如家的门前请罪，说："我这个粗陋卑贱的人，想不到将军宽容我到这样的地步啊！"两人终于相互和好，成为生死与共的朋友。

谈判心理策略分析

在《水浒传》里，宋江可以说是一个善于化敌为友的人，在每一次对敌作战结束以后，捕获了敌人的将领，宋江总会有这样一番举动：喝退军士，亲解

其索，请坐厅上，殷勤相待。对于一些名气比较大的将领，宋江甚至要让出自己的宝座。结果，这一招让敌人十分感动，许多敌人面对这样的礼遇，原本紧张、敌对的心情立即瓦解了，马上表示愿意归降。最后，那一大批杰出的人才就是这样聚集到宋江旗下，成为了宋江的朋友，最后死心塌地地为宋江出生入死。

1.以真心感动对方

当我们想要与对方化敌为友，就首先摒弃自己心中的成见，拿出一颗真心，以心换心，才能真正地消除对方内心的敌意。这样，彼此之间才有成为朋友的可能性。

2.说相同的话

在谈判中，如果对方对我们产生了敌意，那我们应该适时说一些相同的话，也就是能真正达到对方心里的话。这些话可以是共同的话题，可以是嘘寒问暖的话，但其出发点在于站在对方的角度上想问题，这样才能很好地打动对方。

我们应该记住这样一句话：朋友并不是好人的代名词，敌人也不能与坏人画等号。在生活中，朋友可以变成敌人，敌人也可以变成朋友，其实，在某个程度上，敌人才是最了解自己的知己。对此，在实际谈判中，如果因为某些利益或交际需要与敌人成为朋友，那就先付出真心，适时以灵巧的策略，赢得对方的好感，并与之成为朋友。

“亲昵”提出诉求，巧妙攻心

在商业谈判中，面对客户，签单并不是一件容易的事情，但也未必真的不好商量。适当亲昵一些，客户很有可能会“乐意为你效劳”。例如，聪明的女士可能会夸张对方的强势，突出自己的难处：“已经没有利润了，您吃肉，让我们也喝点粥嘛。”这时候撒娇是一种策略上的示弱，使自己变为主动，最终达到自己的目的。但是，如果你语言表现亲昵一些，需要把握好尺度、技巧、方式，不是暧昧，不是谄媚，这样才能达到最好的效果。

谈判实景一

年级要组织同学到一家商店参加社会实践活动。第一次派了一个同学去联系，那个同学说话很不礼貌，开口闭口就谈市里有精神，你们应该接待我们，结果遭到了商店的拒绝；第二次又派了一个同学去联系，那个同学在经理办公室外面等经理办完了事，才轻轻敲门，得到允许后进到屋里，拿出介绍信，恳求说：“叔叔，我们有件事想麻烦您和商店里的叔叔阿姨……请您大力支持……谢谢您啦。”这一番话说得经理心里暖乎乎的，他当然不会再拒绝了。

两个同学都是求助，为什么第一个同学被拒绝了，而第二个同学受到了欢迎呢？分析其话语“叔叔，我们有件事想麻烦您和商店里的叔叔阿姨……请您大力支持……谢谢您啦”，首先，“叔叔阿姨”表现了亲昵，拉近了彼此之间的心理距离，语气恳切，一番话说得经理心里暖乎乎的，而且，他所面对又是一个小孩子，自然不会再拒绝了。

谈判实景二

贝尔那·拉弟埃是名著名的推销专家，当他被推荐到“空中汽车”公司时，他面临的第一项挑战就是向印度推销汽车。这是件棘手的事情，因为这笔交易已由印度政府初审，没有得到批准，能否重新寻找成功的机会，靠的便是特派员的谈判本领。拉弟埃作为特派员深知自己背负的重任，他稍做准备后就飞往了新德里。接待他的是印航主席拉尔少将。拉弟埃到印度后，对他的谈判对手讲的第一句话是：“正因为你，我有机会在我生日这一天又回到了我的出

生地。”

当然，拉弟埃那句开场白“正因为你，我有机会在我生日这一天又回到了我的出生地”十分得体，并没有“撒娇”的意味，不过，语气之中透露出来的亲昵，却使拉弟埃与拉尔少将之间的距离更近了一步。结果可想而知，拉弟埃的印度之行取得了成功。

我们实际谈判的时候，如何通过话语表现出亲昵呢？

1.亲切问候

见到对方我们应该致以亲切的问候，拉近彼此之间的心理距离。比如“老杜，您好”显得亲切；“您早，早上好”比“您好”显得更为亲昵。沟通过程中，亲切的问候可以赢得对方的信任与好感，继而愿意为你效劳。

2.攀亲带故

赤壁之战中，鲁肃见到诸葛亮时说的第一句话就是：“我，子瑜友也。”这里所说的子瑜，就是诸葛亮的哥哥诸葛瑾，鲁肃是他哥哥的同事挚友。短短一句话就定下了与诸葛亮的交情。其实，我们只要稍微留意，就能发现那些攀亲带故的关系，比如：“您是体育界老前辈了，我爱人可是个体育迷；您我真是‘近亲’啊。”

3.表达自己的仰慕之情

在谈判过程中，表达出自己的仰慕之情，这也可以表现出“亲昵”的意味，当然，这需要掌握说话的分寸，比如“您的大作我读过多遍，受益匪浅，想不到今天竟能在这里一睹作者风采，真是太荣幸了！”这样一说自然会令对方心情愉悦，再提出自己诉求，就不怕被对方拒绝了。

适时沉默，无声胜有声

在实际谈判中，有时候需要我们假装沉默，让对方摸不透我们心中所思所想。所谓“言多必失”，真正卓越的谈判者要善于沉默，不管在什么谈判场合，说话都应该有的放矢，不该说的时候一句话也不要说。口齿伶俐，在谈判场合口若悬河、滔滔不绝，这是很多人所向往的场景，但如果自己在不适当的时机口无遮拦，说了错话，说漏了嘴，这也是难以弥补的过失。著名作家大仲马说过：“不管一个人说得多好，你要记住，当他说得太多的时候，终究会说出蠢话来。”确实，当你说得太多，那关于自己的一些信息就会源源不断地传递给对方，这样我们很容易就被对方看穿了，对此，我们要学会假意沉默，让对手猜不透我们的心理。

谈判实景

有一个经营印刷业的老板，在经营了多年之后萌发了退休的念头。他原来从美国进购了一批印刷机器，经过几年使用后，扣除磨损费应该还有250万美元的价值。他在心中打定主意，在出售这批机器的时候，一定不能以低于这250万美元的价格出让。有一个买主在谈判的时候，针对这台机器的各种问题滔滔不绝地讲了很多缺点和不足，这让印刷业的老板十分恼火。但是他在自己刚要发作的时候，突然想起自己250万美元的底价，于是又冷静了下来，一言不发，看着那个人继续滔滔不绝。结果到了最后，那人再没有说话的力气，突然蹦出一句：“嘿，老兄，我看你这个机器我最多能够给你350万美元，再多的话我们可真是不要了。”于是，这个老板很幸运地比计划多卖了整整100万美元。

谈判心理策略分析

正所谓“静者心多妙，超然思不群”。一些习惯于滔滔不绝的人往往是最沉不住气的人，一旦遇到了冷静的对手，他就最容易失败，因为急躁的心情让

他们没有时间考虑自己的处境与位置，也不会静下心来思考有效的对策。而在上面这个案例中，那位啰嗦不停的买主正好中了老板无意设下的“陷阱”，不等对方发言，就迫不及待地提出建议价格，等于自己拿空子让别人钻。

在实际谈判中，我们如何做到“无声胜有声”呢?

1.占据优势时少说话

在谈判过程中，我们完全占据了优势的位置，这时候需要少说话，正所谓“桃李不言，下自成蹊”，对方在无措之时自会露出破绽。

2.不了解情况时少说话

有时候，在不了解对方的情况时不要盲目地乱说，这有可能会给对方提供可乘之机，使自己遭受很大的损失。所以，在不了解对方情况的时候，不要轻易地把话说出口，需要谨慎用语。

3.气氛紧张时少说话

当自己或对方的情绪正在激烈的时候最好少说话，这时候一旦开口不慎就会引发一场争执。最佳的说话时机是等双方都冷静下来，能够心平气和地谈话才安排时间交谈，只有这个时候双方的交流才能顺利地进行下去。

言不在多，假意沉默可以使自己有更多的时间思考，经过思考之后，再找准说话时机，这样说出的话会更精彩。更关键的是，假意沉默会让对方摸不着头脑，猜不透我们的心理。在日常交际中，我们应该学会假意沉默，特别是当一个比自己更有经验的人在场的时候，如果自己说得太多了，就无疑自曝其短，这样继续下去的结果将对自己很不利。

以柔克刚，融化其心中的冰山

在语言表达过程中，能够最快影响他人心理的方法不是最直接的方法，而是迂回曲折的方法。在谈判的过程中，刚硬的语风也很有影响力，但对方不

一定能听得进去；柔软的语风在说话之前可能需要花工夫润色，但对方却能够听得进去。在日常生活中我们可以发现，人们通常比较尊敬那些说话柔和的人，的确是这样的道理。柔和的语风，在遣词造句、声调、语气上都有一些特别的要求，例如，在交谈时要使用谦词敬语、礼貌用语、赞美词，以表示尊重对方的感情和人格，赢得好感。但同时，语言内在的威慑力却没有因为言辞的柔和而受到丝毫的影响。所以，在实际谈判过程中，我们要善于运用以柔克刚的语风，令对方折服。

老子有一次讲学，问他的学生，是小草强大还是大树强大，学生说大树强大。老子又问，那大风来了是小草先倒还是大树先倒。学生说大树先倒。老子问是牙齿坚硬还是舌头坚硬，学生说牙齿比较尖利。老子说："我这个年龄牙齿不在了舌头犹存。"老子的这句话阐述出"以柔克刚"的深刻道理。

其实，我们在谈判的过程中，也需要运用"以柔克刚"。当我们在使用强硬语风的时候，需要考虑对方是否能听进去，语言的威慑力再大但对方听不进去也是枉然，这时候，不妨使用柔和的语风，适应对方让对方听进去，这样才能有效地融化对手心中的冰山，达到说服对方的目的。

谈判实景一

有一次，陶行知校长在学校见到两个男同学在打架，便让其中挑起事端的那个同学到校长办公室去一趟。陶校长到办公室时，那男生已经站在那儿了。陶校长便说："你在我之前到，说明你很讲信用。这块糖奖给你。"那男生原以为会听到严厉的批评，结果吃了一惊。陶校长又继续说："我调查了一下，你打那个同学，是因为他欺负女生，这说明你很有正义感，这块糖也是奖给你的。"说着又掏出了一块糖。那男生再也忍不住了，哭了起来，边哭边说："这事我不对，我不应该动手打人。"陶校长一听，又掏出一块糖，说："我还没有说，你自己就能认识到错误。这块糖也是奖给你的。"

陶行知校长用柔和的语风对男同学的错误行为进行了批评教育，所达到的效果却非常好。试想，如果他以刚硬的语风将男同学批评一顿，那肯定会激起男同学的逆反之心。其实，无论是在说服对方还是在谈判的时候，我们都应该以柔和的语风来打动对方，毕竟柔和的语风会显得更有威慑力。

谈判实景二

魏徵在朝廷上与唐太宗争得面红耳赤。“总有一天，我非杀了这个乡巴佬不可！”唐太宗回到后宫后愤愤地说。“这个乡巴佬是谁？”长孙皇后连忙问道。“当然是魏征！他总是当着众臣的面侮辱我，实在是让我难堪！”长孙皇后听后立即退了下去。过了一会儿，她换了一身上朝的礼服，走到太宗面前叩拜道贺。“你这是什么意思？”太宗疑惑地问。“我听说，只有明君之下才会有忠直的臣子，”长孙皇后认真地说，“现在魏徵敢于直言进谏，是因为陛下贤明之故，我怎能不庆贺呢？”太宗听后转怒为喜，决定重用魏徵。

谈判心理策略分析

《墨子·贵义》中有：“以其言非吾言者，是犹以卵投石也，尽天下之卵，其石犹是也，不可毁也。”太宗正在气头之上，硬碰硬地为魏徵求情显然是没有用的，长孙皇后从另外一个角度出发，通过柔和的语风，以柔克刚的劝谏，及时说服了太宗，挽救了忠臣魏徵的性命。

在谈判过程中，在说服他人的时候，最忌讳的就是直来直去，以刚硬的语风来表达自己的意见，这样即使自己真的有理往往也得不到妥善的解决。这时候，我们需要以柔和的语风来对付对方锐不可当的气势，以达到说服对方的目的。

1.放低姿态

我们在进行语言表达的时候，需要把自己的姿态放低，这样才能表达出“柔和”的语风。比如“我只不过是个小科长，还是个副的，手里能有多大的权力？”降低对方的警惕性，以柔克刚，影响其心理，达到说服对方的目的。

2.语气谦逊

我们在交谈中使用敬语谦辞，礼貌用语，以表示对对方的尊重，语气谦逊，赢得好感。比如“您好，我已学了不少电器方面的知识，您看哪个方面还有差距，我一项项来弥补。”

3.声调恳切

柔和的语风还需要恳切的声调，这样才更容易打动对方。比如“天气这么热，我花大价钱办一笔赔本的买卖，我也担不起这个责任，还希望你能够高抬贵手”，这样柔和的表达，对方很难以拒绝。

第10章

谈判交锋，稳赢不败的心理策略

其实，谈判就是一个妥协的过程，通过双方的妥协达到平衡点，从而实现双赢。当然，要想在谈判中赢得头筹，我们应该有一定的心理策略，少说多听，字字珠玑，判断对方的底线在哪里，从而达到自己的谈判目标，实现利益最大化。

出其不意，攻其不备

《孙子兵法·始计篇》："出其不意，攻其不备。"意思是趁对方没有意料到就采取行动，也就是出乎于别人的意料之外。在实际谈判中，我们也可以利用这一招计谋，以出乎于对方意料之外的言语制服对方。"出其不意"也就是不按照正常的逻辑出牌，有可能是借题发挥，有可能是顺势引导，从而说出一些在对方预想之外的言辞，令对方无法招架，这样所产生的效果是顺利地摆脱了对方的言语限制。通常在谈判中，如果按照正常的逻辑思维，当自己论述了一个观点，我们可以预想对方有可能会出现什么样的言辞。而出其不意完全跳出了这个圈子，那些话语完全是对方所想不到的，也因为如此，正好打他个措手不及，最终我们将成功地占据上风。

有位演讲家在演讲结束时，台下有一名学生突然连珠炮似的向他发问。

学生："先生，您今天是第一次演讲失败吗？"

演讲家："那当然是第一次啦。噢，你们当学生的怎么总爱问这个问题？"

学生："演讲时，您觉得什么样的字音最容易说错？"

演讲家："错。"

学生："您演讲开始时，从来不说的是什么？"

演讲家："结尾。"

回答了学生的问题后，演讲家也来个出其不意，反戈一击。

演讲家：“我方才讲的冷缩热胀的道理你懂了吗？”

学生：“懂了，先生。冬天白天短——冷缩；夏天白天长——热胀。”

这时，台下出现了哄堂大笑，这位发问的学生才知道说错和失败的是自己，不禁羞红了脸。

有时面对对方攻击性的语言，你可以顺势引导，先回答对方的提问，然后进行反戈一击，出其不意地压倒对方的气焰。在案例中，演讲家面对学生的发难并没有生气，而是思路清晰地回答了他的恶意提问。但是当他回答完了，他也来个出其不意，反戈一击，使学生意识到说错和失败的原来是自己。

古希腊诡辩家讲过这样一则寓言：

有一位埃及妇女看到自己在尼罗河畔玩耍的孩子被鳄鱼抓住，就请求鳄鱼把孩子归还给她。鳄鱼当着众人说：“如果你猜对我的心思，我就把孩子归还给你。”妇女说：“我猜你不想把孩子还给我。”鳄鱼说：“如果你猜得对，则根据你说话的内容，我不把孩子归还给你。如果你猜得不对，则根据约定的条件，我不把孩子归还给你。你或者猜得对，或者猜不对，所以我都不会把孩子归还给你。”

听了这样的话，妇女灵机一动，说：“如果我猜得对，则根据约定的条件，你应把孩子归还于我。如果我猜得不对，则根据我说话的内容，你应把孩子归还于我。我或者猜得对，或猜得不对。所以你都应把孩子归还给我。”

鳄鱼本来想用一个不符合逻辑的推理来为难妇女，可没想到妇女也用了一个相反的同样不符合逻辑的推理来反驳鳄鱼，出其不意，这样的反驳方式实在是巧妙极了。

那在实际谈判中，如何才能使出“出其不意”这一招呢？

1.借题发挥

在谈判中，当我们受到对方的攻击时，可以不直接从正面回答，而是通过借助对方提供的话题进行还击，出其不意，从而改变谈判的局势。这种方式的最重要在于“借”，能否借对方的话题为已所用。当然，这也取决于我们的辩论经验和思辨能力。

2.巧观对方岔开话题

在谈判中一旦发现对方岔开话题，不需要打断，应让他继续说下去。如果对方是一时不小心而为之，那估计对方说不了多久，就会自己发觉而显露窘态；如果对方是想到了另外一件事，那他一旦察觉会回到原来的话题之上；如果对方是有意岔开话题，那可能会继续这个话题说下去。

观察对方是出于哪种情况，如果前两种情况，那你应适时顺应对方，让对方将话题越扯越远，给对方出其不意地一击；如果是后者，那则需要及时地返回原来的话题，出其不意地反驳其有意岔开话题的居心。

打破僵局，掌控形势走向

有时候，在商务谈判过程中，由于双方所谈问题的利益要求差距比较大，而彼此又不肯做出让步，导致了双方因暂时不可调和的矛盾而形成了针锋相对的局面。谈判桌上之所以出现这样的局面，其原因是双方的观点、立场的交锋是持续不断的，当利益冲突变得不可调和的时候，僵局便出现了。当僵局出现后，如果不进行及时地处理，就会对接下来谈判顺利进行产生不利的影响。当然，谈判过程中出现针锋相对的局面，并不等于谈判的破裂，不过，它会严重影响到谈判的进程，在这时，我们需要灵巧地缓和场面，突破僵局，适时选择有效的方案，重新回到谈判桌上来。

卡普尔任美国电报电话公司负责人的时候，在一次董事会上，众位董事对他的领导方式提出了质疑，顿时，会议气氛变得异常紧张。

一位女董事率先发难：“公司去年的福利，你支出了多少？”卡普尔回答说：“900万美元。”那位女董事当场惊叫起来：“天啊，你疯了，我真受不了。”听到如此尖刻的发难，卡普尔轻松地回了一句：“我看那样倒好！”这时，会场意外地爆发了一阵笑声，就连那位女董事也忍俊不禁，紧张的气氛也随之缓和了下来。

谈判是正式的谈话，很容易在彼此之间形成一种严肃而又紧张的气氛。当谈判的一方就某个问题发生争执，各持己见，互不相让，横眉冷对，这样的环境更容易使人产生压抑的感觉。当然，谈判代表一旦处于这样的心境，是很不利于整个谈判的进行的。这时，不妨幽默一下，以巧言缓解僵局，将原本严肃而紧张的气氛变得愉快、和谐，那么，谈判桌上争论了几个小时无法解决的问题，在这里或许就会迎刃而解了。

在谈判过程中，有时候就连一个小小的沟通障碍，也会直接影响到谈判的顺利进行。而一旦遭遇了僵局，整个谈判场面冷掉了，如同结了冰的河流，交流无法继续。这时候，如果处理不好就会导致谈判无法顺利进行，所以，不妨巧言一句“破冰”开，不仅能够很好地化解尴尬、窘境，而且还会使交流更畅通无阻。

谈判心理策略分析

在谈判过程中，针锋相对的局面随时都有可能发生，任何话题都有可能形成分歧与对立。从表面上看，僵局产生往往是防不胜防的，但其实，真正令谈判陷入危机的是双方感到在多方面谈判中期望相差甚远。对此，谈判专家总结说：“许多谈判僵局和破裂是由于细微的事情引起的，诸如谈判双方性格的差异、怕丢面子，以及个人的权力限制等。”

有时候，谈判的一方会故意制造僵局，他们有意给对方出难题，搅乱视听，甚至引发争吵，这样迫使对方放弃自己的谈判目标而向自己的目标靠近；

有时候，则是双方对某一问题各持自己的看法和主张，产生了意见分歧，这样，越是坚持各自的立场，双方之间的分歧就会越大。当然，不管出于何种原因导致的僵局，作为谈判的一方，我们应该及时缓解局面，以灵巧的策略缓和场面，促进谈判的顺利进行。

1.冷静思考

在谈判过程中，有的人会脱离客观实际，盲目地坚持自己的主观立场，甚至，他忘记了自己的出发点。由于固执己见，往往会引发矛盾，当矛盾激化到一定程度就会形成僵局。所以，谈判的一方在处理僵局的时候，要防止过激情绪所带来的干扰。在僵局出现的时候，要头脑冷静，这样才能理清头绪，正确分析问题，也才能有效打破僵局。

2.协调双方的利益

当谈判双方在同一个问题上发生尖锐对立，且各自有自己的理由，谁也说服不了对方，又不能接受对方提出的条件时，整个谈判便陷入了针锋相对的局面。这时候，作为谈判的一方，应认真分析双方的利益所在，只有平衡了彼此的利益关系，才有可能打破僵局。有效的方法是：双方从各自的眼前利益和长远利益两个方面来看问题，协调平衡，寻找出双方都能接受的平衡点，达成最终的协议。

3.顺水推舟

有时候，对方无意之中出了糗，感到很尴尬，这时候你不妨顺着他这个糗事，使当事人摆脱尴尬。例如，服务员不小心把酒洒到了将军的秃头上，将军只是笑着说：“小伙子，我这脑袋秃了二十多年，你这个方法我也试过，可是根本不管用，但还是谢谢你！”

4.巧借情景做文章

有时候，会遭遇突发事件，若处理不当就会导致尴尬，这时候可以采用“情景法”。例如，大学教授跌倒了，引来同学们哄堂大笑，但他却说：“人生就是这样，跌倒了爬起来，再跌倒了再爬起来。这样，你才会更坚

强，更成熟。”

巧妙迂回，躲过对方的言语攻击

在实际谈判中，不乏那种通过言语对我方施加压力的对手，这时候我们就需要用迂回的办法，灵巧地躲过对方的言语攻击。在现实生活中，每个人都有自己的长处与短处，我们从来不介意别人赞扬自己的长处，但却非常痛恨别人攻击自己的短处。短处是我们最薄弱的地方，一旦遭受攻击，就击垮了我们的整个心境。对此，在谈判过程中，我们要学会保护自己，勿让对方攻击你的短处。

“木桶定律”是由美国管理学家彼得提出的，在他看来，组成木桶的木板如果长短不齐，那么，木桶的盛水量不是取决于最长的那一块木板，而是取决于最短的那一块木板。换句话说，一个人的长处或短处往往是优劣不齐的，但其劣势却是其最薄弱的部分，可以击垮整个人。“木桶定律”给我们这样的启示：只有桶壁上的所有木板都足够高，那水桶才能盛满水；只要这个水桶里有一块木板不够高度，水桶里的水都是不能满的。

通常情况下，有经验的谈判者都应该会认识到在谈判过程中遭遇的言语攻击带来的后果。假如谈判者本身心理基础薄弱，那就极有可能在别人的三言两语中败下阵来，更别说想回击对方的话了。因此，在实际谈判中，我们应该学会保护自己，一旦感觉到对方在通过言语向自己施加压力，那我们就要运用“木桶定律”了。

美国传奇式篮球教练佩迈尔所带领的迪尔大学篮球队曾获得39次国内比赛

的冠军，使球迷们为之倾倒。可是有一年，他的球队在蝉联29次冠军后，遭到一次空前的惨败。比赛一结束，记者们蜂拥而至，把他围个水泄不通，问他这位败军之主此时此刻有何感想。他微笑着，不无幽默地说：“好极了，现在我们可以轻装上阵，全力以赴地去争夺冠军，背上再也没有冠军的包袱了。”听了这话，记者们竖起了大拇指。

也许，作为公众媒体的记者有可能想从中挖掘到一些失败的“信息”，但佩迈尔幽默含蓄的表达方式改变了他在记者心中的形象，使记者感到他并不是一个失败者，而是一个绝对的赢者。面对无礼者的言语攻击，我们并不需要正面回应，而是巧妙地迂回，以此躲过对方的攻击。

谈判心理策略分析

在日常交际中，若是遇到对方想攻击自己的短处，我们可以以多种策略避开对方的攻击。比如说话绕圈子，绕道而行；用比喻、影射的方法举例说明；讲故事、寓言；找出彼此之间的关系；采用游击战术，不正面冲突，拖延时间，静观其变等。

那么，我们在使用这些心理策略时应该注意哪些方面呢？

1.保持平和的情绪

遭遇对方的言语攻击，我们需要做的就是不要激动，而是要控制自己的情绪。在这时候保持平和的情绪，这对反击对方十分有利，一方面可以表现出自己的涵养；另一方面保持平和的情绪，可以冷静、从容地思考出最佳的对策。

2.含蓄地表达

对他人无理的言语攻击，我们可以含蓄地表达自己的不满情绪，但不宜锋芒毕露，而是需要旁敲侧击，可使对方无小辫子可抓，这样的表达方式更有效果。

3.适当反击

面对他人的言语攻击，我们不仅需要巧妙迂回，保护自己的要害位置，而且还需要作出适当的反击，一下子击中对方要害，使对方哑口无言，令对方刮目相看。

揣着明白装糊涂，避开尖锐问题

揣着明白装糊涂，也就是故意装傻充愣，以此避开尖锐问题。当我们为了某种目的，在无对抗的条件下，通过交往中的语言，用含蓄、间接的方式表达出一定的信息，以此模糊对方的眼睛，掩盖自己的真实想法。在谈判过程中，许多话都不便于直说，这时便可以假装糊涂，故意说出一些无稽之语，来向对方传递一定的信息。当你假装糊涂地说“不知道”，试想，再愚笨的人也知道你是不想回答这个问题了，自然，识趣的人就会主动离开，不想与你纠缠。如果对方是一个不识趣的人，那也没关系，你就再继续跟他装糊涂，那么，他无疑是自讨没趣。通过大量事实证明，装糊涂比直言快语更能凸显出表达效果，因为它所表现出来的婉转曲折，既巧妙传达了自己的意思，又保全了对方的面子。

谈判心理策略分析

在谈判过程中，很多时候我们都无法直接表达自己的想法，这时候就需要假装糊涂了，或说“我不知道”，或是一脸无辜的表情看着对方，或是佯装打电话，以此来躲开对方的纠缠。那么，在实际谈判过程中，我们该如何装糊涂呢？

1.揣着明白装糊涂

很多时候，我们明白问题所在，但为了掩盖自己的真实想法，你可以装装糊涂，将尖锐的问题抛给对方。例如，在谈到某些问题的时候，如果你不想发表什么看法，你可以反问："这是真的吗？"

2.故意曲解成另外一种意思

有时候，我们也可以装傻充愣，把大家都认为是这样的意思故意曲解成另外一种意思，巧用糊涂话能很好地化解尴尬。例如，女学生推开教室的门，发现教授正与另外一位女学生亲吻，她故意假装糊涂："教授，我们都是您的学生，您可不能偏心哟，您也吻我一下好吗？"

3.委曲求全难得糊涂

在协商无果的情况下，为了长久的目标，为了整体的利益，我们不得不委曲求全难得糊涂。装糊涂是一种策略，当自己的条件还不具备、时机不成熟的时候，为了达到最终目的，只要先装糊涂，以此来应付对手。

犀利语言，令对手刮目相看

语言是人们进行思想情感交流的重要工具，而语言的表达方式则是多种多样，时而柔和，时而犀利，时而强势。在其中，"舌战"是人们语言的激烈形式之一，同时，舌战也是一场智力的较量，这时候我们需要运用"犀利"的语言，适时说一些"硬话"。犀利的语言是指在语言表达的内容中有比较犀利的成分，相应地对语调、语气都有特殊的要求。把犀利的语言隐藏在话语中，通过语言真正击中对方的要害，使其有所顾忌，令其知难而退，最终达到征服对手的目的。

谈判实景一

春秋时期，秦国准备袭击郑国，走到渭同时，这个消息被郑国的商人弦高知道了。弦高原打算去周国做买卖，但他不忍心自己的国家蒙受打击，便打算劝秦国主将改变主意。弦高知道，如果以硬对硬，肯定会适得其反。于是，他带着4张熟牛皮作礼物，又赶了12头牛去犒赏秦军。他故作恭敬地说："我国国君听说您将行军经过敝国。特地派我来犒劳您的随从。"

虽然弦高这话说得十分客气，但字里行间却透露出犀利的语气，他的弦外之音是你们要偷袭郑国，但这个消息已经走漏出去了，郑国早已经有了准备，由于秦强郑弱，郑国才派出了使者慰劳秦军，以尽礼仪之道，如果秦国不识相，那就只好兵刃相见了。他那软中带硬的语气，无一不透露出犀利的意味，语言内容中带着比较强硬的成分，令秦军刮目相看。

谈判实景二

1984年，里根为了竞选总统，与对手蒙代尔展开了一场电视论辩。在论辩中蒙代尔自恃年轻力壮，竭力攻击里根年龄大，不适宜担此重任。里根回答说："蒙代尔说我年龄大而精力不充沛，我想我是不会把对手的年轻、不成熟这类问题在竞选中加以利用的。"如此一句绝妙的回答立即博得全场的热烈掌声，到了论辩结束之后，里根顺利地当选总统。

谈判心理策略分析

面对蒙代尔的攻击，作为年长者的里根如果以牙还牙，开口大骂，只会有失身份，但如果装聋作哑，那么在蒙代尔的锐气面前又显得气势低下了。于是，里根客气地予以了反击，犀利的语言中抨击了蒙代尔作为年轻人的浅薄和狭隘。貌似客气的一番说辞，却毫不客气、一针见血地指出了对方的“不成熟”，有力地反击了对手，在观众面前树立了自己更能胜任总统的印象，他那犀利的语言，使得自己最终赢得了胜利。

那么，如何让自己的语言变得犀利且具有迫人的意味呢？

1.柔中带硬的语气

为了使整个语言表达彰显出犀利的语风，我们在说话时需要使用柔中带硬的语气。换句话说，我们说话的态度是柔和的，但话语中却包含着强硬的成分，这样犀利的语风会令对方刮目相看，比如“听你这么一说，我确实没有见过你们这样独特的礼貌方式”。

2.巧用“绵里藏针”

我们在说话时需要巧用“绵里藏针”，关键在于你的“针”既要硬，又要扎得准，这样才能击中对方的要害，令其刮目相看。

3.委婉含蓄的表达

犀利的语风是隐藏在字里行间，不需要直接用强硬的话说出来，因而，我们在进行语言表达的时候，需要使用委婉含蓄的表达方式，把话说得很艺术，又能对他人心理造成影响，让对方明白你话里的锋芒所在。

事实胜于雄辩，用事实说话

古人曰：“君子欲纳于言，而敏于行。”意思是，事情的真实情况比强有力的论辩更有说服力。在很多时候，即便我们的言辞多么有力，但如果缺乏事实的依据，那无疑是空有其表，言辞根本发挥不了作用。与此相反，在某些时候，即使没有过多的言辞，但只是据实叙述了一件真实的事情，却是有相当强的说服力。在这里可以看出，现实材料的重要作用。因此，在实际谈判中，我们要尽可能地使用较多的现实材料，增强语言的说服力，以此驳倒对方。俗话说：“事实

胜于雄辩。”对于那些以偏概全的诡辩，我们只需要列举出一个与其结论相反的事例，就可以对对方的言论进行反驳。因为同素材的两个判断不可能同时是真的，假如举出一个反例，其中一个是真的，那另外一个也就不可能是真的了。

在谈判中多用现实材料，也就是通过摆出事实、讲道理来说明自己的观点和主张。所谓摆出事实，就是用事例来证明自己的观点，你可以用古今中外的典型事例，这种方式是谈判说服中最常用的方法。那些典型有力的事实论据，比一般的说理更强有力。如果在谈判中选取一些典型的事例作为论据，无疑会增强言语的说服力。

谈判实景

赵国的平原君很喜欢结交有能力的人，门下的食客常有几千人。其中有一个人叫公孙龙，他擅长辩论，因此被平原君尊为座上宾。孔穿从鲁国来到赵国，与公孙龙辩论“藏有三只耳”的命题。公孙龙论证藏有三只耳，而且论证得很雄辩有力，孔穿没说话，不一会儿，他就告辞了。

第二天上朝的时候，平原君对孔穿说：“昨天公孙龙的辩论很雄辩。”孔穿说：“是这样，几乎能让藏有三只耳朵了。虽然如此，但还是难以成立的。我想问问你，论证有三只耳朵难度很大而事实并非如此，论证藏有两只耳朵很容易而事实就是这样。不知道您将听信容易论证且事实正是这样的观点呢，还是听信论证难度大而事实并非这样的观点呢？”平原君听了没有回答，次日他对公孙龙说：“您不要再和孔穿辩论了，他的道理胜过言辞，而您的言辞胜过道理，最后肯定占不了上风。”

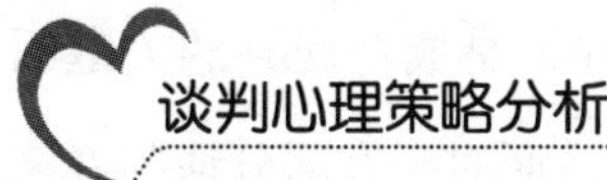

谈判心理策略分析

很多时候，事实所表现出来的比言辞本身的力量更大。如果没有事实的支

撑，即便你把话说得天花乱坠，也发挥不出半点作用。反之，哪怕你只是用最平实的话来论述事实，也可以让简单的语言爆发出不一样的威力。

1.现实材料是为论点服务

我们应该清楚所收集的现实材料是为论点服务的，如果你选择的事例不能证明论点或与论点相反，那不仅起不到论据的作用，而且还会给整个谈判带来不利的影响。所以，我们选取的现实材料需要考虑是否可以有力地证实论点，千万不能牵强附和。

2.选择真实、确凿的现实材料

我们所选取的现实材料需要是真实的、确实存在的，而不是道听途说，更不能随意杜撰，对于那些模糊不清的东西不能自以为聪明地胡乱使用。否则，对方会怀疑你论据的真实性，当然其产生的作用也会大打折扣。

3.选择新颖的现实材料

通常那些典型的具有代表性的事例能雄辩地证明自己的观点，说服力也更强。因此，你所选取的现实材料应该是新近发生的例子，力求给人耳目一新的感觉，而对于那些陈旧的事例，虽然也有一定的代表性，但说得多了，也就枯燥无味了。

4.简要引用现实材料

在论述现实材料的时候，语言简单，因为你所选取的现实材料是了证明论点而用的，只需要证明了论点即可，否则会犯了喧宾夺主的大忌。

利用其利益需求，施以影响

任何一个曾参与谈判的人都深知，能否攻心谈判，是成功谈判的关键因素。在这个现实社会中，每个人都有自己内心的需求，而对于大部分谈判者来说，争取最大的利益就是他们的内心需求。其实，利益就是他的死穴。因此，

如果我们能攻进谈判对手的死穴，根据对方所需，展示令人垂涎的利益，就能让对手心服口服，否则，只靠声音大或死缠烂打地诡辩，根本不算是“说话高手”或“谈判高手”。

谈判实景一

在谈判桌上。

客户：“我觉得你们的设备挺符合我们的要求，只是这质量方面，我还是有点担心。因此，我觉得有些贵。”

销售方领导：“这个您完全可以放心，国家质检部门已经做过多次检验了，我们所有的设备合格率是90%以上，而且这型号的设备质量比其他的都好，它的合格率达到了95%，而其他公司的产品才85%。”

客户：“是吗？”

销售方领导：“是的，您看，这是产品相关的质量合格证、质检部门的检测报告……”

客户：“是这样啊。”

销售方领导：“目前这款设备已经在全国20多个城市销售了100多万台，重要的是直到现在我们仍然没有接到任何关于这款设备的退货要求。所以，你大可放心。”

但是，如果我们也坚持这样的谈判方式，往往会使谈判陷入一种误区。这种传统的坚持立场而非利益的谈判方式常常导致最后谈判各方的不欢而散，以致破坏了双方今后的进一步合作机会。

此时，你就应该抓住对方的心理，从对方所渴求的利益说起，或许有截然不同的效果。我们来看看下面一段谈判对话：

谈判实景二

客户：“M公司的设备比较符合我们的要求，而且他们的价格比你们的要低得多……”

销售方领导：“的确，他们的价格比我们的要低，而且他们的设备也不错。但是我们的产品更适合你们。首先每年贵公司的维修费都是一笔巨大的开支，产品的使用寿命是贵公司需要考虑的关键问题，又加上贵公司的生产方式需要一种高性能、高效率的设备，而且需要考虑设备长久的资源利用率，我们公司的产品刚好可以与贵公司的旧设备共同作业。您觉得呢？”

客户：“可是，你们公司设备的价格与他们产品的价格相差甚远，而他们公司的设备质量也不错。”

销售方领导：“他们的质量确实不错，这是一份产品的故障调查报告，我们的设备故障率只有1.2%，不知道对方有没有这样一份故障调查报告。据我所知，他们的故障率一直都是在5%左右。这样算下来，贵厂将会为此多付出几万元。”

谈判心理策略分析

在这段谈话中，作为销售方，在与客户进行谈判的过程中，就是从客户最关心的利益出发，让客户明白：如果购买了M公司的产品，会带来利益上的多大损失；然后说出自己产品的优势，这样，在对比之后，客户必然会做出正确的选择。

1.展示对方的利益

谈判涉及的是谈判双方。我们自然是代表了利益的一方，谈判时，如果你希望对方以某个条件答应成交，那么，你就需要让对方觉得，这样的条件达成

共识是可取的。例如，在商务谈判中，你可以利用产品价格对比法，也就是用所推销的产品与同类产品进行比较，用较高的同类产品价格与所谈的产品价格作对比，从而让对方感到获利。很明显，所谈的产品价格就显得低了些。但运用这一策略时，你手中至少要掌握一种较高价格的同类产品，当然，掌握得越多越好，这样，才更有可比性。

当然，我们在利用这一心理策略谈判的时候，最重要的还是要把握对手的心理，这样，即使你不多说，当你向其展示完“利益”后，对方自然会在内心作对比。

2.告诉对方会得到什么样的利益

让对方接受我们的想法或者达到某种目的，并不一定要反复提醒他“如若不……会怎样”，你可以直接告诉他，“如果你怎样……你会有什么益处”。但前提是，你必须对对方有很深刻的了解，知其所好，这样，才能把“提醒”说到对方的心坎上，同时，要让对方理解我们的出发点是善意的，不然只会适得其反，引起对方的怀疑。

第11章

进退有道，有效说服的心理策略

在日常谈判中，我们要善于使用有效说服、以退为进的心理策略。假如我们想要影响到对方的心理，那就需要以退为进，通过几句话就可以扭转对方的心理，从而达到说服他人的目的。

适时强势，令对方听命于你

在某些场合，为了达到说服对方的目的，我们需要适时运用强势的语言表达一种坚定的立场，迫使对方听命于我们。虽然，在日常交际场合，我们并不提倡用强势的语言，因为这或多或少会给对方造成一定的伤害。但是，在一些特殊的场合，比如谈判场合，就需要运用强势的语风。俗话说："商场如战场。"谁利用语言占据了上风，谁就会成为最后的大赢家，这时候，强势的语言会成为一种巨大的力量，它会向对方施加一定的压力，迫使对方妥协，最终达到自己的目的。所以，在一些比较特别的场合，我们可以运用强势的语言，迫使对方听命于自己。

日本一家著名的汽车公司在美国刚刚"登陆"时，急需找一家美国代理商来为其销售产品，以弥补他们不了解美国市场的缺陷。当日本汽车公司准备与美国的一家公司就这个问题进行谈判时，不料日本公司的谈判代表因路上塞车迟到了。

美国公司的代表紧抓住这件事不放，想要以此为手段获取更多的优惠条件。日本公司的代表发现无路可退，于是站起来说："我们非常抱歉耽误了你的时间，不过，这绝非我们的本意，我们对美国的交通状况了解不足，所以导致了这个不愉快的结果，我希望我们不要再为这个无所谓的问题耽误宝贵的时间了。假如因为这件事怀疑到我们合作的诚意，那么，我们只好结束这次谈判。我

认为，就我们所提出的优惠代理条件是不会在美国找不到合作伙伴的。”

日本代表的一席话说得美国代理商哑口无言，美国人也不想失去这次赚钱的机会，于是谈判顺利地进行下去了。

谈判心理策略分析

谈判过程中的适时强势就是通过语言或行为来表达己方强硬的姿态，从而获得对方必要的尊重，并借以制造心理优势，促使谈判顺利地进行下去。当然，我们在使用这一谈判策略的时候，一定要谨慎，假如在谈判开始就想办法显示自己的实力，使谈判一开始就处于剑拔弩张的气氛中，那会给整个谈判带来不利的影响。当我们需要使用强势的语言时，是在发现谈判对手在刻意制造低调气氛时，这种气氛对己方的谈判十分不利，假如不把这种气氛扭转过来，那将会损失自己的利益。

在很多时候，人们好像误解了“强势语言”这一说法。于是，他们对于别人的事情都要强势过问，说话语气也很强势，口头禅经常是“你错了”“我跟你说”，或者在说话时喜欢用食指戳着对方，总想教导对方，不管对方听不听等。其实，这样的行为只能表现出你是 个强势的人，不会真正地使对方服从于你。真正强势的语言是巧用“坚定的语调、鄙人的语气”，呈现出强势的态度。

那如何才能让语言彰显出一种强势的力量呢？

1.长话短说

我们在进行语言表达的时候，尽可能“长话短说”，只需要把自己的意见表达清楚即可，无需在那里啰唆，一旦你说得太多，就有可能会消减“强势”的语风。比如“在这个问题上，没有什么可商量的”。

2.强硬的语调

为了增添强势的语风，我们需要使用“咄咄逼人”的语调，向对方施加一定的压力，影响其心理，迫使对方作出让步，最终达到自己的目的。

3.毋庸置疑的语调

当我们在阐述自己的意见或想法的时候，需要运用毋庸置疑的语气，坚定自己的立场，这样的语言表达方式自然令对方感受到压力，不得不服从于我们。

以谬制谬，巧言说服对方

“以谬制谬”，也就是面对谈判对手的谬论，我们有时可以用确凿的事实、严密的论据去反驳，但以谬制谬的方法却并不是这样，而是用跟对方同样荒谬的言语进行反击，这同样也能达到制服对方的目的。用简单的话来说，也就是当对方说出错误的言论时，不要去纠正他，而是顺着对方的错误言论，推出错误的结果。一旦结果呈现出对方面前时，对方的错误言论也就不攻自破了。这种辩论方法的巧妙之处在于，是对方主动开口承认自己的言语是错误的，对论敌来说，无疑是自己打自己的耳光。当然，正因为如此巧妙，才会在辩论中发挥出强有力的作用，让对方没有办法还击，只能哑口无言。

楚庄王钟爱一匹马，这匹马穿的是华丽锦缎，住的是华丽房屋，睡的是床铺，吃的是切好的干枣。后来这匹马死了，楚庄王决定用棺椁装殓它，以大夫的礼仪来替它风光大葬。大臣们议论纷纷，都认为楚庄王的做法很不妥。楚庄王不听众人的劝解，说谁敢再为葬马的事情劝说他，就要杀他的头，群臣都不敢再劝了。

这时，楚国的乐官优孟大哭着走了进来。楚庄王奇怪他为什么哭，优孟

回答说：“这匹马是大王最喜欢的，就凭楚国这样大的国家，有什么事情办不到？大王却只用大夫的礼仪来安葬宝马，太不够档次了，大王应该改用人君的礼仪来葬马。”楚庄王问：“怎么样用人君的礼仪葬马呢？”优孟说：“臣请求大王用雕饰过的玉做棺材，派甲士挖穴，让老人和孩子背土。齐、赵两国陪侍在前面，韩、魏两国护卫在后面。庙堂祭祀用太牢为祭品，封给万户大的地方作为它的奉邑。”

听到这里，楚庄王已经默认这样的方式好像太过分了，优孟见时机已经成熟，便下结论说：“诸侯听到了这件事，都知道大王您轻视人而重视马。”楚庄王一听，马上说：“寡人的过错竟到了这种地步吗？太不可思议了，我该怎么办呢？”优孟笑着说：“请大王将这匹马当做一匹普通的牲畜来埋葬吧，在地上挖个土灶，用铜铸的大鼎作为棺材，赏赐给它姜枣，再用木兰树的皮铺在棺材里，用粳米做祭品，用大火炖煮，将它埋葬在马的肠胃里。”楚庄王觉得优孟说的话在理，于是叫人把马交给了宫里主管膳食的官员。

谈判心理策略分析

楚庄王要给马办丧事，这本来就是很荒唐的，而将马的葬礼办得跟大夫的葬礼一样简直就是胡闹。但在楚庄王自己看来却不觉得有什么过错，因为他太爱那匹马了，面对楚庄王如此的决定，大臣们如何好反驳呢？这时优孟先不指出楚庄王的错误，而是顺着他的想法，推理出一系列结论，让楚庄王意识到自己的想法是荒谬的，而优孟则达到了“以谬制谬”的目的。

我们在使用“以谬制谬”这种谈判说服方式时，应需要注意哪些问题呢？

1.必须确认对方的言论是“谬”的

以谬制谬的方式只针对对方的言论是“谬”的，假如你明明知道对方的言论是正确的，还使用这种方法，那无疑就是给自己难堪，因为你所推理出来的结论会证明你的言论是错误的。

2.采用以退为进的辩论

即便发现对方的言论是极其荒谬的，也不需要说破，而要先假设对方观点是合理的，然后将对方貌似合理的论点加以引申，推出一个明显错误的谬论。以其人之道还治其人之身，有力地驳倒对方的观点，这样的反击才是大快人心的。

了解对方心理软肋，掌控其心理

中国人历来相信事在人为，几乎所有的事情都是人做出来的，因此，人与人相处，则要以人为主。不过，若非理念相同，人们之间很容易产生“道不同，不相为谋”的隔阂。不过，问题是，不同的理念又来自哪里呢？无非是一个人的性格使然，因彼此之间的性格、脾气不同，所以才会产生不同的想法和办事性格。然而，每个人的性格都是有心理软肋的，也就是说存在一些性格缺点。基于这样的道理，在实际谈判中，假如我们想要操纵一个人的心理，不妨先了解其性格，再通过对其心理软肋进行攻势，方能达到操纵他人心理的目的。

赤壁大战之后，曹操败走。对于曹操的逃亡路线，诸葛亮料事如神，料定曹操一定会走乌林，取道荆州，由华容道回许昌，结果真的是这样。

对于诸葛亮猜测的正确，人们大多会说诸葛亮料事如神，神鬼莫测，还会作法借风，差不多是鬼神之道，难以揣测。实际上也没这么玄乎，他的神奇也是有章可循的。对曹操逃亡路线的准备猜测，诸葛亮是基于两个方面：一是对地形的熟悉；二是对曹操性格的了解。特别是料定曹操走华容道，假如仅仅从

地形角度考虑，就会得出相反的结论。这是对曹操性格的准确了解，诸葛亮作出这一判断的。

看过三国的人都知道，曹操的性格弱点是多疑。当时，摆在他面前的是两条路：一条是宽敞的大路；一条是崎岖的华容小道，华容道不是一般的难行，需要伐木叠桥。而且远远地看见华容道的高山之处有烟火，就好像有伏兵埋伏。不过，曹操多疑，他认为那是诸葛亮故意搞鬼，放烟火吓人，认为真正的伏兵是藏在大道旁，最终，因狐疑的性格，他选择了走华容道。从这里可以看出，诸葛亮对曹操狐疑的性格可以说是了如指掌。

谈判心理策略分析

说到三国，我们不得不说一个因性格缺陷而死的人物——周瑜。俗话说："性格决定命运。"人们在关键时刻所作的决策往往是由其性格所决定的，而其决策则促成其命运。周瑜不聪明吗？火烧赤壁退百万曹兵，可算是一代奇才，不过，他眼里终究容不下一个诸葛亮。如果说周瑜是诸葛亮害死的，非也。那是他自己的性格软肋害死了自己，诸葛亮只是起到了推波助澜的作用，最终，其性格弱点导致了自己的死亡。临死他还质问老天爷："既生瑜，何生亮？"周瑜的例子告诉我们，如果我们了解了谈判对手的性格，就可以顺势操控其心理软肋。

1.了解对方的性格

在日常谈判中，我们要善于用各种方法去了解对方的性格，尤其是特别全面的性格。大凡一种性格脾气，都有其缺陷、弱点的地方，只要我们能利用这个"软肋"，那就一定能顺势操控这个人的心理，从而达到自己的目的。

2.从对方软肋下手

一个人的心理是强大的，但并不是说其心理是不可战胜的。只要我们寻找到其心理软肋，就可以从中下手，然后轻松瓦解其心理防备，从而促使整个谈

判朝着利于我们的方向继续下去。

谈判桌上，让对方牢牢记住你

在谈判桌上，如何让对方牢牢地记住你，那就是我们要给对方留下一个深刻的印象。一个人的形象魅力大多体现在印象中，印象也就是两人相见所留在脑海里的影像，是通过对他人衣着、谈吐、风度等方面的观察后做出的评价。虽然有时候，外在的形象作为评判人的依据是举足轻重的，但这往往是继续交往的根据。简而言之，能否给对方留下深刻的印象，让对方牢牢地记住自己，将决定着你是否能赢得他人的好感，从而获得成功的基础。一旦对方记住了你，对以后他对你的评价有着良好的基础和定向作用，因为人们具有保持认知平衡与情感平衡的心理作用，他们更倾向于使后来获得的信息的意义与已经建立起来的观念保持一致，而人们对后来获得的信息的理解，往往是按照之前脑海里所记住的印象来完成的。因此，在谈判桌上，我们要学会给对方留下一个良好的印象，让对方牢牢地记住自己。

阿东是公司的公关部经理，曾出席过上千次谈判，为公司做成了不少生意。阿东非常看重一个人的第一印象。

在一次商务洽谈之前，阿东已经浏览过谈判对方的简历，高学历、出色的工作履历让阿东对这个阅人无数的经理也心动了。还没有见到那个人，阿东已经给他打了很高的分数，甚至，为了见见这位颇有好感的谈判对手，本来休假的阿东主动请缨去参加此次的谈判。

这天中午，在约定的酒店里，阿东见到了那位谈判对手，只见他身穿浅黄

色的衬衣和灰色西裤，头发有些凌乱，胡须也没有修剪。这样形象顿时让阿东大跌眼镜，这和想象中的样子差距也太大了吧。在阿东指引下，谈判对手在对面坐了下来，这正值盛夏季节，一股怪味扑鼻而来，阿东寻找源头，竟发现是对面那个人身上发出来的。阿东仔细打量，发现对方身上本来穿的是一件白色的衬衣，但由于汗渍长期的积累而泛出了黄色，就连深色的西裤也依稀看到汗渍和油污。这时，阿东心中的好感已经荡然无存，简单地聊了几句就结束了谈判，并决定了不再跟这个人谈下去。如果想要继续合作，那必须请对方公司派出另外的谈判代表。

谈判心理策略分析

虽然，我们常对自己说“不要以貌取人”，但几乎所有的人都无法做到这一点，而且，很多人习惯在初次见面就以貌取人。所以，在谈判桌上，我们的服饰、发型、手势、声调和语言等自我表达时刻都在影响着他人对自己的判断，不管我们愿意与否，我们都在留给对方关于自己的印象。有的人认为自己有实力了，只要自己能力强，口才好，肯定会赢得谈判对手的信任，其实并不是这样。一旦自己与他人能力差不多，表现也都出色的时候，你所展现在人前的印象就显得特别重要。

谈判桌的主要目的是赢得他人的好感，而首先就是要留给他人良好的印象。其实，我们给别人的印象是可以自己修饰的，这是通过对自己装扮、语言、表情以及动作的约束来影响和改变他人对自己印象，致力于给他人留下一个好的印象，让其牢牢记住自己。

那么，怎么样才能给人留下良好的印象呢?

1.外表装饰

虽然，一个人的相貌是自己无法决定的，但服饰却是完全取决于自己。俗话说：“三分长相，七分打扮。”我们的服饰装扮需要保持整洁、得体、自然

的原则。另外，还需要注意细节修饰，有的人穿名牌衬衫，但从不熨烫，有的人脚穿名牌皮鞋但从不擦干净，这些都会让你的完美形象大打折扣。

2.行为举止

一个人的动作常常令他的气质、性格表达得淋漓尽致，粗俗的行为总是令人生厌的，这就要求我们注意自己的行为举止，待人接物面带微笑，注意分寸和距离，尤其是与异性交往，举止不可轻浮，以避免不必要的误会。

3.得体的语言

初次与人见面，特别是在一些正式应酬场合，不要随便说“哎哟”“噢”之类的感叹词，这些词说多了会令人生厌。说话之前要思考，不要信口开河，这样给人一种不诚实、不认真的感觉。另外，我们要准确、清楚地表达自己的意见，在语言表达过程中，避免使用粗俗的话语，避免尖刻、损人的谈话，也不要抬高自己而故意贬低他人。

巧妙引导对方进行自我说服

在日常谈判中，假如对方有的地方存在问题，你仅仅是提出建议，让对方发现自己问题的所在，从而通过思考来改变出现的问题。这样既帮对方解决了问题，还让别人拥有了一种成就感。何乐而不为呢？泰勒是著名的工程师，他曾经对自己的雇员使用这种方法，他说：“让他们以为是他们自己构思出了那些别人逐渐灌输给他们的思想。”这样既达到了谈判成功的目的，又很好地维护了他人的自尊心，从而增强他的成就感和自豪感。

在谈判过程中，当我们发现对方的决策、意见不妥当的时候，不妨向他人提出一些建议、忠告。最高明的技巧是既提出自己的见解能够让他人采纳，又能让他觉得这个见解其实是他自己的想法。其实就是让人毫不察觉地把自己的想法传达给他的大脑，并使之接受。要让对方觉得正确结论是他自己得出来

的，就不要直接去点破错误、失误之所在，而是用征询意见的方式，向他人讲明其决策、意见本身与实际情况不相吻合，使他人在参考你所提出的许多意见时，自己得出你想要说出的正确结论。这样一来，我们仅仅提出意见，就能使他人得出正确想法，我们也会因为他人正确的决策而受益，他人也会因为这个想法是他自己的而自豪不已。

谈判实景

赫斯特年轻的时候，在旧金山开了一家规模比较小的报社。一次，适逢著名漫画家纳斯特来到旧金山，赫斯特就想请他帮助自己完成一个非常重要的计划：为了保险起见，他想发动人们敦促电车公司在电车前面装上保险杠。而这需要纳斯特按他的构思给他画一幅漫画，可纳斯特替他画的第一幅画却令他不满意。纳斯特是著名的漫画家，自己又很难说动他，如何才能让纳斯特心甘情愿地为他重画一幅漫画呢?

一天晚上，在他们共用晚餐时，赫斯特大大夸赞了那幅漫画。接下来，赫斯特又说：“这里的电车已经造成许多孩子或死或残。有时候，我觉得那些开车的司机就像吃人的妖精一样，根本不像人。他们好像从来不会思考，总是直接冲向那些在街上玩耍的孩子们。”纳斯特立即跳了起来，惊讶地嚷道：“天啊，先生，我保证可以画出一张出色的漫画，请把原来的那张撕掉吧，我重新再画一张。”

于是，纳斯特回到宾馆后兴高采烈地挥舞着画笔，按赫斯特提供的思路，一直忙到深夜。第二天，他果然送来了可使电车公司屈服的杰作。

纳斯特是在赫斯特的巧妙诱导下主动请求重画的，还按照赫斯特的想法辛苦了大半夜，重新画了一幅漫画。在纳斯特自己想来，他甚至以为是自己无意中有了一个绝妙的构思。聪明的赫斯特就是这样不动声色地用这种暗示的方法把自己的思路放入纳斯特的头脑中去的。每个人总是尽可能地去表达自己的思

想，如果你想让他愉快地接受你的意见和计划，最好是让他觉得这一切都是自己的想法，相信一切都源自他们自己的创作，而不是按照他人的思路。不露痕迹地把自己的思想植入他人的脑中，使得他完全心甘情愿地为你效力，最后他还会以为这个想法是他自己的。

1.引导对方按照自己的思路走

戴尔·卡耐基曾经说过："如果你仅仅是提出建议，而让别人自己去得出结论，让他觉得这个想法是他自己的，这样不是更聪明吗？"有关社会学家的研究成果已经表明，人们对于自己得出的看法，往往比别人给的看法更加坚定不移。因此，我们要想使自己的想法被别人接受，在许多时候应该仅仅是提出建议，仅仅提供意见，其中所蕴涵着的结论，最后留给别人自己去得出。而不宜越俎代庖，硬把自己的意见往别人头脑里塞。让他人觉得正确结论是他自己得出的，可以说这是我们向他人提出意见的最高艺术。它将所表达的意见，用巧妙的形式表现出来。

2.不战而屈人之兵

孙子云："不战而屈人之兵。"孙子认为，能够百战百胜，还不算是最高明的将帅；只有不战而使敌人屈服，那才称得上是高明中之最高明者。同样的道理，在谈判中以智取胜：巧妙地提出自己的观点，让对方发现问题，并通过思考来解决出现的问题，让他人觉得那个想法是他自己的。这就是既容易达到谈判的目的，又会最大限度地保护了他人的自尊心。

顺风托势，巧妙说服对方

在实际谈判中，我们想要与对方达成一致的协议，而且，这个协议是有利于自己的，那我们首先应该做的是说服对方。其实，在口才的技巧里有许多关于如何说服人的策略，不过，在这里我们所说的是借力说服，顺风托势，巧妙

说服对方，这样会让我们在说服对方的过程中事半功倍。在谈判过程中，我们想要说服对方，一个人的力量往往是单薄的，假如巧妙地利用外力，也就是借力说服，则可以达到事半功倍的效果。借力说服的方法，所指的是我们在进行说服过程的时候，为了让自己的说服更加有效更有力，那就需要借助外界的力量，以此来造成一种说服声势或压力，以增强说服力。运用借力说服的方法来进行说服，可以强化说服的力度，可以起到顺风托势、借势用力的效果。

在说服对手的过程中，要想有效地说服对方，单单靠平淡的几句话是远远不够的，在这样的情况下，唯有借助于一定的典型事例，借助于名人的威望，借助于科学的知识，借助于社会的舆论，借助于对手自身的心理、情感以及利益的需求等多种力量，这样才能增添说服色彩，增强说服气势和效果。我们应该清楚地知道，我们所要说服的对象是有思想的人，假如只是干瘪瘪的几句话是难以达到效果的，我们必须借助许多外在的力量，这样我们才有可能达到成功说服的目的。

谈判实景

有一家洗发水公司的经理正与合作伙伴进行商业洽谈，这时候在抽检中却发现有分量不足的产品，而洽谈的另一方趁机以此为筹码不依不饶地讨价还价，这位经理微笑着娓娓道来：“美国一专门为空降部队伞兵生产降落伞的军工厂，产品不合格率为万分之一，也就意味着一万名士兵将有一个在降落伞质量缺陷上牺牲，这是军方所不能接受和容忍的，他们在抽检产品时，让军工厂主要负责人亲自跳伞。据说从那以后，合格率为百分之百。如果你们提货后能将那瓶分量不足的洗发水赠送给我，我将与公司负责人一同分享，这可是我公司成立八年以来首次碰到使用免费洗发水的好机会哟。”几句话一说完，那合作伙伴当即微笑颔首。

谈判心理策略分析

经理并没有直接拒绝合作伙伴的要求，而是借用了一个类似的故事，巧言拒绝了对方的要求。这样婉转的拒绝方式不仅转移了对方的视线，而且还在话语中阐述了自己的理由，使对方叹服。其实，最有效的说服方式并不是列举事实，而是想办法借用典型的事例，借力而行，我们所达到的效果往往比预期的要好。

其实，不仅是在实际谈判中才有借力说服的例子，即便是在生活中也有这样类似的例子。例如，在前几年上海某报刊登出一条新闻："正广和"汽水瓶中，竟然发现了一只死老鼠。顿时，这则新闻就好像一声炸雷，使得"正广和"陷入了空前的危机之中。该厂的领导十分重视，通过认真分析，检查问题出在哪里。最后得出的结论是老鼠根本不可能在生产过程中进入汽水瓶。面对这样的情况，厂领导觉得直接由厂方出面解释可能达不到什么效果，而应该抓住这个新闻事件，巧妙吸引新闻媒介了解并报道产品工艺过程，从而变坏事为好事，经过对自己厂部的参观、了解，让所有的新闻媒介信服，老鼠是不可能在生产过程中钻入瓶子的，只能是在顾客打开瓶子之后钻入的。顿时，各大新闻媒体大幅度地报道了记者们的所见所闻，结果，这样不仅消除了顾客的担心，还宣传了自己公司产品的优良品质，扩大了自己公司的影响。

1.所借之事要成为有力的论据

我们需要说服对方的论点必须要有力的论据支撑，那我们所借之事则要成为有力的论据。也就是说，我们想要说服什么，那我们所借用的典型事例就足以说明这一切。假如我们想要说服的是一件事情，而列举的是另外一件事，那就会造成南辕北辙的情况，自然也就无法说服对方。

2.尽可能地借一切能凭借的事例

一个论点最终形成是需要多个论据支撑，因此，当我们在表达一个论点的时候，需要尽可能地借一切能凭借的事例，如名人威望。名人效应。名人的出现往往能起到引人注意、强化事物、扩大影响的效应。名人效应已经在我们日常生活中的方方面面都产生了深远的影响，比如名人出席慈善活动能带动社会关怀弱者，名人代言广告能够刺激消费等。名人效应相当于一种品牌效应，它可以间接影响人们的一些决策、行为。其实，除此之外，我们还可以凭借更多的事例来说明自己的论点，正所谓“韩信点兵，多多益善”。

灵活处理谈判僵局

在谈判过程中，针锋相对的尴尬局面随时都有可能发生，任何话题都有可能形成分歧与对立。从表面上看，僵局产生往往是防不胜防的，但其实，真正令谈判陷入危机的是由于双方都感到在谈判中多方面的期望相差甚远。对此，谈判专家总结说：“许多谈判僵局和破裂是由于细微的事情引起的，诸如谈判双方性格的差异、怕丢面子，以及个人的权力限制等。”有时谈判的一方会故意制造僵局，他们有意给对方出难题，搅乱视听，甚至引发争吵，这样迫使对方放弃自己的谈判目标而向自己的目标靠近；有时则是双方对某一问题上，各持自己的看法和主张，产生了意见分歧，这样越是坚持各自的立场，双方之间的分歧就会越大。当然，不管出于何种原因导致的僵局，作为谈判的一方，我们应该及时缓解局面，以灵巧的策略缓和场面，圆滑处事，巧妙转移话题，打破僵局，促进谈判的顺利进行。

谈判实景

在谈判中，双方为一个话题争论不休，甲方说："我希望贵公司能对我们所提出的要求予以答复，否则我们之间没什么好谈的。"乙方代表则无奈地表示："关于这个问题，我已经说过很多次了，确实没办法达到你们所提出的要求，以我们公司规模来说，真的是难以办到。我只希望你们能降低一些要求，这样我们双方之间也能达成一个协议。"听了乙方代表的回答，甲方代表摇摇头，说道："对于这些条件是没有任何商量余地的。"说完，就打算起身离开了。

这时乙方代表中的一位先生开口说道："大家都说了一个上午了，恐怕肚子早饿了吧，我早就听说这酒楼有几道招牌菜，还没尝过呢，要不，咱们先吃饭，吃过饭再说这个问题。"听这样一说，甲方代表也觉得自己饿了，于是点点头，双方坐了下来，开始聊起了各地方的名菜。

眼见对方要起身离开，僵局已然形成，若是再不想办法进行挽救，那本次谈判就将宣告失败了。这时灵活多变的乙方代表中的先生处事圆滑，及时地转移了话题，让大家把注意力都放在了吃饭这个问题上，而僵局的场面也得到了缓和。

谈判心理策略分析

在谈判过程中，由于双方所谈问题的利益要求差距比较大，而彼此又不肯做出让步，导致了双方因暂时不可调和的矛盾而形成了针锋相对的局面。谈判桌上之所以出现这样的局面，其原因是双方的观点、立场的交锋是持续不断的，当利益冲突变得不可调和的时候，僵局便出现了。当僵局出现后，如果不进行及时地处理，就会对接下来谈判的顺利进行产生不利的影响。当然，谈判

过程中出现针锋相对的局面，并不等于谈判的破裂，不过它还是会严重影响到谈判的进程，在这时，我们需要圆滑处事、灵巧地转移话题，突破僵局，等到气氛融洽之后再重新回到谈判桌上来。

1.灵活转移话题

当僵局已经造成，不妨短暂地结束这个话题，比如“关于这件事，正如先生所言，的确非常有道理，但是暂且先谈刚才那个提案”“正如你所言，这是非常重要的问题，所以稍后调查再作报告，在这之前先说说这个问题”“这些宝贵的意见暂且先搁置，我们不妨换个角度看看”。

2.先声夺人

不等对方完全摊开话题之前，你就先换个话题，然后就开始说起来，不时地还向对方征求意见，让他发表高见，并向他讨教解决问题的方法，而且自己保持诚恳的态度。这样就不给对方喘息的机会，以及再提原来话题的时间。

3.巧用幽默

幽默能减少人们之间的紧张对立，甚至能起到“一笑泯恩仇”的作用。谈判中，因为代表各自的利益，恐怕很难轻易地让步，谈判期间必有一番唇枪舌剑的苦斗，有时甚至到了剑拔弩张的地步。

4.兜圈子

谈判过程中，各自都有自己的立场，在运用兜圈子这一心理策略的时候，我们要记住，使谈判绕了一个圈子，多走了一些弯路无伤大雅，但一定要成功地到达终点，达成双方都能接受的协议。也就是说，兜圈子的话题主旨不能变，虽然不涉及正题，但必须与正题有关，不管绕多少圈子，牛鼻子始终不能放，做到“形散神不散”。

退一步海阔天空

在谈判的过程中，从利益角度看，谈判双方都努力寻求一种公平公正的协议方式，但在解决一些棘手的利益冲突问题时，如双方就某一个利益问题争执不下，此时，作为代表一方利益的领导者，如果你死守自己的立场，不肯退步的话，那么，你迎来的不是谈判的失败就是僵局。一般来说，领导参与谈判，都身兼重任，因此，很多时候，他们不太敢用退出来要挟对方，生怕谈崩了弄得鸡飞蛋打。而谈判老手都会“不择手段”地揣摸对方的真实意图，摸清了底牌，就掌握了谈判的主动权，这时再以什么方式取胜，便是技术问题了。暂时离开谈判桌，也就是说，以退要挟达到进的目的，就是常用的一种。

谈判实景

巴拿马运河最初并不是由美国开凿的。19世纪末，法国有一家公司跟哥伦比亚签订了合同——在巴拿马境内开凿一条通往大西洋与太平洋的运河。主持该工程的总工程师是因开凿苏伊士运河而闻名世界的法国人雷赛布，他自以为对此驾轻就熟，然而巴拿马的环境与苏伊士有很大的差异，工程进度十分缓慢，资金也开始短缺，公司陷入了窘境。

美国早在1880年就想开凿一条连贯两大洋的运河，由于法国抢先一步与哥伦比亚签订了条约，美国极其懊悔。在面临窘境的情形下，法国公司的代理人布里略访问了美国，以1亿美元的价码向美国政府兜售巴拿马运河公司。事实上，美国早已对此垂涎三尺，知道法国拟出售公司更是欣喜若狂。然而，美国却故作姿态，罗斯福指使美国海峡运河委员会提出报告，证明在尼加拉瓜开运河更省钱——费用不到2亿美元。而巴拿马运河的费用虽然只有1亿美元，但加上另外要支付收购法国公司的费用后，全部支出达2.5亿多美元。从支出费用上来看，当然是在尼加拉瓜开凿运河更划算。

布里略看到美国海峡运河委员会提供的这一报告后大吃一惊。如果美国在尼加拉瓜开凿运河，法国岂不是一分钱也收不回来了吗？于是他马上游说美国，表明法国公司愿意削价出售，只要4000万美元就行了。通过这种欲进先退的方法，美国就少花了6000万美元。

罗斯福又故伎重施，他指使国会通过一个法案，规定美国如果能在适当时期与哥伦比亚政府达成协议，就选择巴拿马，否则，美国就选择尼加拉瓜开凿运河。

这样一来，哥伦比亚也坐不住了，驻美大使马上找美国国务卿海约翰协商，签订了一项条约，同意以100万美元的价码长期租给美国运河两岸各宽3公里的“运河区”，美国须每年另付租金10万美元。

罗斯福成功地运用以退为进这一谋略，轻而易举地就获取了巴拿马运河的开凿和使用权。可见，离开谈判桌，交易筹码通常只多不少。我们千万不要画地为牢，误以为因为这是谈判，就非得谈不可。其实，离开谈判桌，并不是你不想做成这笔交易，有时候，这反而是成交的有效手段。

谈判心理策略分析

谈判过程中，只要我们能抓住对方的心理，懂得退一步的话，那么，必当能置之死地而后生，获得更大的进步。但在使用这一策略的时候，我们需要注意以下几条法则：

1.当自己处于被动时，需要及时调整

当谈判处于僵局就需要一个退步，你可以先告诉对方，由于该项目比较重要，拍板权在老板或是董事会手里，“你看，我只是一个小小的部门主管，这个问题我哪能做得了主啊！老板给我的权限就到这里了”，有时候可以让老板背下“黑锅”，然后再退一小步，“要不这样，在××问题上，我尽力帮您争取达到……”多数时候僵局不是因为根本性的原则问题，而是面子问题，你一

软下来，给了对方面子，对方也就软下来，再一起吃饭聊聊天，气氛一缓和，往往也差不多了。

2.不能急功近利

我们还要掌握谈判的节奏，这个很重要。对于今天不谈下来明天就属于其他人的“项目”，谈之前一定要清楚自己的底线，如果在底线范围内，可以妥协让步，如果超出了底线，干脆放弃，不要纠缠；而如果“项目”是你眼中的璞玉、别人眼中的石头，就可以慢慢谈，计算得失优劣。

3.按照自己的思维说话

谈判中千万不能顺着对方思路走，一定要有自己的主线，让对方跟着你的思路走。总之，在发生利益冲突而不能采取其他的方式协调时，我们聪明恰当地运用让步策略是非常有效的。但成功退步的策略和技巧还表现在语言上，需要自己巧妙地运用。

第12章

让步互惠，讨价还价巧获最大利益

通常情况下，一次谈判最终所达成的协议其实是双方在经过数次的讨价还价中商议达成的，这个过程也被称为让步策略。卓越的谈判者善于在谈判过程中做出让步后向对方施加压力，这样所达到的目标并不是让对方屈服，而是希望彼此让步以获取双赢。

谈判中的让步策略

每一个经历过实际谈判的参与者都应该清楚，在谈判桌上，即便没有单方面的退让，但当我方做出让步的时候，必然地，我们也要求对方做出各种让步。当然，怎么样才能更好地迫使对方向我方让步，这确实是一个值得讨论的问题。对每个谈判者来说，要想在谈判中获得利益并不是简单的事情，我们经常需要一番讨价还价的过程，才能迫使对方让步。而在这个过程中，我们会使用到一些让步策略。

谈判实景

在1987年初期，中央政府开始正式批准上海自借自还，也就是独立到国际上进行融资活动，利用外资对城市的地铁进行建设。当这个消息传出之后，各国的地铁建设承包商以及设备生产商开始心动了，各主要工业国的政府、财界都表现出极大的合作热情。这时，国际地铁市场开始出现饱和的形势。我们要引进外资，就要进行谈判，中方的代表觉得需要引进竞争、制造竞争、利用竞争，这样可以促使对方作出让步。

1987年5月，上海地铁第一次利用海外国际性报纸进行公开“询价”，公告中明确要求外商在报价的同时，一定要拿到本国政府的软贷款，而且必须由本国的财政机构提出承诺书。这个提议可以说是突破常规，顿时十几个发达国家的42家地铁公司纷纷赶来，甚至在其中还有不少代表带着本国政府愿意提供软贷款的信息。在谈判的过程中，中方代表依次与各家地铁公司谈判，并指出

其在贷款、报价等方面的不足之处。

在1987年的9月和12月，中方又进行了第二次、第三次的“询价”，这三次谈判下来，外商带来的政府软贷款优惠条件越来越多，对中方也越来越有利。当然，谈判所制造的竞争对手也越来越多。在1988年初期，德国AEG、西门子、杜瓦洛、瓦格尤尼等大公司，组成了“德沪地铁集团”来上海参与竞争谈判。其实最开始德国人的条件并不算最好的，他们带来的贷款中只有60%的政府软贷款，而且年利率高达2%，在竞争中处于劣势。在这样的情况下，谈判集团开始寻求德国政府的帮助，经过求助，政府答应支持100%的政府软贷款，年利率0.75%。

谈判的最终结果是，德国政府贷款的总数为4.7亿马克，还款期长达40年，其中含有10年的宽限期。于是，修建上海地铁的融资得到了前所未有的成功，当然，中方也获得了赠予成分最高、最为优惠的贷款。

谈判心理策略分析

在这次融资成功后，我们再回过头来看看整个谈判过程。一开始，中方代表就故意制造一场激烈无比的竞争，这样不但让开始占据优势的法国惨败下来，而且让比较有实力的诸如日本、美国以及英国也纷纷放弃。而其他国家，如加拿大、意大利等也因各种各样的原因在竞争中败下阵来。最终，受不了竞争的德国转而向政府求助，因为中方也达到了迫使对方让步的目的。

在实际谈判中，假如我们那么多的谈判对手可以利用，也就是说，谈判本身并不可能吸引更多的对手来，那我们可以假想出一个“第三者”来压制对方。不过，值得注意的是，这样的“制造”过程必须严密，否则只会带来相反的作用。

1.寻求谈判对手中某一成员的帮助

其实，即便是同属于一个谈判集团，但在其中也有意见不一致的时候。

我们所需要发现的就是谈判对手集团中有利于己方意见的人员，并以此为突破点，以各种方式进行鼓励和支持，与这位成员之间形成一种无形的同盟。一旦这个成员松了口，那必然会让其整个团队乱了阵脚，这样我们就乘胜追击，争取让对方做出最大的让步。

2.登门槛策略

当我们第一次要求的让步幅度很小，那很容易让对方答应我们的条件，看似一小步，在不经意间，其实对方已经做出了很大的让步。例如，在实际谈判中，当对方要求降低技术性能，那我们就要求降低合格率。还有一个办法就是互换概念，如果对方接受自己的支付条件，自己就接受对方的报价，那这一次自己做出了让步，那下一次对方就应该主动做出让步。

3.利用时间

在实际谈判中，不管商谈什么事情，都会有合适和不合适的时间。有时候时间的更改可以适时地增强或减少自己议价的底气。事实上，许多谈判中协议的最后敲定都是因为“时间到了”而决定的。所以在实际谈判中，我们经常会使用最后时限这个心理策略，而且效果总是令人满意的。甚至，在很多时候，价格也需要借合适的时间提出来，假如太早提出来，即便是最好的价格，也是不容易得到对方的信任的，不过，经过了几天的讨价还价之后，再提出这样的价格，对方就觉得这是合情合理了。

让步策略的基本原则

在谈判过程中，为了促成谈判协议的达成，谈判双方在交流过程中可能会在某种程度上各自做出一些让步，不过，到底是哪种程度的让步，让步多少，我们是无从得知的。但是，任何一个有经验的谈判者应该知道，假如做出了比对方期望更大的让步，那么这场谈判对于己方而言就是失败的。在每一次

谈判过程中，我们应该记住这样一句话：“没有回报，绝不让步。”在每一个阶段的让步需要所让步换取的利益相对应。任何事物都有其独立的两面性，在一项让步中，彼此需求不同、角度不同，所体现出来的价值必然会存在较大的差异，在谈判者做出让步得到对方回报的过程中，双方所得到的价值是否对等是让步的关键点。换而言之，在谈判中我们不能做无谓的让步，尽可能采取互惠、双向的让步，在这种双向的让步中，卓越的谈判者善于在其重要部位进行突破，与此同时，还可以送对手一个顺水人情。

谈判实景

莉莉和莎莎都需要船运一批电脑零件，她们正在和各自的委托人谈判每个单位的运输价格。在谈判过程中，莎莎做出了三次让步，每个单件每次都让了4元，最后一共让了12元。与此相对，莉莉则做出了四次让步，分别是4元、3元、2元、1元，最后总共让了10元。

到了这样的情况，她们都对船主说这是她们最后的让步了，不能再让了。不过，她们让步所得到对手的信任度却是不一样的。相比较而言，莉莉的让步容易让人相信，因为她做出的让步越来越小，说明可以让的空间已经慢慢减小了，很有可能现在已经达到了尽头。但是，莎莎就不同了，因为她三次让步的金额都是一样的，也就是说做出了同样的让步，所以船主不太相信她说的话，尽管事实上，莎莎所做出的让步要比莉莉大，但她让步所换取的却不是对手的信任。

谈判心理策略分析

在实际谈判过程中，让步的方式尽管是多种多样的，而且它们都能达到相同的日的，不过它们的效果和人们为此做出的努力程度却是不一样的。或许，

我们寻求理想的让步方式，所要达到的目的就是尽量有效地、高效率地达到最好的结果。

有的谈判者，诸如案例中的莎莎，她在谈判过程中一再后退，连连让步，即便是这样也未必能赢得对方的好感，更别指望赢得最后的谈判。有经验的谈判者应该知道，为了达到自己预期的目的和效果，一定要把握好让步的尺度和时机，当然，如何进行有效把握，只能凭谈判者的机智和经验了。不过，这并不是说谈判中的让步是跟着感觉走、无法掌控的。在这里，我们为大家简单地介绍一些让步的基本原则：

1.没有回报，绝不让步

在实际谈判中，许多谈判者以为只要自己开始让步，那对方也会做出让步，这样的想法是错误的。真相是对方不一定要对你的让步做出反应，相反，这样的行为还会给对方造成一定的假象：既然对方这样轻易让步了，肯定是故弄玄虚，那我们需要坚持一下，他肯定会做出更大的让步。这样一来，受逼迫的反而是我们自己。

2.陷入僵局也不轻易让步

有时候，即便双方的谈判已经陷入了僵局，也不要轻易做出让步。当双方就某个问题争执不下的时候，谈判僵局就会出现，在这时也许对方表现得十分镇定，毫不在意，那我们也没必要焦急。假如谈判双方的力量是均衡的，那我们需要继续保持高姿态，不松口。假如两者力量悬殊，而己方处于劣势，那可以做出一些次要的让步，假如还是不奏效，那就需要告诉对方这是我们最大限度的让步了，要再无法达成协议那就寻求下次谈判，这是摆明己方立场，同时为下次谈判积累资本。

3.避免让步中的失误

一旦发现在让步中出现了失误，在协议尚未正式签订之前，我们可以采取巧妙的收回策略。当然，这样的处理是极其微妙的，我们需要掌握时机以及处理方式。举个例子，假如在某条款上坚持不让步的机会，己方趁机收回原来的

承诺，再重新提出谈判条件，或许相应地要求对方做出其他让步，从而换回失误带来的损失。

4.刺激对方做出更大限度的让步

当对方的让步无法令己方满意的时候，我们需要说“不”，不要以为这就是对方最大限度的让步了，其实任何谈判家都有最后的退路。在对方表示这是最大程度的让步，不要犹豫，不要心软，否则对方就会对己方重要的问题要求让步，这样显然是不对等的，只有坚决地表示让步不足以让己方满意，并暗示己方对对方的让步与对方给予的让步是不同等价值的，只有对方给予更大的让步才可以保证谈判的顺利进行。

5.谨慎让步

在谈判中使用让步策略，不要让对方觉得你的每一次让步都是轻松的。通常情况下，人们对于越是容易得到的东西越是不珍惜，在谈判中也是一样。因此，我们的每一次让步都需要表现得极为艰难，适当的时候可以暂停谈判，谈判团体开个小会讨论一下，卓越的谈判者还可以找个借口向上司申请一下，实际上就是打个电话做个样子，继而回来告诉对手说上司看在多年合作的基础上答应了，不过希望贵公司也做出一些让步。当然，我们所要求的让步显然是重要方面的。

主动示弱，为换取对方怜悯而让步

在生活中，人们总是同情和怜悯弱者，不愿意做落井下石之人，在这样的情况下，假如我们以弱者的身份提出一些要求，那就容易得到对方的应许。实际谈判中，在对方就某个问题要求我们让步的时候，如果我们没有正当理由进行拒绝，不过又不愿意在这方面做出让步，那就可以装出一副可怜的样子向他们请求，如果我们的说法让对方觉得可信，那对方极有可能因心软而做出让

步。在谈判陷入无法进展的情况下，这个方法是值得尝试的。

谈判实景一

汽车巨头亨利·福特公司的贸易业务很忙。他们的桌子上总是堆满了各种催账单。福特每次都是大概看一眼后，就把账单扔在桌子上，对经理说："你们看着办吧，我也不知道该先付谁的好！"但是有一次，他从一大堆的催账单中抽出一张对财务经理说："马上付给他！"这是一张传真来的账单，除了列明货物标的、价格、金额外，在大面积空白处还画着一个头像，头像正在滴着眼泪。"看看，人家都流泪了，"福特说，"以最快的方式付给他吧！"

我们谁都明白，这个催账人并非真的在流泪，他之所以急着催账，有可能是另有隐情或者急需资金，但是，那催账单上几滴泪珠能够迅速引起他人的重视，以最快的速度要回大笔的贷款。由此可见，"装可怜"的威力实在是不能小看啊！

谈判实景二

鲍尔温交通公司总裁福克兰，在年轻的时候因巧妙地处理了一项公司的业务而青云直上。他当时是一个机车工厂的普通职员，由于他的建议，公司买下了一块地皮，准备建造一栋办公大楼。居住在这块土地上的100户居民，都得因此而迁移。但是居民中有一位爱尔兰的老妇人，却首先跳出来与机车工厂作对。在她的带领下，许多人都拒绝搬走，而且这些人抱成一团，决心与机车工厂一拼到底。福克兰对工厂领导说："如果我们建议通过法律途径来解决问题，就费时费钱。我们更不能采用其他强硬的办法，以硬对硬，驱逐他们，这样我们将会增加更多仇人，即使建成大楼，我们也将不得安宁。这件事还是交给我来处理吧！"

这一天，他来到了老妇人家门前，坐在石阶上独自地流起了眼泪。这种行为自然引起了老妇人的注意。良久，她开口发问："年轻人，有什么伤心事吗？说出来，我一定能帮助你。"福克兰趁机走上前去，他擦擦眼泪，没有直接回答她的问题，却说："您在这时无事可做，真是天大的浪费呀！我知道您有很强的领导能力，实在是应该抓紧时间干成一番大事业的。听说这里要建造新大楼，您是不是准备发挥超人才能，做一件连法官、总统都难以做成的事：劝您的邻居们，让他们找一个快乐的地方永久居住下去。这样，大家一定会记得您的好处的呀！"第二天，这个强硬顽固的爱尔兰老妇人便成了全费城最忙碌的妇人。她到处寻觅房屋，指挥她的邻居搬走，并把一切办得稳稳妥妥。办公大楼很快便开始破土动工了。

谈判心理策略分析

在这个案例中，福克兰装出一副可怜的样子，用哭声打动了老妇人的心，使对方心甘情愿地为福克兰办成一件大事。事实上，在实际谈判中，我们要善于抓住人性的弱点，这样就能迫使对方做出利于己方的重要让步。

人们总是不由自主地同情弱者，不愿意袖手旁观，而比较容易答应弱者的请求。当对方正犹豫不决的时候，我们不妨开口就"装可怜"，激起对方的保护欲，一旦对方觉得你的说法真实可信，他很有可能就会做出让步，答应你的请求。在谈判中，要放得下面子，做个可怜人，以情乞悯，以达到自己的目的。在日常生活中，当人们在讲述自己经历过的生活，比如幼年丧父、生活艰苦等不幸的经历，旁边的人都会不由自主地宽慰，并给予一定的帮助。装可怜虽然并不是被人们常用的一种方法，但却是非常有效的一种方法。所以，我们在实际谈判过程中，应该巧妙地运用这一方法，开口"装可怜"，激起对方的保护欲，换取对方因怜悯而做出让步。

1.用“哭”打动对方

三国时期，蜀主刘备是精于哭道的高手，于是，有人戏称“刘备的江山是哭出来的”。虽然这样的说法失之偏颇，但是，“哭”的确是谈判中的“秘密武器”，在提出自己诉求的时候，不失时机地流下几滴眼泪，会激发对方的保护欲，对方必然会爽快地答应你的请求。

2.先批评自己

在进行实际谈判的时候，你率先就自我批评“不好意思，都是我不好，把这样的事情告诉你，给你带来了麻烦”，不妨装一下可怜，使对方产生同情，以此来达到自己所想要的目的。

3.表示自己的无助

在提出自己诉求的过程中，你不妨通过语言表现自己的无助，比如“我也是没有办法，不然，我是无论如何都不会来麻烦你了，还希望你能够帮我这个忙”“现在我是一点办法都没有了，希望你能在这个问题上做出让步，否则我没法回去交差啊”，对方看到你无助的样子，定会毫不犹豫地答应你的请求。

让步策略的几种方式

谈判成功一定有方法，为了促成谈判的成功，必须遵循一定的让步策略，以及采取合适的让步方式。或许，我们认为在谈判中最重要的策略应该是沉默，当每一次提出自己的条件之后，就要耐心地等待对方对这个条件做出反应。在这个等待过程中，耐心和沉默就是谈判最好的方式。而我们不需要把对方的沉默当作拒绝，或许对方也只是在思考对策。假如这时己方先沉不住气而做出让步，那就显得极为不妥。在这个沉默的空隙，我们也需要积极思考合适的让步方式。

谈判实景

在谈判桌上，买卖双方就事宜进行谈判，现在双方的价格已经十分接近了。虽然双方心中都有一个最后的让步价位，不过都已经摆出最后报盘的架势。

买方：“算了算了，我早就猜到了会这样，只是差这么一点就不能成交，未免有点可惜。”

卖方：“可我已经给了你最低的报价了，在任何时候你也找不到比这个价更低的了。”

买方：“我相信能找到的，坦白地讲，你怎么可能放弃这样一大笔生意！”

卖方：“（虽然心里担心这笔生意真的有可能泡汤，但还是装作毫不在意的样子）无非就是浪费了一点时间而已，做成了就赚点，做不成也无所谓。”

买方：“我想我还是给另一家公司打个电话，看他们是否能接受我的价格。”

卖方：“可以。不过我再说一遍，我报的价格绝对是最低价格了。”

买方：“只差几元钱了，难道你仅仅为了这几元钱就放弃这么大一笔生意吗？何况我们以后还是会继续合作。”

卖方假装无奈地表示：“去给别人打电话吧，但我把话说在前头，要是你和别人也谈不成，再来找我们，那时可就不是这个价了。”

买方趁机离开了一会儿，假装打了个电话，然后回到谈判桌前：运气不错，他们愿意接受我出的价格。

这下轮到卖方着急了。

谈判心理策略分析

即便是最后一分钟，双方也会为了逼迫对方做出最后的让步而努力着，采取着最为合适的谈判方式。在实际谈判过程中，我们到底应该怎么样做出让

步？什么样的才是正确的让步方式呢？这是最难以把握的，现在我们就列举几种常见的让步方式：

1.均值的让步方式

均值让步，简而言之，就是每一次让步都是一样的。这种均值的让步，为了细水长流，给对方以好感，不过，假如不暗示对方已经达到极限了，那么对方就会一直期待下去，总觉得你还会做出与前一次程度相同的让步，使用不恰当会让谈判陷入僵局。

2.希望的让步方式

希望的让步方式，就是我们让步的方式呈现递减的顺序，这种让步方式幅度呈下降趋势，显示出己方态度坚定，立场越来越坚定，同时表明己方已经做出了最大限度的让步，这样的方式是极为合理的，不过因为最后还有余地，对方会觉得再施加一点点压力，或许会有意外的惊喜，这样也有利于谈判的顺利进行。

3.坦诚让步

坦诚让步，也就是让步阶段的一开始就全部让出可以让出的利益，而在随后的阶段里再无处可退让。这种让步策略可以说最坦诚的方式，较为容易让对方采取同样的回报行动来促成交易的最后成功。与此同时，我们首先做出最大限度的让步，会给对方以合作感、信任感，直截了当一步让利也利于谈判速战速决，从而有效地降低了谈判成本，提高了谈判效率。

不过，我们在使用这种方式时也需要注意，比较一次性大的让步，有可能会让我们失掉本来能力争取到的利益，这种让步方式有些操之过急，会增加对方的期望值，会让对方想要进一步讨价还价，甚至会得寸进尺。但是，假如己方在谈判中处于劣势，或许双方是多年合作的伙伴，彼此很熟悉，那采用这样的方式是比较稳妥的。

4.适当附加条件

卓越的谈判者总是开口说：“如果……那么……”来表达自己的让步，

先是明确要求对方做出让步的内容，后面就是己方可以做出的让步。当然，我们可以看作是，没有前半句的条件，就没有后半句的回报。这样适当的附加条件，一方面对方必须在你做出让步的同时，也做出让步来回报，因为你的让步是以对方的让步为条件的，假如对方不做出相应让步的话，你的让步也就不能成立了。另一方面是对方必须做出你所需要的让步，以免对方用无关紧要的让步来敷衍你。

5.针锋相对的让步方式

在实际谈判中我们经常会遇到某些不容易打发的对手，他们往往报价很高，继而在很长的时间里拒绝让步。如果我们无法保持镇定，做出让步，他们就会设法逼迫你接着做出另外一个让步。那在应付这样的谈判对手的时候，我们就需要针锋相对，以牙还牙。

6.无损让步的方式

在使用这个让步方式的时候，我们可以先跟对手说明，其他公司或者有实力的人也接受了同样的条件。与此同时，我们需要反复向对手保证其享受了最优惠的条件，暗示这次谈判成功将会对以后的交易产生有利的影响。

在实际谈判过程中，我们需要反复强调己方的某些条件的完美、周到、突出，比如交货的日期、付款方式、运输问题、售后服务甚至保证条件等。在交流过程中，认真地倾听对方的讲话，不要打岔，不要中途反驳，打岔会让对方心生不快，中途反驳对方会让对手生气，这些都将会影响整个谈判。

让步一次性到位的策略

在实际谈判中，在谈判的前半阶段，谈判的一方总是保持坚决的态度，不肯做出任何让步，不过，到了谈判后期却一次性地做出最大的让步。当然，这种让步方式是对那些永不放弃的谈判对手做出的。假如我们所遇到的是一个性格软弱的谈判对手，可能他早就放弃讨价还价而妥协了，而一个坚强的谈判对手则会坚持不懈，不达目标决不罢休，继续逼迫对方做出可能做出的让步。不过，在这个过程中，他会先试探情况，最后争取最高让步。在这样的实际谈判中，双方都需要冒因立场过于坚决而出现僵局的危险。

谈判实景

2003年5月，南方某市工艺品公司作为供货方与某外商就工艺品买卖进行谈判。谈判开始之后，工艺品公司谈判人员坚持800元一件，态度十分坚决，而外商只出500元的价格，而且毫不示弱。谈判开始了两天，没取得任何进展。

对此，外商提出暂停谈判，休息休息再谈，假如还是不能取得共识，那谈判只能这样。此时，如果双方都坚决不退让，眼看谈判就要陷入破裂的情况。第三天谈判继续开始，双方商定最后阶段谈判为3个小时，因为没有办法破解僵局，再拖延下去只能是浪费时间。谈判进行了两个小时依然毫无进展，就在谈判还剩下最后10分钟的时候，双方代表差不多都做好了退场的准备了，这时工艺品公司首席代表突然大声说："这样吧，先生们，我们初次合作，谁都不愿出现不欢而散的结局，为表达我方诚意，我们愿把价格降至660元，不过这绝对是最后的让步。"

听到这样的话，外商先是一惊，然后沉默了几分钟，就在谈判结束的钟声即将敲响的时候，他们伸出手说："成交了！"

谈判心理策略分析

在上面这个案例中，工艺品公司在做了最大限度的坚持之后，一步到位地让步，这样既有效地维护了谈判中己方的利益，同时也赢得了对方的信任，双

方不失时机地握手言和了。

使用一次性到位的让步策略，益处在于，在前面谈判阶段的拒绝与强硬，是为了向对方传递己方的坚定信念。假如谈判对手缺乏毅力与耐心，那么就有可能使己方在谈判中获得较大的利益。当我们在最后阶段一次让出己方全部可以让出的利益的时候，对方会有在悬崖边缘赢得胜利的感觉，同时也会给己方留下既强硬又大方的强烈印象。

不过，跟所有的谈判方式一样，这个谈判方式也存在两个问题：一是对手在再三要求让步而遭到拒绝的情况下，可能得不到我们最后的一次性让步就会离开谈判桌；二是最后让步尽管很晚，不过，因幅度很大，往往会鼓励对方进一步在让步上纠缠，这对于己方而言将是烦不胜烦的一件事。

1.考量对方是什么样的性格，是否适合使用这种谈判方式

一次性到位的让步策略，相比较而言，比较适合那些性格软弱的对手，可能在遭遇我们再三拒绝的时候，他已经迫不及待地想做出让步了。当然，对于那些忍耐力较强的人，也是比较适合的，在漫长的拉锯战的过程中，对方会一直等待我们的松口。而对于耐心较差的人则不适合了，可能在遭遇几次拒绝让步之后，他会愤而离开谈判桌，自然我们的谈判也会以失败宣告结束。

2.考虑最后的结果

当我们采用一次性让步的策略之前，我们应该考虑到最后的结果，会出现怎么样的结果？一是对方先是毫不在意地坚持着，希望我们能在最后关头松口，一旦等我们真的做出最大限度的让步之后，他会因强烈的合作欲望而与己方达成协议；二是我们最后做出的让步并不能使对方满意，即便我们强调说这是最后的让步，但或许对方有更好的合作对象，还是会毫不犹豫地离开。对于这两种结果，我们应该早做预料，及时调整自己的让步方式，否则我们还是会陷于失败。

如何逐步让步

所谓的逐步让步，就是一种逐步让出可让之利并在适当时候果断停止让步，从而尽量最大限度地获得利益的策略。这样的让步策略，给对方一种美好的期望，他总在期望着，对方的让步会降低到一个什么程度，他心里也在揣测，是否再多坚持一会儿，对方的让步就会达到自己预期的愿望。虽然，逐步让步方式给予了谈判对手美好的愿望，但我们自身在心里还是会有一个权衡值，也就是一步步地做出让步，最后到达一个什么样的标准。难道不忍心去破坏对方美好的期望就无限制地让步吗？当然不是，先是一步步让出自己可以让出的利益，慢慢地，到了最后的阶段，我们需要明确地告诉对手：我们已经无处可让，这就是我们最后给予的让步，是协议还是结束，请自便。

谈判实景

在商场里，买家和卖家在进行一番讨价还价。

卖家：“小姐，这条裙子真的很衬您，紫色衬得您的肌肤更白，而且不瞒您说，这质地绝对是欧洲进口，全是限量版的，您可是真有眼光，把这条相中了。”

买家：“喜欢倒是喜欢，只是在价格上没有一点优惠吗？”

卖家：“哎呀，我看您都是咱们的老顾客了，所以就说了个优惠价给您，您摸摸，这质量，这个价格绝对是超值啊。”

买家：“其实，我在另外一家也相中了一条裙子，只是最近都要换季了，我打算只买一条，假如你的价格可以优惠一些，那我就选择你们家的。”

卖家：“这，这样吧，在刚才跟您说的价格上再减100，怎么样？”

买家：“900？可我觉得还是偏贵。”

卖家：“那就没办法了，我给您说的可是最低价格了，再也没办法退让

了，您也知道，咱们拿货就是高价，我可是差不多没赚您一分钱哪。”

买家：“话都是你在说，800怎么样？这是个吉祥数字，咱们大家都好。”

卖家：“确实没办法，我要是能给您，早就给您报这个价了。”

听了卖家的话，买家又一次摸着那条裙子的质地，卖家看出对方非常喜欢这条裙子，于是乘胜追击：“900也是个吉祥数字，这条裙子真的值这个价，您穿上它出门，别人少说你绝对是在欧洲买回来的。”

听到这样的话，买家忍不住动心了。

谈判心理策略分析

我们必须明确，在使用逐步让步这个策略的时候，确保让步的幅度不能一步比一步大。比如你第一次让了400元，第二次让了600元，然后你告诉对方：“这就是我的底线，我不肯再少一元钱了。”不过，问题是，这600元的幅度是不是太高了，这绝对不是最后一次让步的幅度。假如我们第一次让步是600元，第二次让步是400元，那对方很可能会断定你的第三次让步是100美元。这时对方可能会告诉你：“好了，看来我们没什么好谈的了，可假如你能再让100美元的话，我想我们还可以继续谈。”

当然，逐步让步的策略具体分来也有好几种，下面我们就作简单的介绍：

1.大幅度递减

这样的让步方式是比较危险的，谈判一方一开始就做出很大的让步，这将会快速提高对方的期望值，而且这样大的让步会让对方感觉很意外。不过，接着妥协的一方可以拒绝让步，以及最后为达成交易用小小的让步来冲销这种对自己不利的结果，让对方知道，即使再进行讨论也无法再次进行让步。

2.稍微大幅度递减

当谈判的一方在拒绝让步时态度显得十分坚定，这时他还会将其价格上涨一些，这就是对谈判对方所做的一种对抗或反攻。然后，再次做出一些小小的

让步，反而会令对方感觉到惊喜，这样就能快速达成一笔交易。换而言之，就是有效地降低对方心里的期望值，然后再给予适当的满足，那最后就容易得到对方的信任。

3.不断递增让步的幅度

这样的让步方式是谈判一方在谈判过程中每次递增让步幅度的形式出现的，这样往往会给妥协方造成重大的损失，因为这样会给对手一个美好的期望：只要坚持，还会有更大的让步。而且对方看着让步越来越大，其内心期望也会随着时间的推移越来越大，要求越来越高，态度越来越坚决，以至于最后拒绝妥协。

4.等值让步

等值让步，也就是之前让步的幅度是多少，这一次的让步就是多少，让步的数量和速度都是均等、稳定的。这种让步方式的益处在于，对于双方充分讨价还价比较有利，容易在双赢的基础上达成谈判协议。而且，因为让步的幅度比较平稳，步步为营，就不会让对方轻易占到便宜，而且假如遇到对方性急或没时间进行长时间的谈判，那就会促使我方占据上风而获利。

当然，我们在使用让步方式的时候，还需要注意其带来的负面问题。例如，效率比较低，而且需要消耗大量的时间和精力，从而提高了谈判成本，容易让人产生乏味疲惫之感。假如对方是一个很有耐心的人，那这样的让步方式会促使他继续期待进一步的让步。

第13章

妙语攻势，让获胜天平向自己倾斜

当今社会，竞争日益激烈，谈判便成为每个人为所在利益团体获得权力和利益的重要手段。可以说，成功谈判并不是一件易事，而谈判就是一场智慧与心理的较量，需要我们做到冷静处理、言谈谨慎、主动出击、灵活应对、善于布局，成功获取得力先机。

挖掘对手的潜在需求

在商业社会的信息时代，谈判者免不了要穿梭在各种各样的谈判桌间，时时刻刻都面临着形形色色的谈判。在一些谈判中，代表利益一方的谈判者需要达到的谈判目的是：成功将产品卖给谈判对手。但事实上，要做到这一点并非易事，因为对手始终保持的论调是，我不需要！此时，如果你能为其创造需求，点醒其不知的潜在所需，那么，对方便会自发认同我们。但作为谈判者，该如何为谈判对方创造需求呢？

一个年轻人在一家百货公司做业务员，第一天工作刚结束，总经理就开始检查新员工的业绩。每个人都完成了20～30单的生意，而这位年轻人只完成了一单生意。总经理不满意地问他：“你卖了多少钱？”

“30万。”年轻人回答说。

“你怎么卖那么多钱？”总经理吃惊地望着他。

“是这样的，”年轻人说，“一位先生进来买东西，我给他一个小号的鱼钩，然后是中号的鱼钩，最后是大号的鱼钩。我问他上哪儿钓鱼，他说在海边，我建议他买条船，所以我带他到卖船的专柜，卖给他一艘帆船，然后他说他的汽车可能拖不动这么大的船，于是我带他到汽车消费区，卖给他一辆丰田新款豪华型‘巡洋舰’。”

总经理听得目瞪口呆，几乎难以置信地问道：“一个顾客仅仅来买个鱼钩

你就能卖给他这么多东西？”

“不是的，”年轻人说，“他是来给他妻子买卫生巾的，我就告诉他‘你的周末算是毁了，干吗不去钓鱼呢？’”

上面的这个案例可能在现实生活中很少发生，但这却很明确地告诉我们，要想成功帮谈判对方挖掘需求，你一定要敢于想象，并把话说到对方需求的点上，让对方认同你们的观点，那么，这给我们带来的利益也是无法估量的。

谈判心理策略分析

的确，有时候，人们并不一定能意识到自己内心所需。商业谈判中，一般都由谈判者出面与客户交涉这些利益问题。如果客户不能意识到自己对产品的需求，那么，他们是不会干脆地提出购买要求的。此时，谈判者一定要发挥自己的口才，你有必要通过不断提问来帮助对方发现这种需要，如果你能帮助对方发现自己内心的需要，那么，谈判成功就变得易如反掌。

1.掌握足够多的信息

麦肯锡的一条著名原则是“让信息流动起来”，谈判中沟通的重要性从中可见一斑。有人说，谈判中谁掌握的信息多，谁就掌握了谈判的主动权。此话不假，但实际上，如果我们能多和对方沟通，让信息流动起来，那么，我们就能掌握更多的关于对方需求的信息，从而帮助我们成功为对方创造需求。

谈判者在与利益对方谈判的时候，若能有效地直接告诉对方你所想要表达的信息，将会显示出我们的真诚，用真诚换真诚，对方自然也乐意透露内心的真实想法，这是最佳的谈判结果。但你同时要切记“三不谈”：时间不恰当不谈；气氛不恰当不谈；对象不恰当不谈。

2.侧面了解对方的想法

无论是推销，还是商务谈判，其精髓还在于找到人们心底最强烈的需要。那么，怎样才能找到对方内心深藏不露的强烈需要呢？对此，库尔曼有

一个办法就是不断提问，“你问得越多，客户答得越多；答得越多，暴露的情况就越多，这样，你就一步一步地化被动为主动，成功地发现对方的需要，并满足它。”

尤其是在对方行为退缩，默不作声或欲言又止的时候，谈判者可用询问行为引出对方真正的想法，了解对方的立场以及对方的需求、愿望、意见与感受，并且运用积极倾听的方式，来诱导对方发表意见，进而对自己产生好感。一位优秀的沟通好手，绝对善于询问以及积极倾听他人的意见与感受。

妙用“话语攻势”

谈判过程中，为了战胜彼此，双方都会使出浑身解数。作为谈判者，如果能采取语言攻势，让对方主动自乱阵脚，可能会节省很多精力。古人云：“不战而屈人之兵”，这乃战争取胜的最高境界。谈判过程中有一项重要的心理策略，那就是以情动人，也就是怀柔政策——谈判者可以用温柔的话语去化解对方冰冷的心，用甜蜜的语言去消解对方的怒气。而实际上，与之相对的还存在一种语言策略——高压政策。这要求谈判者在谈判的时候，说些“硬”话，给对手施加心理压力，让其感受到需求的迫切，从而影响谈判对手的心理状态和立场观点，解决有时用强有力的武力也不能解决的问题。

美国的一家航空公司要在纽约建立一座规模庞大的航空站，他们找到实力强大的爱迪生电力公司，希望该公司能在电价方面给予优惠。由于是航空公司有求于电力公司，于是电力公司自以为掌握了谈判的主动权，奇货可居， 所以态度非常强硬，他们推说如果给航空公司提供优惠电价，公共服务委员会将不

予批准，所以他们不敢擅自作出降低电价的决定。

面对谈判中出现的这一难题，航空公司马上作出相应的反击，他们声称，如果电力公司不提供优惠电价，他们只得停止谈判，立即抽调一部分资金，自己建厂发电，这就意味着电力公司将失去一个最大的用户，其经济损失将是不可估量的。

航空公司此言一出，电力公司便慌了神，他们马上改变了原来的傲慢态度，找到公共服务委员会，请求委员会从中说情，表示愿意给予航空公司最大的优惠价格。于是两家公司顺利地达成了协议。

航空公司在这次谈判中之所以能以优惠价格达成协议，就是因为他们抓住了电力公司害怕失去这单生意的心态，然后对其下出了最后通牒，权衡之下，纵使无奈，电力公司也只好答应航空公司的条件。

谈判实景二

某国的一家实业公司获得了一个有二手汽车出卖的信息。

几天之后，该公司董事长的办公桌上出现了一份报告，这份报告的内容是：在南美的智利，一家铜矿公司最近倒闭。矿主在事前订购了道奇、奔驰等各种型号大吨位载重货车、翻斗车共计 1500 辆，全部是新车。为了偿还债务，矿主决定将这批新车折价拍卖。看了这份报告，董事长眼前一亮。1500 辆折价拍卖的新车，是多么具有诱惑力呀！

但在该公司获得这一信息的时候，在香港、在智利，甚至在全世界，这已经是一个公开的秘密。此时，时间就是金钱，于是，公司董事长果断地授权采购人员说："只要质量好，价钱便宜，你们说了算。"

该公司的采购小组立即飞往智利，同行的还有汽车方面的技术专家。他们对这批共 1500 辆崭新的各种载重汽车，像体格检验一样，一辆一辆地进行技术检验，现场验货。最后结果表明，它们的质量是令人满意的。

随后，双方开始坐下来谈判，经过一番紧张的讨价还价之后，这批载重7～30吨的汽车，矿主同意以低于原价38%的价格出售给该公司，仅此一项，他们就节约了外汇2500万美元。

谈判获得了空前的成功。从发现这个信息到成交这笔生意，仅仅花了3个月的时间。

可以说，这家公司的董事长打出了一场迅雷不及掩耳的闪电战。而这场闪电战之所以成功，在于他抓住重要的一条线索，那就是矿主急于尽快偿还债务，达成交易的心情迫切，有迅速签约的打算。这位董事长当机立断，做出了明确、果断的决定，如果没有对方这一客观条件，单方面讲求速度往往会导致“欲速则不达”的结果。可见，在多角竞争或有多角竞争的潜在威胁的时候，速度具有决定性的意义。否则，拖拖拉拉，贻误战机，就会让你的对手捷足先登。

1.创造竞争状态

比如：“这种订单我们已经接到好几份了，他们都希望得到我们的合作。”这种货比三家通常就是买方向卖方施加压力的有力措施。这样，抓住对方害怕失去的心态。

2.适时说强硬的话

谈判者在代表一方利益与另一方谈判时，尤其在快达成协议时，不应该一味地去迁就对方，使自己处于一种心理上的弱势地位。而应适时说些“硬”话，使对手心弱屈服，从而控制局面，以让局面对自己有利。

没有错误的废话，为关系加温

“没有错误的废话”又称为外交辞令。在日常生活中，谈判者出席的谈判活动，虽然没有国与国之间交往之庄重，但同样不可忽视这谈判前的“谈

判”。所谓谈判前的“谈判”，指的就是正式谈判前的“热身”工作，细化一下，就是谈判双方的见面、寒暄、打招呼、相互问候、谈论一些与谈判无关的轻松话题等环节。这些看似不起眼的小环节，在谈判过程中却是不可或缺的。如打招呼和寒暄，虽然本身并不正面表达某种特定的意思，被人们称为非实质性谈判现象，但却对谈判双方的思想、情绪和行动都有着相当大的影响。

这是因为，一般来说，任何谈判都只有在轻松、和谐、友好的氛围下，才会得出双方都满意的结果。寒暄正是营造这种气氛的契机。谈判者主动与对方招呼、寒暄，就等于在向对方宣布：我坦率地打开心扉，我愿意与你建立良好的人际关系。这样做，自然很容易获得对方的好感，消除谈判双方的紧张情绪和敌对戒备心理，使双方都能以轻松的姿态开始谈判。

谈判实景

松下幸之助在刚创业的时候，第一次到东京找一个批发商谈判。刚一见面，批发商就友善地与他寒暄说：“我们是第一次打交道吧？以前我好像没见过您。”批发商想用寒暄托词，来探测对手究竟是生意场上的老手还是新手。由于缺乏经验，松下恭敬地回答：“我是第一次来东京，什么都不懂，请多多关照。”正是这番极为平常的寒暄答复却使批发商获得重要的信息：对方原来只是一个新手。

批发商接着问：“你打算以什么价格出卖你的产品？”松下又如实地告知对方：“我的产品每件成本是20元，我准备卖25元。”至此，批发商了解到松下幸之助在东京人地两生，又暴露出急于要为产品打开销路的愿望，因此趁机杀价。

“你首次来东京做生意，刚开始应该卖得更便宜些，每件20元如何？”无奈，没有经验的松下先生在这次交易中吃了亏。

上面的事例说明，通过表面上的寒暄探测到对方的虚实，就会为自己在谈判中赢得主动。同样，如果在寒暄试探之中暴露了自身的底细，也会导致被动与失利。

同时，打招呼和寒暄也是谈判之始观察对方情绪和个性特征，获取有用信息的好方法。一个有经验的谈判者能透过相互寒暄时的那些应酬话，去掌握谈判对象的背景材料，如：他的性格爱好、处事方式、谈判经验、工作作风等，进而找到双方的共同语言，为相互间的心理沟通做好准备，这些都是对谈判成功有着积极意义的。

1.主动交流

敢于向对方抛出话题。一些初涉谈判桌的谈判者在开始与对手交涉的时候，有时候不知道怎么与对方开场，有时候又有很多的顾虑，很容易和对方冷场。这就需要你走出自我限定的空间，大胆、主动地交流，才能现实自己自信的“外交”姿态。

2.选择好话题

谈判前寒暄的话题多种多样，在外交辞令中，我们经常看到一些谈判者谈到天气，比如“ 现在已经是秋天了，我记得大使先生是春天来的，那么已经历了三个季节了：春天、夏天、秋天——秋天是收获的季节啊！”在轻松的寒暄中，运用暗示、双关的手法，巧妙地利用时令特征，即秋天的特点及其象征意义——成熟与收获，将我方诚恳的态度、殷切的希望、坚定的决心含蓄委婉地表达出来。这种“寒暄暗示”法意味深长，具有强烈的针对性和灵活的策略性，无穷之意尽在言外。

3.避开敏感话题

无论是在外交还是一般性质的谈判中，聪明的谈判者都会注意到一点，那就是绝口不提一些敏感话题，这包括对手的隐私、宗教信仰、组织冲突等方面。

反客为主，引导对方按自己的思路走

反客为主的谈判法，也就是首先顺着对方的想法做出一番分析，然后找出对方的漏洞，趁隙插足，就能够夺取谈判的主导地位，再抓住关键要害，才能循序渐进地达到自己的目的。让对方顺着你的思路走，就要先顺着对方的思路去想。运用反客为主的方法，首先要找到对方的荒谬之处，或者洞悉对方的漏洞。

谈判实景

某男与女友要结婚了，女友要求操办一个豪华婚礼，男孩却持不同意见，但直接表达恐怕引起对方不满。于是，男孩给女孩算了一笔账："完全按照你的意愿，酒席32万元，新房装潢和家具等12万元，蜜月旅行、喜车、喜糖、鞭炮、礼品等20多万元，加起来要60~70万元。"稍停顿后继续说："现在有12万元的存款，每月结余大概1万多，一年大概存14万元。"然后又说："这样看来，咱们是不是5年后，35岁积攒下存款再结婚？"女友沉默了。"要不先贷款，然后再用五年的时间还贷？"男孩追问，女友也不满意。这时男孩趁势说道："35岁结婚太晚了，背着贷款也不舒服，你看咱们是不是实际一点，看看哪里可以节省点？"女友很轻易就同意了。

谈判心理策略分析

在实际谈判过程中，作为谈判者，我们需要认清这样一个问题，那就是在任何时候，当我们想要对方按照自己的思路走，那首先应该放下自己的观点和思想，按照对方的思路走，趁机寻找到击破对方心理的破绽，这样我们才能在最后达到自己的目的。

1.找到对方的弱点

在某次谈判中，为了自己手中多一张王牌，某芯片供应商A没有说出芯片对机械的要求，并告诉对方B，自己正在和另一位公司的老总C洽谈。B多方了解，知晓了这一秘密，于是告诉A自己无法按照对方的要求进行投资，决定放弃购买这种芯片；据自己了解这种芯片对机械的要求颇高，必须用类似的进口设备，希望对方能介绍把自己公司的设备卖给C公司。这一番暗示，告诉了A自己知道他和C的洽谈不过是个幌子，做到了反客为主，A听完之后大惊失色，主动找到B，降低了产品价格和对采购量的要求。

想要掌握主动权，让对方顺着你的思路走，就一定要找到对方的弱点，或漏洞或需求，然后再循序渐进地提出要求，就能容易地让对方顺着你的思路走。

2.拿出利于自己的筹码

找到对方漏洞后，再抛出自己的想法，即有利于自己的筹码，对方就可能一步步按照你的计划达成协议。比如，在某次谈判中，买方了解到目前这种产品的市场竞争非常激烈，于是首先提出“我司已经连续 5年向贵公司采购该产品了，当前市场竞争非常激烈，于情于理，贵公司最少应降价10%”。卖方没有立即答应。于是买方立即详细分析了产品的成本，市场竞争状况，告诉卖方如果错失和自己的合约，将可能有多大的损失，严重的话，卖方可能会被迫撤出该产品市场。

然后买方又使出了杀手锏“若贵公司不顾交情，我公司将不得不向你的同行采购。”最后提出有诱惑的条件并催促卖方 “您想继续合作，按照我们的建议执行吧，随着公司业务量增大，我们会增加采购量的。”

3.抓住关键点

想要让对方按照你的条件达成协议，就必须抓住对方的关键要害，比如“不想失去一位长期客户”“希望延长合同的期限”“希望增加采购量”“不希望丢失高级别顾客”“希望能做出产品宣传”等，只有抓住对方的要害，允

诺对方最需要的利益，协议则可能更顺利达成。

以模糊语言避开敏感话题

无论是商业还是政治或者是其他活动，都离不开谈判，通过谈判而达成一致意见，签订协议并通过认真履行使双方获益。而谈判行为是一项很复杂的交际行为，它伴随着谈判者的言语行动、行为互动和心理互动等多方面的、多维度的错综交往。谈判过程中，作为代表一方利益的谈判者，你能否成功识别出对方的现实动机和长远目的、对方派出人员的权限乃至其心理状态、个性特征等，在很大程度上能影响着谈判的成败。

谈判实景一

在美国某乡镇有一个由 12 个农夫组成的陪审团。有一次，在审理了一项案件之后，陪审团中的 11 个人认为被告有罪，只有1个人认为被告不应该被判罪。由于陪审团的决议只有在其所有成员一致通过的情况下才能成立，于是这11个农夫花了一白天的时间，去说服那位与众不同的农夫改变初衷。傍晚，天空中忽然乌云密布，眼看一场大雨就要来临，那11个农夫都急着要在大雨之前赶回家，好把放在屋外的干草收回去，可是，那个农夫却仍旧不为所动，坚持己见，11 个农夫个个都急得像热锅上的蚂蚁。他们的立场开始动摇了，最后，随着“轰隆”一声雷鸣，这11个农夫再也无法等下去了，他们转而一致投票赞成这个农夫的意见：被告无罪。

在这一谈判案例中，这位胜利的农夫在面对强大的谈判阵容的时候并没有轻易就范，而是利用了其他农夫都急于结束谈判的心理，向他的对手们展开心理攻势，让对手急得像热锅上的蚂蚁，最终，在忍无可忍的情况下，这群农夫

放弃了自己的立场，认为被告无罪。

谈判实景二

1983年，我国某法学家在联邦德国举办的国际刑法研讨会上，应邀做了关于当前中国刑法发展的报告。报告结束后，有人提出："人们在行为当时，怎样能够预见自己的行为是犯罪的呢？假如一个人在马路上踢足球，在踢的时候并不犯罪，但后来踢碎了附近的门窗玻璃，因而可能事后判了罪，对这一点，行为人怎样能预先知道呢？"报告人面对这个难题半开玩笑地说："世界各国人民都爱踢足球，我们也在提倡，所以你可以放心，不至于因踢足球而被判刑。"

很明显，报告人的回答是答非所问的，然而全场立即响起了一阵爽朗的笑声。可见答非所问在特定的场合中也是一种非常必要的答话技巧。

美国谈判学会主席、谈判专家尼尔伦伯格说，谈判是一个"合作的利己主义"的过程。而谈判的最终结果是，双方都必须按照谈判结果行事，这就要求谈判者应以一个真实身份出现在谈判行为的第一环节中，去赢得对方的依赖，继以把谈判活动完成下去。而事实上，双方都希望谈判结果能利于己，谈判者又很可能以假身份掩护自己、迷惑对手，取得胜利，这就使得本来很复杂的行为变得更加真真假假，真假相参，难以识别。

谈判实景三

有一次，美苏关于限制战略武器的四个协定刚签署，基辛格向随行的美国记者介绍这方面会谈的情况。当记者问到美国潜艇数字时，基辛格巧妙回问，用反弹术回避了。

请看基辛格与记者的对话：

基辛格："至于潜艇，我的苦处是：数目我知道，但我不知道是不是

保密的。”

记者：“不是保密的。”

基辛格：“不是保密的吗？那你说是多少呢？”

记者：……

同时，谈判中，对方说的每一句话对于我们来说，都可能是一个“套儿”。从这个角度看，领导者在谈判的时候，只有懂得从对方心理角度出发，在陷阱面前懂得说话迂回，才能操纵对方心理，并反败为胜，取得谈判的主动权。

基辛格真不愧是出色的外交家，面对记者的刁难性发问，他并没有直面回答，而是反问记者，使记者落入了他的圈套，从提问变为被问，由主动变为被动，结果自己无言以对，好不尴尬。

1.懂得巧妙反击

一场谈判如同一次战斗，要准备许多的材料，并进行综合、分析、推理、决策，大家都没长后眼，不能未卜先知，如果你一不小心，就会陷入对方设定的陷阱中。为此，懂得掌握对方心理，巧妙反击就很重要。谈判中，谈判者在遇到对方的语言雷区时，一定要沉着冷静，应用迂回的语言，保护自己的利益，取得谈判的胜利。如果正面回答，就很可能撞到对手的枪口上。

2.采用迂回的说话方式

谈判者需要明白，谈判是富有竞争性的合作，虽然不是战争，不是你死我活，你输我赢，但是谈判也绝不是找朋友，推心置腹。在谈判中声东击西，迂回式说话也是自我保护、扰乱对方方寸的心理战术，更是谈判高手惯用的技巧！

乘胜追击，令对方难以招架

所谓谈判，体现谈判者的谈判能力的就是其语言水平。然而，真正的谈判，往往不是在和平的语言环境下进行的，甚至可以说，双方为了掌握谈判主动权，多半会唇枪舌剑。因此，出于利益的对立，当你提出自己的看法和观点后，对方多半会采取否决的态度。面对这种情况，聪明的谈判者往往会借力打力，调转势头，并乘胜追击，赢取胜利。

纵观古今中外，几乎所有的战争都是在两条战线上进行的，一条是血与火战场上的拼杀；另一条则是心理战场上的较量。心理战可以说是“战争之外的战争，战争之上的战争”。将错就错、让对方自乱阵脚这一攻心术在中国的战争中表现的尤为明显。任何一位谈判高明者都知道在对方心理弱势时乘胜追击，一举获得胜利。

在一次集体活动中，当大家风尘仆仆地赶到事先预定的旅馆时，却被告知当晚因工作失误，原来订好的套房（有单独浴室）中竟没有热水。为了此事，领队约见了旅馆经理。

领队：“对不起，这么晚还把您从家里请来。但大家满身是汗，不洗洗澡怎么行呢？何况我们预定时说好供应热水的呀！这事只有请您来解决了。”

经理：“这事我也没有办法。锅炉工回家去了，他忘了放水，我已叫他们开了集体浴室，你们可以去洗。”

领队：“是的，我们大家可以到集体浴室去洗澡，不过话要讲清，套房一人50元一晚是有单独浴室的。现在到集体浴室洗澡，那就等于降低到普通房间水平，我们只能照普通房间标准，按每人15元付费了。”

经理：“那不行，那不行的！”

领队："那只有供应套房浴室热水。"

经理："我没有办法。"

领队："您有办法！"

经理："你说有什么办法？"

领队："您有两个办法：一是把失职的锅炉工召回来；二是您可以给每个房间拎两桶热水。当然我会配合您劝大家耐心等待。"

这次交涉的结果是经理派人找回了锅炉工，40分钟后每间套房的浴室都有了热水。

谈判心理策略分析

这里，这位谈判者的谈判水平是令人佩服的。他针对对方始终拒绝的态度，向旅馆经理提出了反面建议。而这一建议自然是不可能实现的。然后，他便乘胜追击，提出了另外一条建议。迫使旅馆经理在权衡之下，最终做出了选择。

表面上看来，这位领队是在"威胁"旅馆经理，但是我们发现，在整个说服的过程中，他丝毫没有表现出任何恶意，这也是为什么旅馆经理最后妥协的原因。如果领队对旅馆的服务大加指责或者言辞激烈威胁的话，恐怕就是另外一种结果了。因为没有人愿意被真正地威胁。攻心里所谓的"威胁"策略与恶意的恐吓没有任何关系，而是对对方进行的善意提醒。

1.拖延战术

谈判者若发现自己在谈判中属于实力较弱的一方，那么，你要做的一项重要工作就是尽力消耗对方的优势，变被动为主动。对此，你不妨使用拖延战术。通常来说，谈判结束的时间被称为"死线"，在一般情况下，谈判者都要保密自己的最后期限和"底线"，因此在谈判中，往往会出现这种情况，双方都希望摸到对方在谈判中的"底线"，以争取主动；与此同时，都对自己"底线"严格进行保密。

在针对谈判的“死线”的时候，谈判者可以采用欲擒故纵的拖延技巧，但在运用这种技巧的时候，要注意保留余地，不可拖死对方。例如，在改变与对方的谈判日程时可说，“因为还有别的重要会见”，在神秘中仍给对方一个延后的机会，待到对方等到这个机会时，会增加一种珍惜感；保证自己手头有“筹码”可以再次吸引对方谈判，不能使自己的地位僵化，否则，一“拖”即逝，无力再拉回对方；在采取拖延技巧的时候，一定要注意自己的言论，说话要委婉，避免从情感上伤害对方造成矛盾焦点的转移。

2.妙语补救

这种说话策略能很好地帮助谈判者弥补我们已经陷入对方陷阱的措施。比如对方诱导你承认了他们的报价，你失口承诺认可了对方的报价，如果发觉得及时，可马上纠正——“当然，这个价格尚未计入关税税额”，如果发觉得较迟，你可通过助手补充纠正，“请注意，刚才张先生所允诺的价格，是以去年底的不变价计算的，因此，还需要把今年头八个月的涨价比率加上去。”当对方听到你已经巧妙绕开了陷阱后，会立即乱了方寸，这时，便是你展开进攻的时机了。

第14章

三言两语，扭转乾坤的心理策略

凡是谈判，双方都想通过沟通交流，实现自己一方的某种意图，所以谈判双方有一种对立统一的关系。多数时候，谈判者都希望己方以绝对优势压倒对方，在言语上表现出强势。其实，在实际谈判中，我们更需要灵活的言辞，这样才能扭转谈判局势的走向。

妙用语言化解谈判中的争执

任何一个谈判者都知道，谈判桌上，打的是一场心理战。因此，谈判桌上永远是虚虚实实、真真假假，信息的掌握也各有不同。为了让谈判结果有利于己方，最常使用并且效果最佳的方法就是给对方施加压力，让对方认识到己方比对方更有优势。这种方法在某些时候的确可以奏效，但并不能解决一切谈判争执，甚至还会让对手放弃谈判。

其实，无论是何种谈判，“用刑”不如“用情”，用点情说话，会更容易打动对方，让对方臣服于我们的真情实意，谈判自然会有利于我们。因为人都是感情的动物，谈判中也会“感情用事”，即使谈判涉及利益问题，对方也可能会因为“情”做出“失之偏颇”的决定。

某客户准备为自己的饭店购进一些桌椅，于是，他和家具公司的销售经理谈判。

客户：“我觉得那套棕色木质家具看起来比较大方，而且我一直比较喜欢木质的东西……”

销售经理：“请问您的饭店大厅有多少平米？”

客户：“我的饭店有100平方米，买20套这样的桌椅应该能放得下。”

销售经理：“您看一下这套家具的尺寸，放在100平米的饭店里会不会让剩余的空间太狭窄了，因为我们这个展厅比较大，这套桌椅不显得宽大；实

际上那套小巧玲珑的桌椅更适合现代餐厅布局的特点，而且价格也比这套实惠很多。”

客户：“你说得对，我还是买这套小一点儿的吧。”

谈判心理策略分析

这则案例中，这位销售经理并没有利欲熏心，而是从客户的实际情况出发，及时提醒了客户。这样做，会让客户从心里感激他，并觉得他是一个诚实守信的人，自然毫不犹豫地达成交易。的确，优秀的销售员总是会在第一时间考虑客户的要求，一旦你掌握了这种方法，你的工作就能够更顺利进行，并且你做成的不只是一笔生意，还赢得了一名忠实的客户。忠实客户给你带来的利益是不可估量的。

1.有耐心

无论多么简单的谈判，谈判者都要充满耐心，即使是一个很小的环节。人们经常因为没有花时间系统地质疑自己的先入之见，而身陷糟糕的谈判中。心理学家把这种急切的心态称为“确认陷阱”——他们没有去寻找支持自己想法的证据，同时又忽视了那些能证明相反意见的证据。而从谈判对方的角度看，我们在谈判中，说话越是有耐心，他们越是能看出我们的素质和修养，也自然愿意与我们合作。

2.说话弱一点，反而会有效果

其实，我们所说的示弱并不是真的在示弱，也并不是以眼泪换取同情，而是一种说话的技巧，以达到你的谈判目的。谈判过程中，谈判者也可以抓住人们这一共性心理，应该调动听者的同情心，在言语上适当示弱，使对方首先从感情上与你靠近，产生共鸣。这就为你问题的解决与事情的办成打下了基础。在对方放松警惕心理时，再提出你的要求，完成谈判目的也就容易得多。

3.替对方着想

谈判中，双方在沟通的过程中都有一个自己的立场，若别人说话的立场和自己不同，自然就会产生抗拒心理。聪明的谈判者应该学会和客户站到同一个立场上去，并从对方的角度出发去思考问题。相反，在谈判中，如果谈判者死守自己的立场，不愿意站在对方的角度思考问题、说话，估计迎来的不是谈判的僵局就是以失败告终。

打好语言太极，混淆视听

人们进行谈判，都会尽可能地为自己和所代表的利益团体争取利益，于是，“讨价还价”以及“拒绝”就在所难免。对于对方发出的谈判招数，高明的谈判者都能巧妙接住，并且能在悄声无息之间进行反击，使谈判主动权始终掌握在自己手中。也许一些谈判者会发出感叹，如何才能做到这一点呢？其实很简单，这要考验谈判者的说话水平——你需要使用太极语言，巧用四两拨千斤，加以反击。而“四两”之所以能够“拨千斤”，最主要的就是找准“用力点”，即最有影响的点。找准这个点后，再发力时，就能起到“拨千斤”的效果。

谈判实景一

一天，转了半天的他坐在公园的长椅上一边啃着干面包，一边读着报纸。突然，他眼前一亮。原来报纸上报道了总统的小花园的消息，他灵机一动，“腾”地站了起来。他回到家后，就立即写了这样一封信：

“亲爱的总统先生：

“您的花园真是不错，但是草都已经长高了。我知道您工作实在太忙了，

没时间打理，而您的妻子需要照顾孩子。我想，作为一个普通公民有义务代表所有公民为你做件事：用一部除草机来修理花园的草，这可以帮助您，减轻您和您妻子的负担……”

总统看了这封信后，被他的话感动，于是就买下了一部除草机送给写信人。

这件事引起了强烈的震动，人们都知道了总统用的什么牌子的除草机。于是，这款牌子的机器一时间供不应求。结果可想而知，他留在了公司。

在以后的工作中，他分别使用各种窍门，而且每次都会见效，他的业绩也迅速提升。

这里，这位推销员的智慧之处就是，他让总统购买自己的机器，从有影响力的人物开始打开销路。这就是四两拨千斤的作用。在谈判过程中，谈判者也大可以运用这一语言技巧。如果你喋喋不休地向谈判对手阐述自己的观点，那么，换取的也可能只能是对手喋喋不休的回应。而此时，如果你能打好太极技术，攻克其关键点，那么，整个谈判也就能攻克下来了。

谈判实景二

当时，东周为了发展农业，提高农作物的产量，准备改种水稻。西周在高处掌握着水的资源。知道东周改种水稻的消息，坚持不给东周放水。东周非常着急。于是发出话来，谁能去说服西周放水，国家要给予重奖。这时，苏秦的弟弟苏代就自告奋勇去说服西周。他到了之后就对西周人说：“我听说你们不给东周放水，这个决定可是不高明啊。”西周人问：“怎么不高明呢？”苏代说：“你们不给东周放水，他们就没有办法改种水稻。只能种小麦。这样，他们就再也不用求你们了。你们和东周打交道也就没有主动权了。”西周人问：“苏先生，以你的意见怎么办好呢？”苏代说：“要听我的意见，你们就给东周放水。让他们顺利地改种水稻。改种水稻就常年都需要水，这样，东周的

经济命脉就掌握在你们手里了。你们一断水他们就完蛋。他们时刻都得仰仗你们，巴结你们。”西周人听了觉得有道理。不但同意给东周放水，还重重奖励了苏代。

在风云变幻的谈判桌上，双方唇枪舌剑，犹如刀光剑影。谁都想尽快探知对方底牌，争取最大利益，掌握谈判主动权。在这场据理力争、高智商的商务谈判中，谈判者一定要学会运用太极语言，以柔克刚，以软化硬，用智慧和柔术进退自如，攻守得当！

1.懂倾听之道

谈判是面对面的交谈，因此，谈判中要有一半左右的时间在听对方说话。常言说“锣鼓听声，听话听音”。能不能听出对方的“音”？听了能不能做出正确的分析和判断？能不能找出对方的“软筋”或“破绽”？从而拿出应对的策略，这些都是能不能实现谈判目的的关键。

不要打断对方，让对方多说，不要怕没有说话的机会；在对方有一种“言多有失”的警觉时，要尽力地循循善诱；高明谈判者不仅善于倾听，还善于在不显山露水的情形下，启发对方多多地说、详细地说；重复对方的讲话，让他们把要说的话、想说的话尽量地都说出来，以显示出你曾认真倾听了他的谈话；还要尽量判断出对方真实意图。然后根据自己方面的原则立场，拿出一套应对的谋略。

2.每个决策须深思熟虑

谈判者在谈判中说话要深思熟虑，不能顾此失彼，更不可前后矛盾。对说出的关键词、关键数字和关键性问题要牢记不忘。在讨论其他问题甚至闲聊时，也要避免说出和这些关键问题相矛盾的语言。否则将会引起对方的猜疑而导致被动。同时，尽量不要按照对方的思路走，要千方百计地把对方的思维方式引导到你的思维方式上来。

3.保持举重若轻的轻松姿态

所谓举重若轻，就是一种轻松的谈判姿态，即使面对的是重大的问题、

难点或者分歧较大的问题。因为这样就不至于把谈判双方的神经搞得过于紧张，甚至引发谈判的僵局。相反，所谓举轻若重，就是面对那些鸡毛蒜皮的小问题，也表现出一副极其认真负责的态度去洽谈。一是表明认真负责的谈判态度；二是可以利用这些小事冲淡或化解关键的分歧。在关键问题上谈不下去的时候，也可以采取迂回战术。有时候，这些方法只要利用得当，也能达到同样的谈判目的。

关键时刻表态，成为最大赢家

中国有句俗语："最后的赢家才是真正的赢家，要笑就要笑到最后。"这句话一点也不假。谈判中，我们在与对手交涉的过程中，也只有手握底牌，在关键时刻阐明观点，才能出奇制胜，让对手心服口服。谈判桌上，谁能掌控好局势，谁就会是最后的赢家！作为谈判者，在谈判过程中，只要你能抓住对方的心理，根据对方不同的利益需求，适时说出让对方毫无对策的话，我们势必会掌握谈判的主动权。

张耳占据赵地后，号称武信君。委托蒯通去范阳，说服范阳令徐公投降。

蒯通到达范阳，见了徐公就说："我是范阳一介草民蒯通。我分析当前形势，徐公你可能活不了多久了。我特意来给你吊唁来了。不过，你要听我蒯通的话，也可以有一条生路，我也是来向你表示祝贺来了。"

徐公就说："你怎么知道我活不了多久？"

蒯通就说："你在范阳为官已经十年了。你为了落实秦国的法令，杀人家的父亲，使人家的孩子成为孤儿；你断人家的手足，黥人家的面孔，这样残

忍的事情你做得够多的了。那些慈父孝子对你恨之入骨。他们为什么不用锋利的尖刀插到你的腹中把你杀死呢？那是因为他们害怕秦国的法律。如今是天下大乱，秦国的法律已经不起作用了，那些慈父孝子正在争着用利刃把你杀死。一来要化解他们对你的怨恨，二来杀你也可以得到名利。我蒯通知道你活不长了，因此才提前来给你吊唁。”

徐公又问：“你怎么还祝贺我有一条生路呢？”

蒯通说：“武安君不嫌弃我是一介草民，向我请教战争问题。我对他说：‘打了胜仗才能得到土地，攻取之后才能得到城池，这已经是落后的战法了。不战而得地，不攻而得城，一纸公文就能搞定千里。这样的谋略你们愿意听听吗？’他们的将领都很感兴趣。我就说，‘以范阳令徐公为例，他可以整顿士卒坚守城池。但是，人都是害怕死亡贪图富贵的。战到不行的时候他要投降。那时士卒都有了怨气，很可能把范阳令也给杀了。这件事必然会传出去。其他地方的官员知道范阳令先投降也被杀害了，必然要固守。这样，其他城池就不好攻打了。现在不如以隆重的礼仪迎接范阳令徐公，一直把他迎接到燕赵接壤的地方。其他城池的官员都知道，范阳令投降得到了富贵。这样，就会争着来投降。这就是我说的一纸公文可以搞定千里。’现在你要是听我的话投降武信君，不但可以生存，而且还可以继续享受富贵。”结果蒯通说通了范阳令徐公。

谈判心理策略分析

故事中我们不得不佩服蒯通的口才，他之所以能成功说服徐公，在于他从正反两方面阐述了事情的利弊得失，让徐公心服口服。其实，我们在与对手进行谈判，也是一个说服对方接受成交条件的过程。如果你也能和故事中的蒯通一样，在阐述观点的时候，有理有据，那么，同样也能起到成功谈判的效果。

1.用事实说话

谈判中，我们要使对手接受你的观点、意见，就要让事实说话，事实充分就使你言重如山。“百闻不如一见”，事实胜于雄辩。在说服中，要善于运用事实造势。这种说服方法根本的一点就是唯实、唯事，尊重客观事实，用事实说话。运用事实进行说服最能打动人心，最能使人信服。如果从心理学的角度来分析，人们的心理趋向是求真、求实。只有真实的东西，才是人们最可信的。

2.关键时刻表态

你还应该在最后说话的时候尽力最大化你的优势，先观察你对手的动作，尽量让对手先表态，然后根据对方的心理变化适时地调整自己的策略，最后一举亮出自己的王牌，让对方心服口服。

当然，要想做到让对手心服口服，我们在谈判过程中，还必须做好保密工作。现实生活中，一些经验尚浅的谈判者总是重复着这种愚蠢的做法，他们不重视保密工作，随随便便地分享个人信息。要知道，有些信息此刻看似无关紧要，但它的泄露在将来可能成为一个致命的错误。

3.把握时机再亮出底牌

以打牌为例，在含有技术成分的打牌中，当你的运气很差时，对手往往会察觉到并且玩得更好。他们不再把你视为一个威胁，你已经输了气势。在这些时候，你应该更加保守。不到关键时刻，不要亮出最有分量的牌。因为牌局随时会停止，不要太早把手里所有的牌都亮出来，因为对方也随时会出新的牌。

谈判中，双方往往都有自己的底牌，但要让对手心服口服，谈判者一定要沉得住气。有些时候你能清楚地感觉到事情正在越变越糟。你应该采取守势，退后一步，现在的情势不适合马上反击。不要在自己处于劣势的时候拼命地试图证明自己，不妨退守一步。记住，在你处在劣势的时候，不要急着马上反击，等一等，机会总会到来，那时你才能出奇制胜。

用事实与数字说话

从某种意义上说，谈判者参与谈判，成功与否，就在于对方能否接受自己的观点。但出于利益的对立，大多数时候对方对你都持怀疑态度。以商务谈判为例，要达成交易，就要让对方对你深信不疑，但有时候你使出浑身解数，向客户展示产品的众多优点，可对方似乎却不吃你那一套，但如果换一种推销的方式，比如说，向客户展示一些真实案例或摆出数字，那么，便能消除客户怀疑的态度，自然就会加快购买的脚步。可以说，这种语言策略同样适用于任何谈判活动，只要谈判者加以巧妙运用。

任何时候，最忌毫无事实证据的论述。更何况，对于处在利益对立面的对手，谁都会心存戒备，更别说信任了。此时，若你的言谈没有事实依据。那么，则会加深对方的疑心，也就无法激发对方成交的欲望。而如果我们能展现现实例证或摆出数字，给对方吃一颗定心丸，自然会加快对方成交的脚步。

李准是一位著名的作家。据说他有“三句话叫人落泪”的本领，但没有亲眼见过的人，难免会有所怀疑。电影艺术家谢添就不怎么相信。偏巧，在著名豫剧演员常香玉的“舞台生涯五十周年庆祝会”上，谢添与李准不期而遇。谢添抓住这个机会，想好好地证实一下。

谢添说：“李准，我想当众试试你：你说几句话，能叫常香玉哭一场，我就服你！要不，你认输也行！”

李准皱皱眉头，摊摊手，对常香玉说：“你看看老谢，今天是你的大喜日子，他偏要让你哭，这不是难为人吗？”

没想到常香玉痛快地说：“你今天能让我掉眼泪，就算你有真本事！”

事实上，刚开始时李准表示为难，就是为了争取时间抓紧构思，面对着会

上喜庆的气氛，想把一个人说哭，几乎是不可能的事情。这就需要冷却气氛，转换情绪，并选取与庆祝会有所联系和呼应的话题，以便引出鲜明而具体的事实。李准款款道来，只用几句话就把这个过渡很好地完成了：

“香玉，咱们能有今天，可真是太不容易了！你还是我的救命恩人呢！我十来岁那年，跟着逃荒的难民群到了西安，那里没有什么吃的东西，眼看大家都快饿死了，忽然听到有人喊：‘常香玉放饭了！河南人都去吃吧！’人一下子全都涌了去！我捧着粥，泪往心里流。心想：日后见着这个救命恩人，我一定得叩头谢她！”

“老李，你……别说了！”常香玉捂着脸转过身去，满眶泪水滚落下来。整个大厅里格外安静，没有一点儿声音。人们都沉浸在一种伤感的情绪中，就连谢添也轻轻地吸吸鼻子。他的表情让人感到他已经忘记了这是和李准打的一场赌了，他对李准是彻底地信服了。

在这种充满欢乐气氛的盛会上，李准仅用短短几句话，就把常香玉真的说哭了，他到底有什么绝招呢？这就是利用心理相容的规律，筛选出令人难忘的典型事例，并用简洁精练的结构和生动传神的语言来表达，就如电影蒙太奇的特写手法，几句话就把听者的泪说出来了。尽管这个例子，重点不在说理而在动情，但用这种鲜明具体的事实来打动人心的手法还是值得学习的。

1.以真实的事例打动人

真实的事例是一种具有说服力的论据。比起那些空洞的承诺、抽象的产品质量报告，具体真实的事例显得更加形象生动。如果你告诉对方：“我们是奥运合作伙伴，这是我们的合作标志。”那么对方不仅欣然接受，也会深信不疑。再如：“某某500强企业一直在用我们的产品，到现在为止，已经和我们公司建立了5年零8个月的良好合作关系。”在说明的同时，用一些图片或是资料进行辅助证明，就能发挥出最好的效果。

2.列举有说服力的数字

谈判时，谈判者一定要显示出自己在该领域的专业素质。才可让对方信服。以商务谈判为例，你须尽量权威、精确地介绍产品的各个方面，越是精确、越是权威的数字，越能让对方感受到你的专业，也就越能获得对方的信任。因为在客户看来，口说无凭的介绍是起不到任何作用的，也不能够刺激他们的购买欲望的。现在人们对产品的要求越来越高，当然也不仅仅局限在你的空口无凭，但是当你用数据来展现给客户的时候，就很有说服力了。

用数据和事实来说服对方和很多谈判技巧一样，虽然具有很好的作用，增强语言的可信度，但是如果使用不当，同样会造成极为不利的后果。因此，谈判者在用数字、事实证实的时候，可以用影响力较大的人物或事件说明，或者拿出权威机构的证实结果。另外，你给对方所举的案例一定要真实，否则就是搬起石头打自己的脚，造成信任危机。

巧妙回击对方的言语攻势

作为谈判者，你在参加某些重大谈判的活动时，如果遇到谈判对手对你百般刁难，肆意制造各种难题来向你施加压力，意在置你于谈判弱势地位，此时你最好的应变办法就是“以其人之道，还治其人之身”，即所谓的“以毒攻毒”。

1.听懂对方的弦外之音

这里，需要提醒你的是，一个猎人如果只知道带枪，而不知道如何瞄准、如何抓住时机扣扳机，那么，他永远也捕捉不到猎物。同样，在谈判过程中，决定反击之前，一定先要把对方的话语听明白，以便把握目标，瞄准靶子再放箭。

这种知己知彼的应变对策还贵在谈判者预先发现谈判对手的攻击倾向，这就要求谈判者思维敏捷，能够及时判断出谈判对手下一步所要玩弄的手段，抢先给对手设置拦路板，使他所要施展的手段失去用武之地。

2.做出准确的判断以及攻击策略

一旦听懂了对方的用意。发现对方有明显的攻击意味，你就要提高警觉，及时作出判断：一是具有反击的针对性，如果对方发动的是侮辱性攻击，那么反击也是侮辱性的；如果对方发动的是讽刺性攻击，那么反击也是讽刺性的。二是后发制人，迅速而巧妙地把耻辱的标签贴到挑衅者的脸上，正如（圣经）上说："把上帝的还给上帝。"三是在方法上，要捡起对方扔过来的石头，扔回对方，或顺水推舟巧妙地将矛头转向对方。

3.故意效仿

当然，谈判者不可能对任何谈判对手所要玩弄的花招都防患于未然，"以毒攻毒"的应变对策也适用于事后补救。如果谈判对手提出的要求极不合理，你也可以以极苛刻或不切实际的提法要求对方，如此一来，对方不得不收敛起他那盛气凌人的态度以及收回他无理的要求。

4.模糊用语

在回答对方问题的过程中，我们可以闪烁其词，避重就轻，以模糊应对的方式解决。模糊语言通常分为两种表达形式：一种用于减少真实值的程度或改变相关的范围，比如，"有一点，几乎，基本上"等。另外一种是用于说话者主观判断所说的话或按照一些客观事实间接所说的话，比如，"恐怕，可能，对我来说，我们猜想，据我所知"等。

5.幽默的方式

谈判过程其实也是一种智力竞赛、语言技能竞争的过程，在这种谈判语言行为中，含蓄和幽默有时往往会交织在一起。风趣的语言有助于创造和谐的谈判氛围，可以传递感情，暗示意图，可以让你的批评变得委婉友善，增强辩论的力度，避开对方言语攻势里的锋芒，可以说是紧张气氛的缓冲剂，同时还可以为我们树立良好的形象。

6.条件式回答

当对手向我们提出一些过分的要求时，拒绝并不是唯一的方式。我们可以答应对方的要求，不过一定要限定一个对方不可能接受的条件，这种反击会让对方知难而退，让己方不战而胜。

操控话语主导权

任何一个经历过谈判的谈判者都知道主导权对于谈判成功的重要性，从某种意义上说，谈判过程中双方争夺的也就是主导权。但也有一些谈判者仍然存在误解，他们认为多说话，让对方无力还击，就能赢得谈判的成功。而事实上，言多必失，正因为如此，很多人在谈判中很容易处于劣势，处处显得很被动，其节奏也往往被对手所控制，最后频频让步、以至于还要去争取突破底线的条件，导致谈判破裂，达不成交易。

林芝是某出口卫浴公司的老板，因此，她经常参加一些涉外商务谈判。在对下属谈到自己的谈判经历时，她说道：

“我和老外谈判的情况会比较多，因为客户来自世界各地。总体而言，我认为老外对中国的卫浴产品是有一定歧视的，认为只要把单给我们就已经非常恩惠了。遇到这样的谈判，我通常是自始至终保持冷静的态度。”

林芝是这么说的，也是这么做的。一次，有一个客户给她下了一张100多万美元的单子，但价格却已经低于她所能接受的底线了。关键不在于价格，而是对方的态度和气势。面对高高在上的对方，林芝采取的态度反而是委婉，“不好意思，这个价格我还要考虑一下，但估计情况不会太乐观，因为我们卖的是品质。”最后这个客户一拍桌子站起身来就走了。

两天后，这位客户从欧洲飞回来，说一定要马上见林芝，而林芝给他的回

复是：“抱歉，两三天后我才有时间。”后来，这笔生意以双赢的结果成交。

谈判心理策略分析

在这场谈判中，谈判对手本想以气势压倒林芝，但林芝并没有受到对方的影响，而是始终比较冷静，以从容委婉的态度去应对，简短的几句表达态度的话就扳回了谈判的主动权，最终实现了谈判结果的双赢。从这里，作为一方谈判者，你同样可以发现，谈判固然在“谈”，但真正决定谈判胜利与否的还在于主导权。

1.做好谈判前的准备工作

在谈判之前，你要清楚自己的底线，同时要了解谈判对手。这里，你需要从多方面收集关于对手的资料；另外，从你知道对方的那一刻起，也就有现成的了解机会。就拿商务谈判来说，你是在对方的销售点得到对方的信息，那你可以跟销售点的人员了解对方的相关情况，不是只要那一个联系方式。当然，更多的时候还可以多管齐下，从多种途径去搜集信息。在做足这些准备工作之后，你应该尽可能地收集好一切“可借助的力量”。只有这样，谈判一开始，自己才会处于有利的局面之中。

2.不能暴露自己的心态

谈判者不能暴露自己的心态，以至于被对方控制节奏。谈判的节奏是非常重要的，这跟体育比赛时运动员们经常强调的节奏是一样的，如果你的节奏被对方所掌握，就容易被对方控制进程。所以，不要表现出急于达成交易，多做前期的试探性接触，如用电话拜访、短时间接触后立即撤退等方式进行火力侦察，了解对方的条件、掌握对方的意图、分析对手的特点。

3.先摆出自己的条件

如果自己有一些必须要对手接受的条件，那你可以在一开始把这些条件先摆出来，如果对此没有异议，再进一步进行谈判，比如付款方式，这往往是很

刚性，没有余地的条件；比如可以先声明：其他都可以谈，但必须现款。这样就划定谈判范围，节约大家的时间。但有时候如果不希望一开始就谈判破裂，希望对方在做了一系列努力以后因不愿放弃而接受一些条件，那就要慎用这种预告底线的方法。

4.以共同利益为基础

很多人在谈判中往往纠缠于分歧，而忽略了双方的共同利益。实际上，谈判并不是说一定要把对方当对手。如果你转换一种方式，从共同点开始，始终强调共同利益，就会让对方因不愿意放弃利益而让步，这样的谈判结果往往会令双方愉快地接受。

第15章

有情有理，打动他人的谈判策略

在实际谈判中，我们经常需要说服对手接受己方的条件，对此，有效地说服对手，才是谈判的关键。其实，说服对手并不是激烈地争辩，更不是在气势上去压倒对方，而是为了消除分歧，寻找彼此的双赢点。在某种程度上说，说服其实就是一种心理上的较量，一种心灵上的征服。

以情为诱饵，打动对方

在与人相处的过程中，情是最能触动人心的，正所谓“欲晓之以理，必先动之以情”。一般情况下，当我们与他人进行谈判的时候，彼此都会产生一种防范心理，双方都不为所动。这时候，你要想说服对方，就需要消除对方的防范心理。从一定程度上说，防范是一种潜意识里的自卫心理，也就是当我们把对方当作假想敌时产生的一种自我保护。而消除对方的这种防范心理最有效的方法就是以情动人，通过那些充满真情的话语使对方感到你是朋友而不是敌人，用真情去瓦解对方筑起来的“防范墙”，继而有效地影响其心理。真情，可以是嘘寒问暖，可以是予以关心，可以是予以帮助等。所以，我们在日常谈判中，要善于用情说话，使对方无法抗拒。

在20世纪80年代初，引滦入津工程因为炸药供应不足，面临停工、延误工期的困难处境。负责这一工程的领导者心急如焚，于是派李连长到东北某化工厂，希望能得到对方的援助。李连长接到任务后，昼夜兼程千余里赶到化工厂供销科，可只得到这样一句答复：眼下没货！于是他连忙找厂长，可无论自己怎么样劝说，厂长始终不为所动，硬邦邦地对他说：“眼下没货，我也无能为力。”

这时，厂长劝李连长不要再磨了，并给他倒了一杯茶水，李连长并不死心，他喝了一口茶，就在这时，他脑袋里突然有了主意，于是开口说道：“这

水真甜啊！天津人可是苦啊，喝的是海河槽，各洼淀中集的苦水，不用放茶就是黄的。”这时候，他又一眼瞥见厂长戴的是天津产的手表，于是又说道：“您戴的也是天津表？听说现在全国每10块表中就有1块是天津产的，每4个人里就有1个用的是天津产的碱，您是办工业的行家，最懂得水与工业的关系。造一辆自行车要用一吨水，造一吨碱要160吨水，造一吨纸要200吨水，引滦入天津，解燃眉之急！没有炸药，工程就得延期……”

李连长的语言很动情，同时也十分有道理。厂长理解了他的急切心情，便与他聊了起来，厂长问：“你是天津人？”“不，我是河南人。也许通水时，我也喝不上那滦河水！”经过这一番对话，厂长彻底折服了。只见他抓住电话立即下达命令：“全厂加班3天！”3天后，李连长拉着一车炸药胜利返程了。

谈判心理策略分析

李连长无论怎么劝说，厂长都不为所动，眼看自己这一次任务就要面临失败。这时候，聪明的李连长放弃了直接表达想法的方式，他知道自己再说下去，厂长肯定会恼火的，所以，他独辟蹊径，开始借题发挥起来，先是对茶水细细地评价一番，又说到了正在饮用黄水的百姓。然后，他看到了厂长手上所佩戴的天津手表，适时地以手表联系了天津的企业，阐述了水与工业的关系，不仅说得十分动情，而且也很有道理。厂长被折服了，而李连长也顺利完成了任务。

以情动人，这时候情感就会转化为巨大的、永恒的、不可估量的力量，它能化解人与人之间的隔阂，能拉近彼此之间的距离，能感人以肺腑之深。另外，情通则理达，以情“动”人更有助于以理“服”人，让对方更轻易接受你的想法和建议。所以，在实际谈判中，当道理说不通的时候，我们就要换个方法，以情动人，更容易成事。

1.话语中注满真诚

谚语说：“真诚贵于珠宝，信实乃人民之珍。”要想自己的话语能够打动对方，就需要在话语里注满真诚，只有真诚才能打动人。如果你仅仅是几句花言巧语或者虚情假意地表达，反而令对方厌恶。

2.把话说到对方的心里

人都是有感情的，说话能做到动之以情，晓之以理，就是最完美的沟通。在实际谈判中，我们说话时要注意对方的反应，学会从对方的反应中修正自己的话语，尽可能把话说到对方心里。只有把话说到对方心里，才能真正地打动人。

3.站在对方的立场说话

如果你在说话时总是想着自己，光顾着自己，这样说出来的话是不会有感情的。因此，我们应该处处为他人着想，让自己站在对方的立场说话，这样说出的话才有感情，才能打动对方。

欲晓之以理，必先动之以情

在实际谈判中，当我们对谈判对手进行说服的时候，不能因为理直而气壮，就用严肃认真、生硬呆板的方式去对人进行劝导。毕竟，每个人都是有自尊心的。当我们用比较严肃的口吻进行劝说的时候，在对方看来，很可能是强制和威胁，那就会给别人带来逆反的心理，我们想要达到的目标也就很难实现了。

战国时期，墨子对一个叫耕柱的学生十分器重，但是却经常责骂他。有

一次，墨子又因为一点小过失把耕柱骂了个狗血喷头。耕柱对此感到十分委屈。其他弟子犯错误的时候，墨子甚至连一句重话也不说，怎么偏偏就对他横挑鼻子竖挑眼了呢？难道是因为老师比较偏心吗？耕柱就对墨子说："老师，虽然我的资质比较驽钝，但是做每件事情都是尽心尽力的，为什么您总是要责骂我呢？"

墨子听后，并没有发火。而是耐心地给他解释："假如我现在走在太行山中，依你看，我是应该用快马拉车还是用老牛拖车呢？"耕柱回答说："当然是用快马拉车了。"墨子又问道："那么，为什么不选择用老牛拖车呢？"耕柱回答说："这是因为山路比较崎岖，老牛拖车只能耽误工夫，而快马却是可以担负重任，很快就能到达目的地的。"墨子语重心长地对耕柱说："你回答得很对。在这些弟子当中，你是最优秀的，而我却经常责骂你，并不是说我器重你，而实在是因为你是一匹可以担当重任的快马，值得我去教导啊。"墨子一番感人肺腑的话，让耕柱听了备受感动，再也不抱怨师父偏心了。

弟子对受责骂感到十分委屈和不解，墨子耐心地给他解释。在解释之中墨子并没有就干巴巴地去讲一些道理，强行灌输给耕柱，而是娓娓道来，层层分析，最终打动了耕柱，让他了解了师父对他的器重，从而放下了心理包袱。

谈判实景二

公元前266年，赵惠文王去世，新君年幼，由他的母亲赵太后摄政。秦国趁赵国新君登基不久，国内动荡之际，派大军大举进攻。为了挽救危机，赵太后决定向齐国求救。齐国答应了赵国的请求，但是前提条件是要赵太后最喜欢的儿子长安君为人质。赵太后不肯答应，大臣们苦口婆心地劝谏都无效。

事关国家安危，触龙就决定再劝赵太后一次。太后怒气冲冲地在门口等着他。雏龙见状，就绝口不提长安君的事，而是和她大谈健康养生之类的话题，

赵太后对此才缓和了些颜色。

触龙请求赵太后给他的儿子舒祺在御林军中安排一个职务，赵太后爽快地答应了，有不解地问：“你们男人也心疼自己的小儿子吗？”

触龙说：“是的，比女人还有过之而无不及。”

太后却反驳说：“在这方面你们男人是远远比不过女人的。”

触龙说：“未必如此。其实男人和女人对孩子的爱还是不同的。女人只是一味溺爱，而男人却总能为孩子的将来做打算。”又说：“我觉得，您疼爱燕后的程度远远超过了疼爱长安君。”

赵太后不认同他的观点，但是却示意他继续说下去。

左师公说：“燕后出嫁以后，您每天都在想念着她。但是在您祭祀的时候，却一遍遍地向上苍祈祷不要让她回来。原因不就是为了让她在燕国长期待下去，希望她的儿孙一代代地做燕国的国君吗？”

太后说：“是这样。”

触龙又说：“在赵国，你赐给了长安君很多肥沃的土地，也给了他不少象征国家权力的礼器，我认为这不过是一种溺爱罢了，对长安君的将来并没有任何好处。您看，现在先王的子孙们还有几个保住荣华富贵的？真正疼爱自己的儿子，就要给他建功立业的机会，只有这样才能让他在国内站得住脚。试想，在您百年之后，身无寸功的长安君还能在赵国继续享受荣华富贵吗？我认为您为长安君打算得太短了，因此，我认为您疼爱他不如疼爱燕后。”

太后听了，认为他说的话很在理，就说：“好吧，任凭您指派他吧！”

谈判心理策略分析

雏龙利用父母喜欢疼爱孩子这一点，告诉赵太后疼爱并不等于溺爱的道理。他告诉赵太后，无端地给孩子太多的高官厚禄，只能给他带来杀身之祸。

只有让孩子为国家做出一定的贡献，才能有资格让他在赵国站得住脚。雏龙用晓之以理、动之以情的方式最终说服了太后，同意将长安君作为齐国的人质，解除了赵国的危机。

晓之以理动之以情就是要做到情理结合，以理服人，以情动人。在生活中，得理不饶人的方法是不可取的。毕竟，人的全部心理活动，都离不开情感的伴随，情感是沟通的桥梁。只有将对方的情感“俘获”才能达到让对方由衷地对你的意见表示赞同。我们常说的“通情达理”也正是这个意思。

尊重对手，拉近彼此之间的心理距离

在交际场合，经常听到有人强调“口德”，什么是口德呢？最根本的一点就是在谈话中重视对方的存在，考虑他们的心理感受，在言语上不要刺伤他们的自尊心。我们应该知道，语言是一个人综合素质的外在反映，一个没有口德的人，所讲出的每一句话不仅没有丝毫的吸引力，还会遭到别人的抵触和反对。其实，何止是在交际场合，即便是在谈判场合，我们也更需要注意在语言彰显自己的尊重意味，不要以为对手就非朋友，言语之间就可以随意。其实，越是在谈判这样的场合，就越需要运用礼貌的语言，给予对手充分的尊重，从而达到拉近彼此之间心理距离的目的。

谈判实景

美国有一位总统，在他庆祝成功连任的时候开放白宫，邀请100多名儿童前来做客，和他们进行亲切的“会谈”。

“您上学时是不是和我们一样，有一个学得最糟糕的学科，也经常受到老

师的批评？”一个叫汤姆的小男孩问总统。总统回答说“我的品德课不怎么好，因为我在上课的时候经常不注意听讲，喜欢乱说话，干扰了别人的学习。因此老师经常批评我。”

总统的回答，让本来有些拘谨的现场变得十分活跃起来。

有一个来自洛杉矶贫民区叫露西的小女孩对总统说，她每天去上学的时候都感到十分害怕，因为她不知道在路上会发生什么事，害怕遇到坏人的伤害。

总统听完她的诉说，就收起了笑容。诚恳地对露西说：“我知道现在小朋友过的日子不是特别如意，因为在有关毒品、枪支和绑架等问题的处理上，政府做的是远远不够的。我希望你好好学习科学文化知识，等将来有机会了，参与到国家的正义事业中去。我想，只有我们每个正义的人联合起来和坏人进行毫不妥协的斗争，才能改变不如意的现状，让我们的生活变得更加美好。”

总统的回答让每个小朋友都十分感动，于是就把这位长自己几十岁的老人当成了可以依赖的对象，和他成了“忘年交”。那些在场外的孩子家长们通过电视看到这样的说话场面，也禁不住热泪盈眶，同时感到总统是一个十分亲切的人。

谈判心理策略分析

总统对待前来到访的小朋友，没有任何的架子，甚至在说话的时候也不是用一个过来者或者大人的口气，这样就让那些小朋友感受到了尊重和真诚。小朋友们就觉得，总统和他们之间没有任何的距离，两者都是普通人，总统是他们可以亲近可以信赖的“大朋友”。

我们可以从总统对待小朋友的故事中明白这样一个道理：在日常谈判过程中，一定要注意尊重对方。只有给对方以充分的尊重，才能够拉近双方的心理

距离，从而顺利地实现思想沟通，让对方从内心里去接受自己。假如在交流过程中，我们用高高在上的姿态，硬邦邦的口气来对待别人的话，那么就会显得我们毫无素养，对方也会因为我们的态度不够尊重而勃然色变，拂袖而去。

1.记住对方的名字

这种方式通常是用于和陌生人的谈判中。在交际场合中我们经常会遇到一些有过一面之交的人，那么在这个重逢的时候，在你和他谈判的过程中能够给予一个亲切的微笑，准确地叫出他的名字，那么，对方的心里就能有满足感，从而对你充满感激。

2.给对方一顶高帽

每个人都有虚荣心和自尊心，都希望自己被别人高看一眼，而不愿意被他人小瞧。那么，这就要求我们在和别人说话的时候，一定要注意用一些适当的语言来抬高一下对方，这样就会让他有一种“惺惺相惜”“英雄识英雄”的感慨，从而愿意主动地和你进行交谈。另外，在和年龄、社会地位与我们有着一定差距的人面前，更要注重抬高对方，以免让他有受到冷落的感觉。

3.不要随便指出对方的错误

别人在言谈之间难免会有一些言辞或者观点上的错误，在这个时候我们没有必要去指责对方的错误所在，那样的话只能会让对方觉得你是在践踏他的尊严，对你产生反感的情绪。在这个时候，你不妨采取沉默的态度，或者是转移到其他话题上去。

4.学会倾听

谈判是由双方共同完成的事情，假如一个人在那里滔滔不绝、唾沫乱飞地唱着独角戏，就会让对方明显感受到冷落，在无法表达个人思想之余就会觉得你无视他的存在，从而会对你的不懂人情世故而产生不满。因此，我们在和别人交谈的时候，一定要留给对方表达思想的空间，并且在对方进行说话的时候要认真地倾听，从而显示出你的诚意来。

委婉地表达自己的观点

有时候，我们经常会对“表里如一”产生误解，认为正直坦率的人在说话上也同样是直接和坦率的。在许多交际场合中，经常会有人用这种误解来要求和标榜自己，和别人谈话的时候从来不讲究一些技巧和策略，是信口开河直言无忌，从来不考虑别人的感受和处境，那么，别人就会对你产生极大的厌恶情绪。尤其是在谈判场合，我们更需要注意语言的委婉和含蓄，如果不小心得罪了对手，那将会在很大程度上影响谈判结局的走向。

有一家大型的外资公司，员工们对公司的待遇都感到十分不满意。公司领导知道这一情况，但是却无动于衷，不愿意去改善员工们的待遇。在这位领导的眼里，这些工作人员都是智力平平之辈，能力上更是乏善可陈，并且对公司也没有认同感，在工作上缺少应有的激情，没有必要为他们浪费太多的金钱。当别人对他提出意见的时候，他就说：“我能收容你们就不错了，就你们这样的工作能力和做事态度，哪一个公司都不会要的。”

工人们的工作热情更加低落了，经常出现迟到的现象。为了改变这种状况，秘书准备向老板提议改善员工的待遇。他这样对老板说：“现在公司的大部分员工简直是没有办法给公司上班了。”

老板问：“为什么呀？”

秘书说：“坐出租车吧，价钱太贵坐不起；坐公交车吧，又经常挤不上车；而且每月的交通费也是一笔不小的开支，他们根本没有能力解决这一问题。”

秘书说完就叹了口气，一脸无可奈何地看着老板。老板却说：“那就让他们安步当车吧，一文不费，而且可以借此运动身体，不是一个很好的办法吗？”

秘书摇了摇头说：“不行啊，把鞋袜磨破了，他们买不起新的。不如这

样吧，请您发出一个告示，提倡光脚走路，号召大家赤脚走路上班，这个问题不就解决了吗？要怪就怪他们生不逢时，生活在这个年代。谁让他们不去想发财的门路，却当苦命的职员？他们坐不起出租车，也不能鞋袜整齐地到公司上班，都是咎由自取！”

这位秘书边说边笑，老板听了心里总感觉不是滋味，最后终于答应改善下属的待遇。

谈判心理策略分析

这位秘书并没有直冲冲地去劝说领导改善下属待遇，而是用开玩笑的方式含蓄地进行劝说。在劝说的过程中，他没有说老板的一句不是，而是用嘲笑下属的形式来显示出他们的苦衷。这种语气虽然是开玩笑的，但实质上是在劝说老板不要太苛刻和吝啬，应该照顾一下员工们的生活。这样的方式比较委婉，既没有伤害到老板的面子，又让老板觉察到了自己的过失，从而主动地去改善员工们的待遇。

做人要正直、坦荡这是毋庸置疑的，但是这种良好的道德品质只能体现在为人处世当中，却并不意味着说话的方式过于生硬和直率，也不意味着说话都要直言。毕竟，不恰当的直言相告是对别人的否定，不仅会给别人增加压力，还会让他产生厌恶的情绪。因此，在日常生活中，我们应该尽量避免说话过于直接，用委婉的方式进行巧妙地表达，做到既能告诉对方自己的意见，又避免伤害双方的感情。

1.间接提示

通过相联系的事件或者道理，“间接”地表达信息。让对方在推理中去感知，从而更好地接受你的意见。

2.说话要留有余地

说话不要说得过于绝对，以免给对方造成抵触心理，同时也让自己失去回旋的余地。

3.巧用语言暗示

将一些道理放在与之相类似的、具体的事例之中，从而让对方更好地去领会你所要传达出的信息和要表达的内容。

4.打话语“擦边球”

不直接切入主题，用打擦边球的形式说一些看似不相干的话，让对方在似有似无的语境中明白你的真实意图。

5.否定之前先肯定

出现意见分歧的时候，不能粗暴地去全盘否定对方的观点，而要先找出对方合理的内容进行肯定和赞扬，然后用转折句引出下文，提出更合理的意见和建议，以便于让对方愉快地接受。

6.多用设问句

祈使句往往会显得比较武断和蛮横，让别人觉得你是在高高在上地发布命令。而设问句则是把双方放在了对等的位置，用商量的口吻去探讨问题。因此，后者更容易让人接受。

巧用“同理心”，赢得对手心

在实际谈判中，我们会经常为了说服对手、争取对手的理解和支持而煞费苦心。不过，有很多时候苦口婆心的劝说并不能达到我们想要的效果，甚至还会出现南辕北辙、事与愿违的局面。在这个时候，我们就要考虑在说服的方法上是否出现了问题。说服的本身就是做别人的思想工作。它是一个从情感交流到思想转化的过程。要想说服对方并非易事，毕竟每一个人都有自我意识，不可能无缘无故地在思想上受到别人的支配。为了能够有效地和别人在思想上达成共识，在行动中达成一致，我们不妨运用“同理心”的方式来进行有效的沟通和交流，从而顺利地达到我们所想要的结果。

谈判实景一

有一个青年教师的舅妈犯病了，他想把舅妈接到城里进行治疗。

这天晚上，他早早地下班，回到家里做了一锅红枣饭。妻子回家看到之后，高兴地吃了起来。并问他说：“这么甜的枣市场上是买不到的，你是从哪里弄来的呀？”丈夫回答说是乡下的舅妈托人捎来的。

妻子听了十分感动。说：“舅妈对咱们实在是太好了，年年给咱们送枣来！”丈夫说：“是啊，舅妈真是把我当成亲儿子来养了，我从小就失去了父母，是舅妈含辛茹苦把我拉扯大的，要是没有舅妈，我哪里会有今天啊。”妻子说：“有这样的舅妈，真是咱们的福气，我们一定要好好地孝顺她老人家。”

在这个时候，丈夫停顿了一下，叹了口气说：“我听捎枣的人说，舅妈的关节炎又犯了，我想……”

“那还等什么呀，赶紧接来吧，去医院好好看看，别再让她老人家受苦了。”丈夫的话还没有说完，妻子就把他想说的话给说出来了。

这位青年教师原意是想把舅妈接到城里来看病的，但是又怕妻子不同意。于是，就用“同理心”的方式来进行对妻子的说服。先通过吃红枣饭，忆旧情，让妻子的心里对舅妈产生和他一样的感激之情，在情感和思想上达成初步的共识“要好好孝敬舅妈”，之后说出舅妈的病情，从而让妻子说出接舅妈的话。这种说服形式，自然圆满，比那种直接性的表达要高明的多。

谈判实景二

有一次，某个机关接到了上级分配的植树任务。机关里的几十名人员都主动报名参加。但是，有几位“老神仙”却有一种“八风吹不动，稳坐安如山”的架势，主任再次对他们进行了动员，可是，他们依然不愿意接受这项任务，反而和主任打起了哈哈，说什么“年老无力，别给单位添麻烦啦”“政治表现

的机会还是让给年轻人吧”等，搞得主任十分难堪。

下班之后，主任把这几位“大仙”叫到了办公室，客气地请他们坐下。说道：“其实对这次的植树任务我也是不愿意接受的，但是上面有命令，又不能不听。如果和上面对着干的话，不仅咱们单位不能评奖评优，甚至连年底的奖金都要给我们打折扣。我现在是在请你们帮一下忙，如果没有你们几个的参与，这次的任务就完不成，咱们年底的奖金也就要泡汤了。”几位“神仙”听说这件事和年底的奖金相挂钩的时候，就再也强硬不起来了，纷纷表示：“主任，你放心吧，这次我们绝不会拖单位后腿的！”“我们一定尽心尽力完成这项任务，绝不能因为我们而影响单位的形象。”说完之后，就各自回去领取了属于自己的任务。

谈判心理策略分析

在说服别人的时候，每个人都会觉得自己是有“理”的，但是，如果这个“理”无法取得别人的认同，也就失去了任何作用。只有让双方都接受的道理才是真正的道理。有了“同理心”才能让你的说服达到应有的效果，让对方心甘情愿地听从你的意见，按照你的想法去做事。

1.同理心，就是站在对方的角度看问题

假如我们在说服别人的时候用比较生硬的方式，或者是自视高人一等，用指点迷津般的口气对别人进行指指点点，那么就永远不可能取得说服的效果，反而会加剧双方的矛盾，让对方对你产生厌恶和排斥的情绪。在说服的过程中，如果你能用同理心为跳板，因势利导地解开对方思想的纽结，那么你离成功也就越来越近了。

2.表达一些常识性的观点，引起对方的认同

我们应该知道，尽管每个人的性格、爱好、习惯、修养等各方面是各不相同的，但是在一些大方向的认知上都存在着相同之处。比如工作量太大会导致

疲惫，喝酒太多会给身体带来疾病等。我们需要做的，就是以这些常识性的东西为媒介，进行个人表达，获得对方的认同，在达成共识的基础之上进行更进一步的说服，最终取得想要的结果。

以谦逊的态度，令对方快速相信你

在实际谈判中，取得对手的信任是我们每一个人的希望，也是我们谈判的主要目的。不过，在谈判过程中，有很多人却因为错误的说话方式而无法得到对手的信任。他们在交谈之中表现得过于自以为是、自命不凡，说起话来装腔作势、装模作样。这样不仅会达不到说话的目的，还会给对方心里带来不痛快。毕竟，那些傲慢的腔调，趾高气扬的神情和刻板僵硬的语气会显得不尊重对方，没有礼貌和修养。很多人在碰壁之后都在苦苦思考该如何去取得别人的信任。其实答案很简单，只要我们在谈话的时候放低姿态，心平气和、真挚诚恳地去和别人进行交谈就可以了。我们只有在说话的过程中选择谦逊的态度和委婉动听的语调，才能给人一种心悦诚服的感受，从而令他人迅速地相信你。

谈判实景

1860年，林肯作为共和党候选人和民主党的道格拉斯竞选美国总统。道格拉斯是一个百万富翁，他为了在气势上击垮平民出身的林肯，就特地租用了一辆漂亮的专车，在车后放了一尊礼炮，每到一个地方就放30声炮，并且专门请了乐队进行演奏配合。这样的宣传方式在美国建国以来还是第一次。

道格拉斯坐在车上，狂妄地叫嚣着："我要让林肯这个乡巴佬见识一下什么叫作贵族气息！"林肯没有太多的钱去置办专车和礼炮，只能坐在一辆破马

车上前往每一个选票点为自己拉选票。面对道格拉斯的挑衅，林肯并没有丝毫的胆怯和悲观，选择了沉着应战。在道格拉斯大肆炫耀自己财富的时候，林肯诚恳地对选民们说：“有人曾经问过我的财产有多少，我坦白地告诉大家。我有一个妻子和三个儿子，这些对于我来说，都是无价之宝。除此之外，我还租了一个办公室，办公室里有一张办公桌，三把椅子，墙角有一个大书架，书架上的书值得我们每一个人去读。至于我本人，又瘦又穷，脸也很长，没有丝毫的富贵相。在这次总统大选之中，我没有太多的选举经费做依靠，唯一可以依靠的就是你们。”

林肯没有足够的经济实力，不可能像道格拉斯那样制造一个豪华强大的竞速阵容。但是，在这次大选中，他却轻松地击败了身为百万富翁的对手。他之所以能够取得选民的信任，当选为新一届的总统，是因为他用最淳朴的语言、最真挚的感情打动了每一个选民的心。他的感人首先体现在了不讲排场上，这样就会很自然地消除和选民的心理隔阂。

在内容上，林肯也并没有给选民们许多虚假的许诺，而是从自己的实际情况谈起，称妻儿为无价之宝，这样就贴近了常人之心，取得了选民们的认同。讲述简陋的办公室装置，就从另一个方面展现了自己的形象——廉洁、勤奋、富有学识。在演讲中，不把自己当成选民的救星，而是把选民当成唯一的依靠，充分显示了对选民的尊重。那么，他能够取得选民的支持，也就在情理之中了。

谈判心理策略分析

充满温暖感情的言语不用经过刻意的修饰，也能引起别人的共鸣，赢得别人的支持。

1.用谦逊的语言来传递自己的真情

在和别人进行沟通的时候，最重要的技巧就是用真诚和善意来传递你的思

想和态度。充满尊重：饱含感情的真挚话语能够给人以心灵的震撼和灵魂的启迪，赢得别人的好感和信任。

2.谦虚的态度实际上是对他人的抬高

在实际谈判中，假如我们始终保持谦逊的态度，这实际上对他人的一种抬高，同时更是一种尊重。人的心理都是希望自己被看重，被信任，当我们以谦逊的姿态将内心的尊重传递给对方之后，自然而然可以赢得对方付之回报的信任。

不要把自己的观点强加给对方

当今社会是一个重视自我的时代，每个人都有独立的认知观念和价值体系，平等和自由的思想成为了这个时代的共识。在守法的前提下，每个人的思想都不愿意受到对方的控制和干涉，每个人的行动只会服从于个人的思想意识，而不愿意受别人的支配和指使。这也就要求着我们在和别人交往的时候，需要照顾到对方的自尊心，进行劝说和说服的时候不能生硬地将自己的思想强加给对方，而是需要运用合理的方式和方法。

晏子是春秋后期齐国著名的政治家，他不仅在治理国家上有着非凡的能力，同时也是一名出色的口才高手。他每次提出的建议，都能够得到国君的重视和采纳。其中的秘诀就在于，他从来不会直冲冲地将自己的想法强加给国君，而是能通过比较巧妙的方式让国君对一些错误的决定有一个清醒的认识，从而主动地去改正。

有一次，齐景公和晏子聊天，无意间问了一句：“您的家离市场这么近，

知道现在什么东西最贵，什么东西最便宜吗？”

晏子早就对齐景公的滥施酷刑有意见，当齐景公问起这件事的时候就灵机一动，一本正经地说：“启奏君上，现在市场上价格最贵的是假脚，最便宜的是鞋子！”

齐景公一听，感到十分纳闷，就说：“为什么假脚最贵，鞋子最便宜呢？”

晏子回答说：“现在的老百姓犯法的太多了，有一些小的过失就会被砍去双脚，临淄大街上有很多这样的人，鞋子对他们来说是没有用的，而假脚却总是供不应求。”

齐景公听了半天说不出话来，最后自言自语地说：“是不是现在的刑法太重了，出现一些小的过失就被砍去双脚也实在太残忍了，这样，老百姓连改过自新的机会也没了……”于是第二天就发布命令，废除了那些酷刑。

哪怕是在最宽松的气氛之中，想改变别人的主意也绝对不是一件容易的事。假如你想让他人接受你的观点和建议，就要在技巧和方法上下功夫，让对方在无意的情境中接受你的建议。

在生活中，一位丈夫对不善打扮的妻子提出意见说：“以后你出门的时候要多注意一下自己的形象，别和乞丐婆似的，走在大街上让人家笑话，也让我难堪。你看看邻居李先生的老婆哪天不是打扮得漂漂亮亮的，你就不会和人家学学吗？”妻子听到这话感到非常不高兴，她非但不接受丈夫的意见，反而还反唇相讥：“学学人家？人家的丈夫可是大公司的老板，你有人家李先生的钱多吗？你要是成了亿万富翁，难道我还不会打扮？”

在上面这个案例中，妻子不是不知道自己的缺点，但是丈夫的这种表达方式无疑是在伤害她的自尊心，为了捍卫自己的尊严，她也只能这样回敬丈夫，那么丈夫的劝说不仅没有达到预定的效果，反而还会加剧夫妻之间的矛盾。

1.提意见不宜直接

在我们的生活中，经常可以看到这样的情形。当你好心好意向对方提出建议的时候，对方听了却感到十分不高兴，其实这并不是说别人不识好歹，我们应该对自己的说话方式进行自我检讨一番才对。毕竟，有了为他人着想的良好愿望还是不够的，最重要的还是要选择一个合适的方式。聪明的人从来不会对别人说“你这样做不对”“事情应该是这样的”，因为那样做，只会引起争端，让别人产生敌视的心理。他们总是会选择一种比较巧妙的表达方式，让对方在没有任何思想压力的前提下去听取他的意见和建议。

2.把观点强加给对方，是一种不尊重的行为

当你把自己的观点强加给别人的时候，往往对方会觉得你有一种自以为比别人聪明的心理，哪怕你的意见和建议是多么的合理合情，都会让别人觉得你是在盛气凌人地压制他，从而不愿意接受你所说的每一句话每一个字。遇到这样的情况，你的交际就会不可避免地陷入失败的悲剧之中，你的人气也会逐渐地下降，久而久之，你也必将成为一个不受欢迎的人。这是我们每个人都不愿意看到的现象，那么，就要在实际谈判中注意，避免出现这样的悲剧。

见好就收，别驳了对方的面子

中国人历来比较注重面子的价值，在官场上、酒桌上、社交场合，人们把自己的面子看得比什么都重要，誓死捍卫自己的面子。“面子”这个古老的中

文词汇在它诞生之初就有了非比寻常的意义，以至于我们很多人无法不重视它的存在。当人们无法判断某人的才华能力或权力地位的时候，就会观察其是否能博得面子来判断其为人。于是乎，就诞生了这样一句话“交际场上，面子大过天”，大多数人明白这样的道理，自然也就懂得了在交流沟通时维护到他人的面子。可是，对于某些人来说，他们偏偏不认这个死理，说话咄咄逼人，信口开河，丝毫不顾及别人的情面，以至于闯下大祸。

在日常谈判中，最忌讳的是沟通出了问题，本来只要见好就收，对方也就不再声张了，可有的人就是嘴巴闲不住，硬是多说了那么几句话，结果，扫了对方的面子，搅黄了整个沟通，而且，也得罪了对方，这简直是得不偿失。所以，在实际谈判过程中，你想表达什么观念或意见，尤其是涉及情面的事情，见好就收吧，别不留情面，否则，苦头只有你自己吃。

谈判实景

公元1368年，朱元璋登基，建立明朝。一天，一位穷朋友从乡下来到京城皇宫门前求见明太祖。朱元璋听说是以前的老朋友，非常高兴，马上传他进殿。谁知这位穷朋友一见朱元璋端坐在宝座上，昔日的容颜似乎没有多大变化，便忘乎所以地直通通地说：“我主万岁！您还记得我吗？从前你我都替人家放牛，有一天我们在芦花荡里把偷来的豆子放在瓦罐里清煮。还没等煮熟，大家就抢着吃，甚至把罐子都打破了，撒了一地的豆子，汤也都泼在泥地上。你只顾满地抓豆子吃，不小心连红草叶子也送进嘴里，叶子哽在喉咙里，苦得你哭笑不得，还是我出的主意，叫你用青菜叶子吞下去，才把红草叶子带下肚里去……”这个人还想继续说下去，可朱元璋早就听得不耐烦了，嫌这个孩提时的朋友太不顾情面，于是大怒道：“推出去斩了！推出去斩了！”

后来，这件事让另外一个穷朋友知道了，心想这个老兄也太莽撞了，与朱

元璋叙旧情，只需见好就收，何必说了那么一大堆，反而扫了朱元璋的面子。于是，他心生一计，信心十足地去见他小时候的朋友，也就是当今的皇帝。这个穷朋友见到朱元璋。行过大礼，便说：“我皇万岁万万岁！当年微臣随驾扫荡沪州府，打破罐州城，汤元帅在逃，拿住了豆将军，红孩儿挡关，多亏了菜将军。”朱元璋一听，不禁大笑，他认出了眼前这个孩提时的朋友，心中更为此人巧妙地暗示他们小时候在一起玩耍的事而高兴，于是让他做了御林军总管，留在了自己的身边。

谈判心理策略分析

同是儿时朋友，所受到的待遇却是迥然不同。前者说话太莽撞，不懂得见好就收的道理，本来，你若是与朱元璋有旧情，只需点到为止即可，却偏偏扯出那么多过去的往事，当着这么多人，岂不是不留情面，结果，把朱元璋儿时的糗事一股脑儿说出来，试想，这时已身为皇帝的朱元璋怎么能受这样的戏谑，最终那位穷朋友非但没有讨到好处，反而赔上了自己的性命；而后者只是简单地聊了儿时的趣事，见好就收，其中还包含了对朱元璋的敬仰，最后他做了御林大将军。

1.给对方留面子，就是给自己面子

许多人不知道这样一个道理，你若是给了别人面子，其实就是给自己面子。可能，在现阶段，对方的处境并不怎么样，但是，你也没必要赶尽杀绝，硬是要扫了他的面子。凡事多与人为善，今天你给对方留面子，日后他肯定会把这面子留给你。

2.避开对方过往的敏感旧事

隐私就是不可公开或不必公开的某些事情，有可能是缺陷，有可能是秘密。因此，我们在进行语言交流的过程中，需要避开彼此的隐私，即使无意中提到了那么一两句，也需要见好就收，别不留情面。

3.得饶人处且饶人

在谈判中，有可能会出现这样的情况：对方无意之中犯下了错误，可你却总是揪着对方的错误不放，说话越来越过分，丝毫不顾及对方的情面。其实，不管对方是无意的还是有意，既然错误已经发生了，再说那么多的话也于事无补，所谓“得饶人处且饶人”，批评的话也见好就收吧，别不留情面，他日对方若有了出头之日，定会向你讨这旧耻雪恨。

第16章

促成谈判，实现双赢的心理策略

霍伯·柯恩是全世界最佳谈判手之一，他说：“为了实现谈判的目的，谈判者必须学会以容忍的风格、妥协的态度，坚韧地面对一切。”实际上，整个谈判过程就是心理较量的过程，而在这个过程中，我们需要许多有效的谈判妙招及策略，才能赢得谈判最后的成功。

巧用秘密，使出杀手锏

假如我们掌握了一些对方最不想让别人知道的秘密，那对我们而言，是占据绝对优势的。在某些时候，我们手中可能有一些他人的秘密短处或者把柄，那么，在向对方求助的时候，我们可以利用对方的秘密短处或者把柄，向对方施加一定的压力，令其不得不答应我们的请求。当然，这样的施加压力并不是威胁，而是适当的警告，因为“警告”比“威胁”更具合法性，并且不会招致对方的威胁。

在《左传·僖公五年》中，宫之奇说：“虢国是虞国的屏障。虢国灭亡了，虞国必定会跟着被灭掉。晋国的野心不可助长，对外敌不可忽视。借路给晋国一次就算是过分了，怎么可能有第二次？俗话说，‘面颊和牙床骨是相互依存的，失去了嘴唇牙齿就会受冻。’这话说的正是虞国和虢国的关系啊。”这是一个关于“唇亡齿寒”的典故，意思是嘴唇没了，牙齿会感到寒冷。用来比喻双方关系密切，利害相关，一旦一方受到了打击，另一方必然不得安宁。当我们言语中表达出这样的要求“如果你不愿意答应我们的要求，那我就泄露出你最不想别人知道的秘密”，这所阐述的就是“唇亡齿寒”的道理。

某广告公司策划了一次宣传活动，为了给宣传活动造势，他们打算请一位明星来代言。但是，明明已经签订了合约，经纪人却以档期已满为理由拒绝

出席此次宣传活动，眼看宣传活动马上就开始了，广告公司不得不放出狠话：“如果你们无故毁约，新闻界就会把整件事情的内幕刊登出来，到了那个地步，我也不知道怎么样才能合法地把新闻压制下去，对此，你有什么高见呢？”

适当的压力会让对方更容易作决定，他会在压力之下不得不答应你的请求。当然，这样的技巧与方法需要拿捏准确，否则，效果只会适得其反。

谈判心理策略分析

知道对方的秘密有什么好处呢？有人曾这样说：“当你掌握了一个人的秘密，尤其是那些最不想让人知道的秘密，那就有可能操控其一生。”当然，这样的说法太夸张，毕竟，逼人太甚，还有可能适得其反。但是，如果我们掌握了一些别人不愿意泄露出来的秘密，那对我们而言，还是有些好处的，我们可以在要求对方去做什么事情的时候，适当警告或威胁，定能达到自己的要求，这也是心理操控术的一个绝佳办法。不过，这样威胁的程度不宜过高，否则，惹怒了对方，反而会坏了自己的事情。

1.警告或压力要适当

虽然我们手中有他人的短处或把柄，看似主动权在我们这边，实际上，稍有不慎我们就有可能成为被动的一方。所以，对他人给予适当的警告和压力，才能成功地迫使对方答应自己的请求。

2.不宜威胁对方

威胁的方式常常会导致适得其反的效果，俗话说“狗急也会跳墙”，更何况是被威胁的人。高明的请求很少诉诸威胁，你只需要在言语中把同样的信息传递给对方就行了。比如“你看帮我这个忙吧，至于你向我借钱的事情我保准不跟你家人说”。

妙用激将法，迫使其乖乖就范

通常一个人的行为不仅仅受理智的支配，同时也受感情的驱使。在谈判过程中，我们可以妙用激将法，用话语促使对方放弃理智，凭着一时的感情冲动去作出一些决策或决定。假如我们想达到一定的谈判目标，而谈判对手又是一个心烦气躁的人，这时用激将法是最合适不过了。用语言激怒对方，刺激对方的自尊心和虚荣心，使其理智程度降到最低限，从而实现我方的谈判目标。比如“不是我小看贵公司，你们估计压根儿就拿不出足够的资金来购买咱们的产品，我即便是再降价，你也只是说说而已”，任何一个谈判者听了这样的话都会怒火攻心，在这样的情况下，他们很容易就会为了证明自己的能力而做出不利于自己的决策。当然，我们也就能顺利达到自己的目的了。

甲橡胶厂有一套价值200万元的进口现代化生产设备，但由于原料与技术力量跟不上，搁置了4年都没有使用。后来，新任的厂长决定将这套设备转卖给乙橡胶厂。在正式谈判之前，甲方了解到乙方虽然经济实力雄厚，但基本上都已经投入了生产，如果要马上拿出200万元来添置设备，有很大的困难。还有就是乙方厂长年轻好胜，从来不甘示弱，经常以拿破仑自诩。了解到这样一些情况后，甲橡胶厂派了张小姐作为谈判代表前去进行洽谈合作。

谈判桌上，张小姐说：“昨天在贵厂转了一整天，详细地了解了贵厂的生产情况。你们的管理水平确实令人信服，您年轻有为，能力非凡，真让人钦佩。”乙厂长谦虚地回答：“哪里哪里，我向小姐致意，还恳切希望得到小姐的指教。”张小姐回答说：“我向来不会奉承，实事求是是我的本性，贵厂今天办得好，我就说好；明天办得不好，就会说不好。”

乙厂长说到了设备的事情：“小姐对我厂设备的印象如何？不是说你方

有一套现代化设备卖给我们？”张小姐回答说：“贵厂现有生产设备，在国内看，是可以的，至少三五年内不会有什么大的问题。关于转卖设备，我有个疑问，我怀疑贵厂真有经济实力购买这样的设备。”

乙厂长听到这些，觉得受到了轻视，十分不高兴，他炫耀地介绍了自己橡胶厂的实力，当即答应买下那套价值200万元的设备。最终，张小姐成功地将“休息”了4年之久的设备转卖给了那位厂长。

在现代谈判中，运用激将法赢得谈判成功的例子有许多。每个人都有自尊心，他们最讨厌的就是自己的自尊心被轻视。在谈判中，如果直截了当地给他以贬低、羞辱，刺痛之，激怒之，“冷水”浇头，就能够促使其丧失理智，而做出有利于我方的决定。

谈判实景二

面对着号称百万雄师的曹军，孙权想与之决战，但又举棋不定。诸葛亮说：“曹军势不可当，不如投降算了。”孙权非等闲之辈，乃争强好胜、不甘居人之下的一代英才，听了诸葛亮的话，火一下子就蹿了上来，反问道：“那刘豫州为何不降呢？”诸葛亮说：“刘使君乃汉室之胄，雄才大略，英才盖世，岂能甘心投降，任人摆布呢？”诸葛亮见孙权抗曹之火被激将起来，这才详尽地向孙权分析了孙刘联军抗曹的有利条件，最终坚定了孙权抗曹的决心。

谈判心理策略分析

诸葛亮并没有说东吴如何兵精粮足、人才济济，也不说地势如何险要，而反说曹军如何势大，假劝孙权投降，这样就激起孙权争胜、不甘寄人篱下之心，完成其联吴抗曹的任务，他用的就是激将法。

1.因人而异

当然，运用激将法需要因人而异，也就是要搞清楚谈判对手的性格脾气、思想感情和心理。对于那些富于理智的明白人，则不应该使用这种方法；对那些自卑感强、谨小慎微以及性格内向的人，也不应该使用这种方法，这样只会让他们丧失信心，甚至愤怒。

2.拿捏好一定的“火候”

在谈判中使用激将法，还需要掌握好刺激的火候。如果火候太过，会给谈判对手造成一定的压力，使对手产生逆反的心理，可能他们还会坚持自己的观点；若是缺少火候，不疼不痒，则难以达到刺激的目的。

丑话说在前，打好预防针

在日常生活中，我们经常听见这样的话：“我可把丑话说在前边了，到时候出事了可别怪我。”一般而言，当我们对他人的人性之善毫无信心，又对事态的发展毫无把握的时候，就会自然地想以“丑话”来推卸责任。把丑话说在前头，意思就是把原则性的东西先摊开了说，以免后面发生了不可预测的事情，即便事情发生了，对方也无力狡辩，而自己也能全身而退。不过，就中国人而言，大多数人说话比较含蓄委婉，唯恐话语中的不敬之词得罪了别人。其实，太过多的客气对自己往往是一种伤害，对别人则是一种纵容。尤其是在私人利益方面，若不是把丑话说在前面，那最后定会成为对方辩解的理由。

老李和老王合资创办了一个公司，开始的时候，他们并不愿意谈论股权分配问题。只是对外声称彼此是“平等的创业伙伴”，而且私下也说“我们两

个还有什么不好说的，以后再谈这个话题吧”。谁料，公司运营三年之后，老王决定退出，两人在股权分配的问题上有了分歧。老李说：“我为公司做的贡献最大，我当然应该持有百分之五十一的股权。”而他的朋友老王却坚持说：“三年前我们说好是一人一半，为什么现在你要食言？”

估计许多人都经历过这样的事情，由于是朋友，当彼此合作做生意的时候，不愿意生分地说到股权分配的问题，只是表示“平等的创业伙伴”，而且，两人在私底下也会说“我们两个还有什么不好说的，以后再谈这个话题”。结果，等到几年之后，才发现并不是这样一回事，就因为当初不想说丑话，最后搞得两个人连朋友都做不成了，各自都在那里为自己辩解。

谈判心理策略分析

丑话先说，也就是“先小人后君子”，这是很讲究原则性的，如果没有原则，就很容易被太聪明的人钻了空子，最终自己也脱不开干系。与人共事，需要事先把条件和要求讲清楚，必要时可立下字据或者签订合同，虽然不能指望法律一定能解决未来可能发生的问题，但这却是一种约束。

当然，那些丑话并不是好听的话，就因为这个原因，许多人不愿意把丑话说在前。当初，他们宁愿不去估计后面的结果，都以为事情会朝着自己期望的方向发展。不过，在这个世界，许多事情的发展并不在我们思维的范围之内，它常常脱离于我们所想象的范围。对于这样的情况，我们就应该把原则性的内容摊开了说，把丑话说在前头，这样避免以后出了事情，对方再争辩。当我们把丑话说在前头之后，对方定然是没办法狡辩的。

1.先商量再共事

在很多时候，人们对一些问题难以启齿，感觉说出来容易伤感情，选择完全回避这个问题，或者只是进行模棱两可的约定，或者拖延这个问题的讨论。从心理学角度看，我们对于身边的每一个人都是无法相信的。所以，对于一起

共事的人，一定要先商量，达成一致的协议，再一起共事。

2.白纸黑字写清楚

不聪明的人讨厌，无法跟他打交道；太聪明的人更讨厌，跟他打交道容易吃亏。大部分人都存在着一种侥幸心理，自认为可以捡到便宜。所以，对一些重要的事情最好是写一份字据或者合同，白纸黑字写清楚，不给任何人钻空子的机会，这样避免惹下麻烦、埋下祸根。

操控局势，不给对方太多的选择

在日常谈判中，当我们与某人就某个问题作展开讨论的时候，需要控制某些选择性问题的答案。你所给出的答案或方案太多，那对方给出的答案就很容易脱离于自己掌控的范围，那我们就无从回应了。当然，这是基于人们的一个微妙心理。我们都知道，当我们在问对方“是不是？”这个问题的时候，对方的回答一定只有两个，要么“是”，要么“不是”，除此之外，别无其他的选择。但如果我们表示“你觉得怎么样”，那这样对方的答案可能就太宽泛了，我们根本无法估计对方想说的答案是什么。

一位客户要求开户，当出纳员让他填写一些家庭信息材料时，他只写出了一部分，而对另一些讳莫如深。按照银行的规定，信息不全是不能开户的。

我们为看看这位出纳员是如何让客户乖乖听话的呢？

银行出纳员开始这样问：“你想一想，你把钱存到银行，在你去世之前，你希望银行把你的存款转移到有权继承你财产的亲属账户里吗？”客户回答说：“当然，是的，我会这样做。”

出纳员继续说：“然而，如果我们银行没有你亲属的材料信息的话，一旦在你去世之后，那些财产是不是就会无法按照你的意愿转到你的亲属手里呢？”客户点点头：“是的，会出现这种结果的。”

出纳员继续慢慢引导：“将你最亲近的亲属材料给我们银行，是不是这样就更能永久地保护你的财产了？”客户认可了：“是的，我也这样认为。”

这时，已经不需要那位出纳员继续问下去了，客户已经主动起来，笑着将自己亲属的信息告诉了出纳员。

谈判心理策略分析

所谓的有效问答术，简单地说就是开始就要让对方说“是”，而应尽量避免对方说“不”。这样的交谈不会引起争吵，甚至会让你们成为良好的伙伴。因此，我们在与人谈判的时候，千万不要一开始就说那些意见分歧很大的事情，双方争得面红耳赤，这样做得不到任何结果。不妨从双方都同意的地方开始提问，这才是最好的办法。

1.摆明道路

在正式沟通中，我们要善于摆明道路，一条或两条，给出明确的指向，不要给对方太多的选择。想必，我们都做过选择题，下面只有几个答案，不是选这个就是选那个，除此之外，我们别无选择。在沟通中也是一样，如果我们将选择权交给对方，那其心理的变化也是我们不容易捕捉到的。

2.向对方提出一些易于掌控的话题

在谈判过程中，当我们需要向对方提出一些问题的时候，需要注意应选择一些自身易于掌控的话题，对方的回答也在我们意料之中，这样我们才能根据对方的回答进行下一步的谈判策划。

设置悬念，刺激对方的好奇心

人们心理的特点之一就是好奇心，好奇心是个体在遇到新奇事物或处在新的外界条件下所产生的注意、操作、提问的心理倾向，同时，好奇心也是引导一个人所作所为的内在动机之一，促使其不断寻求解答，不断思考的重要特征。在生活中，我们每个人都是有好奇心的，比如遇到某个新奇的问题会打破砂锅问到底，在这时候人们的行为将会变得异常热忱，他会突然地对这件事非常感兴趣，仅仅因为好奇心。

对此，在谈判过程中，我们可以在话语中巧设悬念，故意刺激对方的好奇心。假如他本来不想讨论这件事，那就提出一些悬念，引起对方的注意，继而假装不想继续说这件事情。那么，对方的行为和心理就慢慢地被我们所引导了。

莱芬维尔是著名的管理工程师，有一次，他想说服一个分部负责人更换一种新式指数表，而这个负责人是个刚愎自用的人，他拒绝在自己的部门做任何的改变。

于是，莱芬维尔夹着一个新式的指数表去找他，手里拿着一些文件去征求他的意见。当他们在讨论文件的内容时，莱芬维尔不断地把指数表从左腋换到右腋，如此反复。终于，他问莱芬维尔："你夹着什么东西？"

莱芬维尔随意地说："哦，是这个吗？这只是个指数表而已。"

"我看看行吗？"那位负责人问道。

莱芬维尔假装要走，对他说："你不会看这玩意儿的，这是专门给其他部门用的，你们用不着。"

"但我确实想看看。"

于是，莱芬维尔故意装作很勉强的样子，给他看那个指数表。在那位负责人仔细端详那个指数表时，莱芬维尔随便但十分详尽地向他介绍了它的功用。

终于，负责人大喊一句：“谁说我们用不着？见鬼！我找这东西可找了好长的时间了！”

谈判心理策略分析

当莱芬维尔不断地将那指数表从左腋换到右腋，这样反复几次之后，已经引起了那位负责人的注意力，莱芬维尔假装随意的回答更勾起了那位负责人的好奇心。最终，当莱芬维尔知道那位负责人已经备受好奇心的煎熬的时候，他把指数表拿出来了。也正因为这样，那位刚愎自用的负责人算是接受了莱芬维尔的建议。

1.将悬念巧设话题中

在某些时候，当我们的谈判陷入无计可施的时候，也就是说，不管我们怎么说，对方就是不感兴趣，甚至开始将注意力转移到别的事情上去了。这时我们就应该在话题中巧设悬念，提出问题，刺激对方的好奇心，这样我们就可以利用对方的好奇心来引导事态的发展，自然也就很容易达到自己的目的了。

2.故意提出让对方好奇的问题

在生活中，每个人都是有好奇心的，因为好奇心的驱使，人们会做出想要去寻找令其好奇的源头的行为。不过，所谓的好奇心也是需要有人对之进行有效刺激的，否则是无法达到我们的目的的。因此，在谈判过程中，我们可以故意提出让对方好奇的问题，以此掌控对方的言行，使其做出利于己方的决定。

描述蓝图，影响对方决策

在生活中，由于现实与理想之间的差别，人们总会有一种逃避的趋向。远离了现实的残酷，他们很容易会沉浸在憧憬和幻想中，似乎这样就可以彻底地摆脱现实残酷带来的痛苦。这是人们的普遍心理之一，每个人都有憧憬、幻想的生活方式。假如我们在与其谈判过程中，能够巧妙勾勒幻想，利用对方的憧憬，描绘出未来美丽的蓝图，那对方心里还有防线吗？自然是没有了，他就会遵从我们的心愿，答应我们提出的条件。

小周是一个谨慎、节俭的人，平日里他都是把每个月的工资存入银行，定期存取，从来不动用小金库的钱。他积蓄也有些年头了，如果是胆子比较大的人，肯定会拿这笔钱做投资。不过，小周一向很谨慎，他想要的不过是存钱买一套房子，然后娶媳妇生孩子，这差不多是大多数男人的心愿。不过，在工资不涨、房价疯涨的年头，小周觉得，要买一套属于自己的房子，不知道得哪年哪月。

最近，朋友小李频繁地联系小周，也不知道他要干什么。终于，在一次酒后，小李说出了自己的诉求：“小周，最近我看上了一个好项目，我算了一下，如果能做好这个项目，那只有赚钱的份儿，不会亏的。本来，我是很想做的，但手头紧，我一个人的话，还缺一些资金，于是我想到了你。我知道，你这些年有点积蓄，如果你这次能甩开手大胆地跟我合伙干，那绝对会带来源源不断的利润。”小周一听要动自己的小金库，心头一紧，本能地想拒绝。

这时小李又说了：“我知道你的心愿就是买套房子，娶个老婆，生个聪明的孩子。可是，就你每个月领的那点死工资，到哪年才能实现这个愿望啊。听

我说，这个项目，只要我们投资几万块，不到两年，保准翻十倍，你相信吗？我说给你听听……到时候，不到两年你就可以住在自己的房子里，等着取娇妻，那是何等的幸福啊。”听了小李的话，小周沉浸在自己憧憬的生活里，脸上不自觉地露出了笑容，心里那根紧紧的防线终于松动了。

谈判心理策略分析

喜欢做白日梦，这是人们普遍的心理状态之一。谁不爱幻想呢？人们都希望自己幻想的生活可以变成现实，即便他们知道这是不可能的，但如果有人在自己面前重复这个美丽的憧憬，那他们的心里一定是充满着欢喜的。就好像案例中这样，当我们想要邀请朋友合伙做生意的时候，如果对方还在犹豫，那我们就开始勾勒幻想的蓝图了，比如生意成功之后会怎样啊，这样一来，还愁对方不点头吗？

1.每个人都是幻想家

任何人在描述的美丽蓝图之前都是难以拒绝的，因为任何的憧憬都是美好的，即便明知道这还是未知的。但听到对未来这件事美丽的憧憬，以及好的幻想，人们心里会异常兴奋，他们恨不得马上就将这个幻想变成现实。当然，最好的办法就是付诸实际行动，答应下对方的诉求，这样理想不就很快能变成现实了吗？

2.描述合作之后的蓝图

在日常谈判中，双方因某个协议坐到了谈判桌前，在最初，彼此所希望的都是能促成谈判的成功，而一旦双方达成一定的协议之后，那定是一番前景良好的景象。其实，在谈判过程中，当对手在犹豫不决的时候，我们可以试图描述合作之后的蓝图，以此诱导对方答应己方提出的要求。

欲言又止的诱惑，令人心动

当我们在描述一些诱惑的时候，如果表现得欲言又止，就能牢牢地牵动对方的心。否则，我们一下子说出那些所谓的名利诱惑，那对方就会觉得索然无味，也提不起内心的兴趣。古诗“犹抱琵琶半遮面”为什么有这样吸引人的意境？那就是当一件东西半遮半掩的时候，其实是最迷人、最容易打动人心的时候。实际上，说话也是同样的道理，当我们说到诱惑的关键处的时候，欲言又止，对方肯定会紧紧追问：“到底是什么东西呢？”

谈判实景

为了公司的进一步发展，李总急需银行一笔贷款，可是，由于之前的贷款还没有还完，这次很难从银行里贷款。就在李总愁苦之际，朋友帮忙出了个主意：“银行的王行长说不定可以帮你一把，你们不是也有几面之缘嘛，这样，你约个时间，邀请他出来喝酒吃饭，趁着席间送点礼物，再提出自己的难处，这样，他一定会帮你的。”说完，又补充了一句：“对了，听说这位行长别的不喜欢，就喜欢酒，你先买瓶好酒，在酒桌上顺势送给他。”可是，这酒怎么送呢？李总想出了一个妙策。

过了几天，李总借着增进感情的幌子请出了王行长，另外还有公司的几位同事，大家都是熟人。在席间，王行长主动问起了公司的状况：“李总，你公司最近发展的怎么样啊？”李总满口叹气，不言语，这时，秘书走过来耳语了几句，李总两眼发亮，兴奋地说：“王行长，今天真是个好日子啊，这么巧，我给你讨了一件宝贝。”王行长满脸惊讶：“什么宝贝？”李总欲言又止，王行长的好奇心已经被激发出来了，不停地问：“到底是什么样的宝贝？”李总打着哈哈：“既然是宝贝，那肯定是非常宝贵的东西了，喝足了再告诉你。”王行长一摆手：“哎，别卖关子了。”可李总就是不说，有时候想说却又欲言

又止。

等到王行长微醉的时候，李总诚恳地说："王行长，不瞒你说，我还请你帮个忙呢。"王行长手一挥："什么事？你尽管说，只要我能帮的，一定会帮你的。"于是，李总说出了自己的难处，王行长爽快地说："好，这事没问题，明天你来银行找我，我给你办妥一切手续，不过，那宝贝是什么是不是该告诉我了，哈哈。"说着，两人都笑了起来。

谈判心理策略分析

面对欲言又止的诱惑，即便对方知道这是对自己有好处的事情，但因为那个诱惑是未知的，他还是会对此充满好奇心。当对方的心里一直牵挂着那欲言又止的诱惑，他就会为了别的事情而松口，这就是微妙的心理策略。

欲言又止，本身是一种诱惑

当一个人说话时欲言又止的时候，会吸引听众的注意力，人们会屏住呼吸，听听这个诱惑到底指的是什么。不管我们对他人描述的诱惑到底是什么，是名声和地位也罢，是金钱和财富也罢，总而言之，不要一句话就全部说出来，而是要让它"犹抱琵琶半遮面"，这样才足以吸引对方的兴趣，才能如愿达到我们的目的。

不要争辩，永远不说"你错了"

谈判专家这样告诫我们："千万不要就不同意见和对方争辩，这样只会导致对抗，特别是谈判刚开始的时候。"当双方之间的意见出现分歧的时候，不要立即反驳，反驳只会强化对方立场，学会使用"感知"的方式表达自己的立场。在适当条件下使用"他""他们"等第三人称，避免使用

“你”“我”这种第一、第二人称，以免导致对抗情绪。假如对方开始有想争辩的想法，那我们可以想办法化解对方的负面情绪，比如说“我完全理解你的感受，很多人都有和你相同的感觉，但是你知道吗？在仔细研究这个问题之后，我发现……”“我完全理解你的感受，有些客户在第一次听我们介绍时也是这么想的，可是仔细分析一下影响产品质量的因素，他们总是会发现……”“我同意你的说法，还有一些客户也是这么说的，可是实际使用后，他们发现，很多影响质量的因素并不是那么明显，比如……”。如果客户听到一些谣言，来质疑我们，我们可以说“是的，我听说这件事了，类似的谣言并不只是这一条，现在我们有××这样一年订购几百台的大客户，还有德国、法国、英国等客户都和我们有独家代理协议，所以我们并没有什么问题”。

有一个学员，做汽车推销工作，但是他做得很不如意，于是向别人寻求帮助。结果，别人稍微一试探，就知道他有个毛病，就是喜欢与人争辩。他经常和顾客争论不休，粗暴地反对顾客的观点，每当顾客打断他的介绍，并对汽车质量或者性能等提出质疑的时候，他便怒火中烧，毫不客气地大声争辩，总是弄得顾客哑口无言。尽管他嘴上赢了，但却没有人敢买他的汽车。

于是，有人告诉他，首先要做的不是学习谈话技巧，而是压制自己喜欢争辩的个性，应该清楚这是做生意，不是竞选总统。即使心里有什么不同的意见，或者发现对方有明显的错误，也应该保持冷静，以一种温顺和谦和的口气加以解释，千万不要直接指责。

他耐心地听取了建议，尽可能不与别人争辩。如果顾客说别的汽车怎么好，他就一言不发，先恭敬地听完，然后说：“那款车确实不错，质量很好，风格时尚，他们公司的推销员也很棒！”顾客得到了认同，自然也就无话可说

了。于是，他就趁此机会开始介绍自己的汽车："这款车其实也不差……你看……"就这样他很少与人发生冲突，业绩自然很快就上升了。

当你与对手开始争辩的时候，或许你的观点是正确无误的，不过，你强迫别人改变他的观点的时候，你也会一无所获。其实，正确与错误本身没有多大的意义，观点是个人的，我们每个人都有坚持自己观点的权利，即使是错误，你也无须要别人都听从你的意见。

谈判实景二

纳森是一名所得税顾问，最近因为一项9000美元的账目问题，他与一位税收稽查员发生了点争执。纳森认为这是应收账款里的一笔呆账，根本没有办法收回，所以不应该征税；而稽查员却始终不相信，认为他在耍花招。纳森越是争辩，稽查员越是固执。

于是，纳森决定改变话题，尽可能不刺激他的敏感神经。他说："和你比起来，我做的这些工作简直是微不足道。我也曾研究过税务问题，但那都是书上讲的，我觉得枯燥乏味，至今对此类问题一知半解。而你的知识和经验却全部来自业务实践。所以，其实我很想向您请教一些这方面的问题……"，他说话的态度诚恳且认真。

稽查员听完，气也消了很多，开始友善地谈起自己的工作，还说了许多人偷税漏税的花招，他十分反感这些人，聊着聊着，他的口气越来越友善，最后甚至兴奋地聊起他的儿子来。临走时，这位稽查员对纳森说："我会认真考虑你的意见和问题的，并在这几天之内给出了结果。"果然，三天之后，他来告诉纳森说："我不再征收那9000美元的税了。"

谈判心理策略分析

也许稽查员争论的并不是一个谁对谁错的问题，他总是觉得自己是稽查员，自己就是权威。假如他在工作过程中，竟然有人与自己争辩，那自然会让他没有面子。

1.不要说“你错了”

苏格拉底说：“我只知道一件事，那就是我什么也不知道！”在谈判过程中，当我们认为别人观点有误，应该抱着更多的宽容和理解，而不是说“你错了”。我们可以这样说：“嗯，可能是这样的，不过我还有另外一种想法，不知道对不对……不对的话还请指正。”这样说，反而会收到很好的效果。

2.谦逊一些又何妨

假如我们能谦逊地说可能是自己错了，那对方自然也就不好意思再固执了，这其实就是一种双方的妥协。人总是一种理性的动物，不过我们并不总是按照逻辑规则进行思考。我们生活在一种情感之中，通过直觉和喜恶来判断问题。假如不高兴的话，即使是错的也会固执己见，甚至迁怒对方，于是很容易在无意识中犯下错误。

成功引导强硬对手，实现双赢

有时候我们期待许久的谈判对手并非善类，那我们所面临的选择区间就会变得十分有限。长时间的对峙只会让生意泡汤，而妥协则会损害自己的利益。那面对这些咄咄逼人的客户，我们该如何引导其走一条双赢的路线呢?

谈判心理策略分析

一位外资发电机组公司的销售经理，他说了这样一句话："我的经验告诉我，一个优秀的销售人员可以一直说不，仍能做成生意，只有那些缺乏生意经验的销售员，才会在顾客提出无理要求的时候，还表示欣然接受。"那么，当那些咄咄逼人的客户以各种手段诱使我们接受他们的条件时，我们如何才能保障自己的利益，又维持良好的关系呢?

1.不要陷入圈套中

精明的对手甚至会以感情因素为诱饵来促成交易，那么我们该如何应对呢？可以选择回避，要求休会，与上司商量一下，或者重新安排会议，时间和地点的改变会让整个谈判场面变得不一样；当对手大声嚷嚷或主动表示友善的时候，安静地聆听，不要做点头状，保持与对手的目光接触，神情自然，不过千万别对客户的行为予以鼓励。当他说完自己的条件之后，我们可以建议一个有建设性的计划和安排；有时候可以公开表达对对手的意见，不过这样的做法需要把握好时机，不要让对手感觉下不了台，而影响到整个谈判过程。

2.把困难的问题留到最后

这什么要把困难的问题留到最后呢？理由有两点，一是解决相对简单的问题可以为发展下去创造势头；二是通过讨论简单的问题可以发现更多的变量因素。而当我们的谈判进入核心阶段的时候，这些因素就会发挥出一定的作用。

3.确定本公司的需求

在谈判过程中，当我们在讲价还价的时候，一定时刻铭记两个重点：对手的利益和本公司的最大利益。最佳的谈判不是一味地去满足对手的需求，而是关注问题的解决，达到双赢的局面。有时候，我们不确定本公司的需求，极有可能会做出无谓的让步。

4.保持冷静

在谈判过程中，我们要多听，尽量多地了解对手的思路。对手一旦进入他的思路里，争辩根本无法使他动摇，在这样的情况下，劝说的最好办法就是倾听。理由有三个：一是新的信息可以扩大活动的空间，增添变量因素数目：二是安静地倾听有助于化解我们心中的怒气；三是如果你还在倾听，那表示你还没做出任何让步。

5.做足准备工作

当然，在谈判之前我们需要做足准备工作， 明白自己可以接受的最低价位，而且多创造些谈判期间可以利用的可变因素，尽可能地让谈判进行下去，以便从中找到可行的解决方案。许多谈判者认为价格是自己拥有的唯一变量，不过单纯考虑价格最后的结果只会既消减了利润，又增添了买卖双方的摩擦。比较恰当的做法是要把目光集中在客户与自己的共同利益上面来，比如，在谈判过程中，可以多谈一些关于售前、售中和售后服务的话题。

6.围绕主题进行谈判

有时候谈判会发展到我们预想之外，对手常常会因为没有取得丝毫进展而沮丧。这时候最重要的就是保持冷静的头脑，注意客户的言语以及神态，耐心地等到对方平静的时候，总结一下谈判所获得的进展。比如，你可以这样说，让话题重新回到我们所期望的主题上来：“我们已经在这些问题上讨论了三个小时了，试图找到一项公平合理的解决方案。那么现在， 我建议重新回到付款条款上面来，看看是否到时候做总结了。”

7.语气温和

在谈判过程中，不要采取挑衅的谈判风格。假如你这样说：“你使用我们的服务要比普通客户多百分之五十，你们应该为此付费……”这马上会致使客户摆出防范的架势，那我们应该这样说：“很明显，服务是整个项目中的关键一项，目前你们使用服务的频率比普通客户要多百分之五十，这导致我们的成本也上升了，让我们一起找出一种既能降低服务成本，又可以保证服务质量的

办法。”

8.起点要高，逐渐让步

在谈判过程中，讨价还价是最常见的事情了，这时候我们可以从一些自己能做出让步的方面开始下手。许多例子都表明，自己的期望值越高，谈判结果就会越理想：假如我们的期望值越低，那谈判的结果就刚好相反。那在谈判开始之前，一旦我们降低了自己的期望值，我们在大脑里就已经作出了第一步让步，那对手就很有可能会对我们直逼下去，这就是所谓的“先让者输”。

关注细节，促成谈判成功

俗话说：“知己知彼，百战不殆。”在谈判过程中，我们要抓住对手言行所透露出来的细节，这样才能有针对性地制定有效的谈判策略。在谈判过程中，双方最关心的就是利益问题，一切都是围绕利益展开的。所以，当对手在进行语言表述的时候，我们要注意其话语细节，关注细节，了解对手的需要，才能找到对方的底牌，并制订相应的策略。在谈判过程中，如果你能从细节之处寻找到对手的兴趣点，这会让对方感到被尊重、被重视的愉快，同时，对你也会增加许多好感与信任度。当然，这需要我们灵敏的眼光了，观察对方的每一个细节，从中发现对方的兴趣点，掌控时机，促成谈判成功。

在1949年上海解放后，陈毅担任了上海市的第一任市长。由于面临严重困难，陈毅想请当时上海一位很有名望的化学家齐仰之先生出山，凭靠自身的力量制造青霉素。不过，先后去了几个同志都被齐先生拒绝了，于是，陈毅决定亲自上门拜访，以求对方答应。

见到齐仰之先生之后，陈毅开口谈起了化学和化工。齐仰之一听立即来了兴趣，双方迅速找到了共同的兴趣点，谈兴甚欢。在愉快的交谈中，时间很快就过去了半个小时。陈毅艺术地说："齐老先生，今天打搅您不少时间，改天我再登门拜访。下一次，我还要和您谈化学，而且要谈一门您不熟悉的化学。"齐仰之想，我还有什么化学不知道，无论如何都不放陈毅走，说："别下次了，咱们现在就开始谈，谈到天亮都行！"陈毅接着说："您研究的是自然界的化学，我要谈的是我们共产党的化学，叫作社会变化之学。"

抓住了这一时机，陈毅痛批国民党的弊病，陈述共产党的主张，比较新旧社会的变化，畅谈建设新上海的构想。就这样，双方越谈越热烈，关系越来越融洽。最后，陈毅再和盘托出此行的目的，说："您以前不愿意出来做事，那是在腐败的旧社会。今天，我们请您出来做的是利国利民的好事，请您看在老百姓的分上，帮帮我们吧！"陈毅的话终于打动了齐仰之，他爽快地答应了陈毅的请求。

谈判心理策略分析

这个案例体现出陈毅敏锐的眼光和卓越的沟通能力，一开始他并没有直接说出自己的目的，而是从齐先生的兴趣说起，先说自然界的化学，慢慢地，再谈社会变化之学。引起了齐先生浓厚的兴趣，这时，陈毅抓住了机会，向齐先生表露了自己的请求，终于打动了齐先生，也如愿达到了自己的目的。

1.从细节了解对手的动机

在谈判过程中，我们要根据对方的细节去了解其动机，即为什么要进行这一场谈判；谈判各方为什么会选择对方作为自己的谈判对手等。

2.从细节之处了解对手的需求

在谈判中，任何一方总是既有获得，也有付出，获得是自身需要的满足，付出则满足了对方的需要。比如，在一次实际谈判中，一方的基本需要是为了

获得对方的某种产品，为此他一定要有某种付出，也就是贷款或其他付出作为代价。而这种付出对于对方而言就成为了他想获取的基本需要，需要的这种互相依赖性使谈判双方不但成了对手，也成为了互不可缺的朋友。

参考文献

[1]罗杰·道森.优势谈判[M].重庆：重庆出版社，2008.

[2]李维.实用心理学百事通·谈判中的心理学[M].北京：清华大学出版社，2011.

[3]牧之.谈判要读心理学：直击人心的谈判策略与技巧[M].北京：新世界出版社，2009.